金瓯破

十六国136年兴衰史

路卫兵 著

中国大百科全书出版社

图书在版编目（CIP）数据

金瓯破：十六国136年兴衰史 / 路卫兵著. —北京：中国大百科全书出版社，2021.6

ISBN 978-7-5202-0977-9

Ⅰ. ①金…　Ⅱ. ①路…　Ⅲ. ①中国历史—五胡十六国时代—通俗读物　Ⅳ. ①K238.09

中国版本图书馆CIP数据核字（2021）第090219号

出 版 人　刘国辉
策　　划　陈　光
责任编辑　陈　光
责任印制　邹景峰
封面设计　今亮後聲 HOPESOUND 2580590616@qq.com · 赵晓冉
版式设计　博越创想
出版发行　中国大百科全书出版社
地　　址　北京阜成门北大街 17 号
邮　　编　100037
网　　址　http://www.ecph.com.cn
印　　刷　北京汇瑞嘉合文化发展有限公司
开　　本　710 毫米 ×1000 毫米　1/16
字　　数　288 千字
印　　张　25.75
版　　次　2021 年 6 月第 1 版
印　　次　2021 年 6 月第 1 次印刷
定　　价　78.00 元

本书如有印装质量问题，请与出版社联系调换　电话：010-88390677

目录

第二部 内乱篇

——八王之乱、匈奴南下、靳准之祸，前赵与后赵

第三部　冲突篇

——羯胡兴起与灭亡，成汉、东晋与前凉

第四部　转折篇

——淝水之战前后，后燕、后秦与后凉

上篇　壮志未酬

下篇　人性真伪

第五部　火并篇

——慕容氏冲突与凉州争霸

第六部 谢幕篇

——五胡消亡与再生，北魏崛起与再兴

历史的气质

（再版序）

一

这本书是 11 年前的作品。初版名为《五胡乱：狼性英雄总动员》，2010 年由法律出版社出版。写的是五胡十六国，从公元 304 年匈奴滥觞，到公元 439 年北魏统一，共计 136 年的历史。

十六国山河破碎，弱肉强食，却也能者辈出。有人浑水摸鱼，有人力挽狂澜。有人打破陈规，有人恢复旧序，也有人重新制定新秩序。思想的多元，最终以战争体现出来。最后北魏的胜出，存在各种机缘。但若探其究竟，则因它与潮流最为契合。

二

我一直觉得，历史是有气质的。关注十六国的历史，不仅因为它承接汉唐、隐于盛世之间，还因它与人生相符。136 年，差不多是一个人所能感知的历史长度。起伏跌宕，恰如人生的灿烂与寂寞。

多国林立，也像人之于社会。不只有自己的努力，还有上一代的奠基、下一代的维系。期间充满了希望、机遇及不确定性。读历史，我的认知，是读懂人生与社会。历史的高阶一定是哲学。

三

这些文章最初在博客中锱铢累积，每周一篇，每篇专注一个主题，陆续写了一年半。每篇侧重体现人物气质、内在联系以及治乱兴亡的细节，而不一定是惊天动地的大事。不过这种类似纪传体的写作，会有闪回、重复的弊端，结构和流畅度也不好。

初版时，因为智识所限，认为乱世出英雄，如今看来有些偏狭。真正能称作英雄的，是推动历史和社会进步的人，而绝非机会主义者。这可能和年龄有关，也足见历史的魅力所在。

四

此次修订包括调整结构，删繁就简，订正错漏。补充了一些新的章节和段落，有两万多字，删掉的则有三万多字。所以再版更名为《金瓯破：十六国 136 年兴衰史》。修订耗时两个月，因水平有限，错漏在所难免，还望读者不吝赐教。

本书取材多依据《二十四史》和《资治通鉴》，文中不再一一注明。

路卫兵

2021 年 3 月 6 日

·第一部· 背景篇

——十六国舞台、场景与脉络，匈奴、鲜卑、慕容氏

上篇

绝版舞台

——天灾、人祸，习俗与社会风向

1

咄咄怪事

一个巨大危机出现之前，往往酝酿着无数个小的危机。也就是说，任何情况的发生都不是偶然的，也不是一蹴而就的。历史上战乱最频繁、竞争最激烈的十六国时期的到来，就是最好的例证。

司马氏政权在北方的终结，其实早在八王之乱时，就已经露出了端倪。当时的西晋朝廷简直乱成了一锅粥，各个分封王侯全都瞄准了皇帝的宝座，撸胳膊挽袖子地大打出手。什么守土有责、为国尽忠，全都抛诸脑后，以致中原混乱、外防空虚。这就在客观上给了周边少数民族以可乘之机，最后晋室终于把自己赔了进去。

少数民族中最先问鼎中原的是匈奴人刘渊，他自称汉王、建立汉国的那一年，也就是公元 304 年，习惯上被认为是十六国时期的开始。几乎与他同时称王的，还有当时一个流民的领袖——巴氐人李雄。匈奴在东汉末年被曹操分为五部，但五部之间相距并不遥远，便于联合。况且，匈奴人本就有着复国的梦想，怀念着昔日的辉煌，他们成为第一个吃螃蟹的人，并不奇怪。而流民流向蜀地，越聚越多、渐成规模。建立政权，也是当时的大势所趋。

刘渊和李雄，是十六国时期最早建立政权的人，却不是最先起事的人。早在他们之前十年，西晋的边境就已经开始躁动了。晋惠帝元康四年（294 年），当时也是一个叫郝散的匈奴人，领着乡民举行了暴动。他们一度攻下上党郡（今山西省东南部），还杀掉了官长，整得很热闹。但这种类似饥民抢粮的突发性暴动并不能持久，郝散很快便被政府军攻杀。

元康六年（296 年）五月，郝散的弟弟郝度元，联合冯翊郡（治所在今陕西省大荔县）、北地郡（治所在今陕西省富平县）的马兰羌人和卢水胡人反叛，一起攻占了北地郡。因为郝度元事先有所准备，所以这次起事不像郝散那般仓促。队伍一度发展很快，一时间居住在秦州、雍州的氐族、羌族部落纷纷反叛，应者云集。反叛军渐成一定规模之后，共同推举氐人齐万年为首领。齐万年率军攻城略地，直接威胁关中。不仅如此，他还自立为帝，政治影响很大。西晋朝廷派那位浪子回头、发奋读书，留下“周处除三害”故事的周处等人征讨，周处因同僚掣肘而战死。齐万年自起兵至兵败被俘杀，历时四年。事后，西晋名臣、太子洗马江统为此还专门写了篇《徙戎论》，并上表朝廷，中心意思就是要求将这些少数民族从哪来的还回哪去，大家各自生活，互不干扰。

这场战祸持续了四年，关中一带的生产遭到严重破坏，略阳、天水等六郡数万家流民纷纷跑去汉中寻找生计。浩荡的流民所带来的问题无异于另一场灾难，沿途饥民也闻风而至，越聚越多，以至于汉中一郡无法救济。为了活命，流民又继续南下，潮水一般流向蜀地，客观上给成汉政权的建立提供了条件。太安二年（303 年）五月，义阳人张昌举兵反叛，拥立丘沈（假托丘沈是汉朝皇室后裔刘尼）为主，割据一方，史称丘汉政权。张昌大军一度攻破江南诸郡。临淮人封云也举兵呼应，从阜陵一路打向徐州。一时间，西晋境内烽烟四起、频频告急。同年，张昌大军为晋将陶侃所破，张昌于次年被擒斩。

人祸总是伴随着天灾，天灾有时会进一步加剧人祸。流民也好，暴乱也罢，其根本原因还是为了吃饭这一基本问题。要想有饭吃，就要有好的收成，就要有好的生产秩序。可巧的是，晋末的自然灾害似乎也特别多。这些灾害的发生，无疑又在客观上加剧了社会的动荡。而社会越动荡，生产也就会越遭破坏，这又使天灾带来的祸难变本加厉、雪上加霜，形成恶性循环。关于晋末十几年内发生的自然灾害情况，我们只要粗略看看《晋书》上的记载，就会触目惊心：

永平元年（291 年），“冬十二月辛酉，京师地震”；

元康二年（292 年），“冬十一月，大疫”，“沛国雨雹，伤麦”；

元康三年（293 年），“夏四月，荥阳雨雹”，六月，“弘农郡雨雹，深三尺”；

元康四年（294 年）五月，“蜀郡山移，淮南寿春洪水出，山崩地陷，坏城府及百姓庐舍”。六月，“寿春地大震，死者二十余家”，“上庸郡山崩，杀二十余人”。秋八月，“上谷居庸、上庸并地陷裂，水泉涌出，人有死者”，“京师及郡国八地震”；

元康五年（295 年）六月，“金城地震。东海雨雹，深五寸”。秋七月，“下邳暴风，坏庐舍”。九月，“雁门、新兴、太原、上党大风，伤禾稼”。十月，“丹杨雨雹”，“荆、扬、兖、豫、青、徐等六州大水”；

元康六年（296 年）正月，“丁丑，地震”。三月，“东海陨霜，伤桑麦”。五月，“荆、扬二州大水”。十一月，“关中饥，大疫”；

元康七年（297 年）五月，“鲁国雨雹”。七月，“雍、梁州疫。大旱，陨霜，杀秋稼”；

元康八年（298 年）正月，“地震”。九月，“荆、豫、扬、徐、冀等五州大水”；

元康九年（299 年），“京师大风，发屋折木”；

永康元年（300 年）二月，“大风，飞沙拔木”。十月，“黄雾四塞”。十一月，“大风飞沙石，六日乃止”；

永宁元年（301 年），“郡国十二旱，六蝗”；

太安元年（302 年）七月，“兖、豫、徐、冀等四州大水”。十月，“地震”。

自然灾害对生产的破坏很大，老百姓没有粮食吃，以致饿殍遍野，瘟疫横行。除自然灾害和瘟疫外，还有人祸，如元康五年（295 年）十月，“武库火，焚累代之宝及二百万人器械”。武器库乃军械重地，此次着火不管是偶然还是故意，总归有人为因素在内。火灾导致朝廷损失惨重，司马家几代人攒下的宝贝和能够武装 200 万人的军械铠甲化为灰烬。朝廷不得不斥巨资重修武库，再造兵器。羊毛出在羊身上，最后这些费用还得老百姓来买单，致使百姓的负担更加沉重。

这一时期还有一些异象出现，这就更增加了灾年的诡异性。我们再来看看《晋书》中的另一些记载：

元康五年（295 年）四月，“彗星见于西方，孛于奎，至轩辕”。冬十月，“有石生于京师宜年里”；

永康元年（300 年）三月，“尉氏雨血，妖星见于南方”；

永宁元年（301 年），“五星经天，纵横无常”；

太安元年（302 年）四月，“彗星昼见”；

太安二年（303 年）八月，“天中裂，无云而雷”。十一月辛巳，“星昼陨，声如雷”。壬寅夜，“赤气竟天，隐隐有声”。

可以说，公元 304 年到来之前，怪异的天象不断冲击灵魂，考验着人们最后的承受力。

其实这些都是很正常的自然现象，但古代科技并不发达，自然无法作出合理解释。这些特殊天象出现，虽然在客观上不会造成什么损失，但如果和频频发生的自然灾害及人为祸端相联系，势必会增强人们对它的感知度。天，本来就是古人顶礼膜拜的对象。而魏晋之际又盛行玄学、易学，对天的崇敬达到了前所未有的高度。天象如此，再加上人为夸大，自然会让人们感觉到恐惧和不安，也会就此产生一些人为的躁动和骚乱。到后来，人们甚至会将连年累月的战乱解释为天意所为了。

被这些天象所困扰的，不止老百姓，皇宫里面也不例外。290—304 年正值白痴皇帝晋惠帝司马衷在位期间。他在这几年里频繁更换年号，目的其实很单纯，就是为了顺应天意、讨个吉利。然而，晋末的丧乱已成蔓延之势，天灾也好，人祸也好，战乱也好，都不是靠更换年号所能解决的。

2

鱼羊食人

食人族无疑是一个极其恐怖的话题。那种将人肢解、烹煮之后分而食之的行径，听起来就让人感到不寒而栗。那么，历史中到底有没有这种食人部族呢？我们先来看看有关吃人的几个记载。

《墨子·鲁问》中有这样一段话："楚之南，有啖人之国焉。其国之长子生，则鲜而食之，谓之宜弟。"意思是说，这个楚国南面的国家有个特殊的习俗，谁家生了第一个孩子，必是先宰杀吃掉，这样会生下更多更强壮的儿子——这大概也是该国被称作啖人国的原因。而且该国吃人还有规矩："美则以遗其君，君喜则赏其父。"就是说，如果人肉鲜美，还要献给君王。君王吃高兴了，吃美了，就会大加赏赐婴儿的父亲。《列子·汤问》也有类似记载："越之东有辄沐之国，其长子生，则鲜而食之，谓之宜弟。"

《南史》中提到一个叫毗骞的小国家，说这个国家处决完人犯，还要当着国王的面把他的肉吃掉。这还只是第一步，接着还要把他的骷髅头剖开当酒壶。《北史》中的流求国，也有类似的吃人记载。据说这个国家的人好勇斗狠，喜欢打群架，完事后也饿了，就把打死的人分吃了打牙祭。战场杀敌还要把敌人吃掉，这也可能是杀急了眼。吃人肉不仅出现在斗殴中，他们平时也吃。乡里死了人，乡亲们也是分而食之。这就不能不说是一种习俗了。

记载不止一处，或许这种食人的习俗在历史上确实存在过。不过要说最有资格背上食人族恶名的，当是十六国时期的羯胡人无疑。关于他们的恐怖行径，《晋阳秋》一书记述颇多，说羯胡人行军打仗从不带干粮，他们把汉人女子当作“双脚羊”来饲养，随时奸淫，随时宰杀烹食以作军粮。然而，这些记载是否真实，是否有夸大的成分，是否由于当时人们对羯胡愤恨而有所渲染，我们现在无从考证。

羯人吃人，在正史中也有相关记载。后赵第三任皇帝石虎的儿子石邃，“纳诸比丘尼有姿色者，与其交亵而杀之，合牛羊肉煮而食之”。这小子看到漂亮的尼姑就兴奋，先猥亵后占有再杀害。三部曲之后再把女尼身上的肉割下来，混在牛羊肉里煮了吃。这还不算完，还要穿插“游戏”助兴。把这些肉赐给左右吃，让他们辨别味道有何不同，猜一猜是什么原料做成的。

不过，这也只是一个特例，像石邃那样凶残而又人性泯灭的人毕竟不多。石邃的吃人肉可以说是一种变态之举，有强烈的精神障碍也未可知。他的父亲石虎是十六国时期有名的暴君，嗜杀成瘾，也没听说有吃人的习惯。所以，石邃的吃人行为并不能证明所有的羯胡族人都有着吃人的嗜好。

除了石邃，羯人在战争中也曾吃人。比如后赵皇帝石勒，当年在匈奴汉国麾下经略冀州时，所经之地坚壁清野。军中将士饥饿，却又抢不到东西吃，以至于“士卒相食”。在战场上吃人的，氐族也出现过。前秦王苻登就让将士们吃死人肉，以人肉作军粮。

这支吃人肉的虎狼之师，也是因为当时天旱绝收，军中粮草不继，将士饥饿，被逼得没了法子。后来岳飞也有“饥餐胡虏肉”“渴饮匈奴血”的豪言，想必恨极了饿急了都会让人迸发最原始的野性。不过之前的前秦军队，并没有吃人肉的记载。

也就是说，在十六国时期，刻意地吃人，或是将吃人作为一种习俗的，并没有专门的正史记载，也就不存在什么食人族了。

专门吃人的食人族虽然没有，但是人吃人的现象，在那时却并不算什么新鲜事。比如：八王之乱时，河间王司马颙败退长安，命人召回远在洛阳的部将张方。张方得令后，“掠洛中官私奴婢万余人而西。军中乏食，杀人杂牛马肉食之”；

匈奴汉赵统治时期，“北地饥甚，人相食啖”；

晋孝武帝太元十年（385 年），后燕和前秦连年征战，“幽、冀大饥，人相食”；

太元十二年（387 年），“凉州大饥，米斗直钱五百，人相食，死者太半”；

神鼎三年（403 年），也就是后凉国的最后一年，“姑臧大饥，米斗直钱五千，人相食，饥死者十余万口”；

天赐六年（409 年），北魏道武帝拓跋珪被儿子拓跋绍杀死，拓跋嗣平定内祸后改元“永兴”，“其先犯乘舆者，群臣脔食之”；

胜光四年（431 年），大夏国北平公赫连韦攻打后秦的南安城。南安“城中大饥，人相食”。

这样的例子在史书中比比皆是。这个时期出现大量人吃人现象的最根本原因，还是饥荒。战乱和自然灾害导致生产遭到严重破坏，粮食极其匮乏。极度饥饿最易激发野性，吃人的念头也会突然闪现。晋惠帝甚至下诏：“骨肉相卖者不禁。”这种骨肉相互买卖，不是传统意义上的奴婢买卖，而是默许易子而食的人间惨剧。亲生骨肉下不去嘴，大家就互相交换了孩子来吃。

当然，有些事也不乏误传夸大的成分。比如建元十年（374年），前秦王苻坚执政时，有人想劝苻坚除掉慕容氏，便跑进明光殿大声嚷嚷："鱼羊食人，悲哉无复遗！"鱼羊即为鲜，是说投降前秦的前燕鲜卑人要谋反。但这话传得久了，以讹传讹，难免会演化成鲜卑吃人了。

3

乱世男女

自天地混沌步入古代文明，特别是儒家思想大一统之后，中国的男女关系可以说并不开放。孟子曰："男女授受不亲，礼也。"要求男女保持一定距离，这才符合礼数，才是文明。孔子曰，"非礼勿视，非礼勿听"，连感官状况都做了明确的要求。放开了意淫，那是绝对不行的。要学做柳下惠，坐怀不乱才是真君子。一不小心心猿意马了，搞不好自己都觉得忒不是东西，想对着镜子抽自己一大嘴巴。

古时礼教，其实也多是约束女子的。少女待字闺中，做些女红，纳个鞋底儿绣个花儿什么的。这也有好处：一则手头有事做，不至于出去惹乱子；二则也能逐渐适应寂寞。那句话怎么说来着？我纳的不是鞋底子，是寂寞。偷着绣对鸳鸯绣俩蝴蝶，就算是春心荡漾了，绝对得羞为人知。家境好的，比方富家的千金小姐，能在后花园荡个秋千、扑个流萤，已经是很奢侈的娱乐活动了。女子看见陌生男子，即便小鹿撞胸，也得赶紧低头"和羞走"，顶不甘心的最多也就来个"倚门回首，却把青梅嗅"（李清照《点绛唇》)。

当然，古代社会还有着另一面。自管夷吾先生开设中国最早的“女闾”以来，也不乏花街柳巷，特别受到附庸风雅人士的追捧，多有朗朗上口的诗词传世。古时官办这种场所，有时也是为了收入的需要。比如西域的龟兹，国民“俗性多淫”，精力充沛，肾上腺素飙升容易出事，于是政府专门设置“女市”，赚男人的钱缴入财政，成为国家财政税收的支柱性产业。但这种场所就像红灯区，是城市中的特殊区域，仅限于几处繁华地带，不是哪里都有。

古时的政治也是男人的事，女人要讲妇道，不能随便抛头露面。即便皇宫内有太后临朝听政的特例，前面也要垂个帘子与臣子们隔开。这不光是一个尊严和政治需要的问题，也是女人的禁忌使然。当然，凡事都有特例，皇帝是不受约束的；皇后也有有能耐的，后宫淫乱之事不绝于史。其实看着好像挺多，你要细数数，还真没多少。毕竟几千年的历史了，没有也不正常，但总的来说都属于特例。

不过，思想范畴的东西最不好控制。各个朝代、各个时期，男女荒唐之事也多有流传。“脏唐臭汉”一说，便是两个盛世的侧面写照。然而，汉、唐也并非男女关系最开放的时期。因为脏臭之事，多发生在宫廷，或是繁华的大都会如长安洛阳什么的，并未普见于民间的各个角落。要说男女关系真正开放的时代，则非十六国时期莫属。在那段民不聊生的特殊历史时期，即便是民间，男女之间也鲜有禁忌。

文化风俗，决定着男女关系的开放程度。举个小例子，西晋以前人们穿木屐，女用木屐为圆头，男用木屐为方头，男女之别看鞋便一目了然。而到了晋武帝初期，“妇人屐乃头方，与男无别”。光看鞋已经无法分辨男女，界限趋于模糊。

事体虽小，却颠覆传统。就像现在，人们多以拥抱取代握手，以尽可能多的身体部位的接触，来传递尽可能多的热情。搁过去，握手都别想，所以才有诸多赞美手的诗句传世。比如陆游的“红酥手，黄縢酒”，比如杜牧的“佳人不忍折，怅望回纤手”，以及韦庄的“纤纤手，拂面垂丝柳”，无一不是酥手、纤手。现在呢，手再嫩滑、再纤柔，雕个花儿美个甲，它也还是手，不值得专门写首诗。

十六国时期最典型的冲突就是文化冲突。当时北方少数民族数量猛增，关中人口百万之众，戎狄差不多就占了一半，可以说十分昌盛。由于生存环境和发展滞后等原因，这些少数民族形成了自己独特的风俗。比如匈奴习俗有“父死，妻其后母；兄弟死，皆取其妻妻之”，鲜卑也同样有“妻后母，报寡嫂”的习俗。后母、寡嫂都适用拿来主义，还有什么别的不可以的吗！况且对于他们，生存是第一位的，女人没有躲在后方的资本，也一样要抛头露面，所以男女之间禁忌就少得多。

文化总是相互影响的，少数民族在不断吸收中原先进文化的同时，也势必给中原带来不同的异域风情，同样影响着中原的文化发展。少数民族的某些风俗本是中原汉人所不齿的，然而汉人见得多了，耳濡目染，也就见怪不怪了。加上各族间的通婚，这些风俗习惯就不断交融。

比如汉人过去穿衣是上衣下裳，少数民族因为要骑马，是上衣下裤，要利索得多，于是汉人也开始效仿。再比如，晋武帝时待客，盛行“胡床”和“貊槃”，也就是坐着胡人的小马扎，用东夷的器皿盛东西，这在当时绝对是引领时尚的事。后来又流行“羌煮貊炙”，亦即引进了羌族的涮锅和东夷的烧烤。这些外来的玩意儿受到贵族富户的追捧，不能不说是受到少数民族风习的影响。有一阵子，北方汉人还以说胡语为荣，既说胡话，就难免不办胡事。

这个时期男女关系开放的一个最主要的原因，是人口的大量减少。汉末以来战乱一直持续，到十六国时期达到顶峰。据《通典》记载，三国时全国总共有 1473433 户，7672881 人。数量已是少得可怜。西晋初年人口得到恢复，可到了西晋末年战乱不断，非正常死亡人数大增，人口就又开始呈现下降趋势。

那时候人祸多，天灾也跟着凑热闹。瘟疫、洪水、地震屡屡发生，那才叫水深火热呢。好多地方赤地千里、绝无人烟，人们的生存环境受到严重挑战。有人的地方粮食也不够吃，以至于出现人吃人的现象。“仓廪实而知礼节，衣食足而知荣辱”。衣不蔽体、食不果腹，连饭都没得吃，谁还有心思去顾忌什么仁义廉耻啊。道德滋生于殷实，却无法约束饿鬼。

在这种情况下，各国之间的征战，除了占地盘，就是抢人口。什么叫政权？光有地盘没人，你这皇帝给谁当？谁来顶礼膜拜？谁来种地纳税服兵役？所以，增加人口成为这一时期一个主要问题，生育自然就被摆在了第一位。这也很容易理解，人口需与社会发展相匹配，否则就会造成诸多问题。

官方为增加人口，采取了很多措施。比如晋武帝于泰始九年（273 年）颁诏：“女年十七父母不嫁者，使长吏配之。”就是说，女孩子到了十七岁还没嫁人的，政府直接就给你安排了，连选择的机会都没有。所以那时候没有晚婚的，更不会有剩女。啥歪瓜裂枣的都是宝贝——缺女娃啊。以生育为主，直奔主题，男女之间的禁忌就撇到一边了。而且战争造成男子大量死亡，女人不得不抛头露面，顶替男子做些事情。男女之间接触多了，好多不该发生的故事也就开始发生了。

思想风向标的偏移，也是这个时期不可忽视的一个现实问题。战乱不休让人迷茫，生命无常使人空虚。汉朝以降的儒家思想根基此时也发生了动摇，士人贵族代之以黄老、玄学，甚至声色犬马、放浪形骸，迷恋房中之术，以此逃避现实。庶人百姓极度缺乏安全感，也开始笃信今朝有酒今朝醉的当下哲学。

男人放开了，就需要女人配合。于是纵情放纵，不断突破。晋惠帝元康年间，有一帮公子哥儿聚会喝酒，竟然“散发裸身，对弄婢妾”。如此开放，令人咋舌。大家熟知的“韩寿偷香”的故事，也发生在这个时期。思想的开放，也让男女关系愈加开放。

这个时期还有两个不容忽视的社会问题：一是同性恋盛行。晋武帝灭吴之后，全国大兴男宠之风，一时风头强劲，真真衬得天下粉黛无颜色。一些士大夫以此为时尚标杆，争相效仿，大有赶超之势。就连前秦大帝苻坚都有此“雅好”，迷恋上了鲜卑籍美男子慕容冲。二是流民的增多。流民必是混居杂处，习俗共染。往往都是这样，什么事情你越是禁止，就越感觉神秘，不禁反而没什么大不了的。男女同吃甚至一同露宿，加上衣不蔽体，让男女之间不但不避讳，甚至也不再有什么羞怯可言。毕竟生存是第一位的。这种情况下，纲常礼教自然无法维持，社会风气也江河日下。

其实，只要看看这个时期的诗歌作品，其开放程度便能略窥一二。东晋孙绰的《情人碧玉歌》有“碧玉破瓜时，相为情颠倒。

感郎不羞赧，回身就郎抱”句，已是火辣辣的情与爱了；杨方的《合欢诗》有“居愿接膝坐，行愿携手趋。子静我不动，子游我无留”句，也够腻乎的；南朝宋鲍照《代淮南王》中的“愿逐明月入君怀”“怨君恨君恃君爱”，爱情的表达则更为炽烈奔放。

下篇

粉墨登场

——匈奴、鲜卑、慕容氏，乞活军与四大家族

1

五胡逐鹿

生活在中原以外的诸族，几乎无时不在觊觎中原，而中原政权也无时不在预防这种潜在的风险。历史便在这两种思维的碰撞中蹒跚前行，在战火纷飞中融合发展，最终趋于统一。

中原地区是中华文明的发源地，也是多灾多难的是非地。少数民族数次入主中原，或与汉族分庭抗礼。匈奴、羯胡捷足先登，鲜卑、氐、羌紧随其后，接着还有契丹、女真、蒙古的异军突起。然而，民族冲突越激烈，民族交流也就越频繁，从而也就加速了民族间的融合。就像不定期登陆的台风一般，虽然强悍，也不可避免，但终究会有风息浪止的一天。

汉族是最早生活在中原的，也是最早在中原建立政权的。汉族的“汉”，是因汉朝而得名，汉朝之前还没有汉人的叫法。然而，从三皇五帝时期的氏族部落，到夏商周的奴隶制国家，再到扫六合而大一统的秦帝国，一直活跃在中原的这些组织、政权，显然和后来的汉朝是一脉相承的。后世将汉朝之前的中原人称为“华夏族”，本文为了叙述上的方便，也统一使用“汉族”这个称谓。

中国地域广大，自古就孕育着多个民族，汉族只是其中之一。由于汉族最先在中原定居，于是便根据方位，将四周的东、西、南、北诸族部落，分为夷、戎、蛮、狄四类。夷、戎、蛮、狄不是民族名称，也并非特指哪一个具体的种族部落，而是四个不同方位的代指。比如，居住在中原以东的统称为夷，依此类推，南边的称蛮，西边的称戎，北边的称狄。所以会有东夷、西戎、北狄、南蛮的说法。因为每一方位又散居着诸多种族部落，所以又有九夷、八狄、七戎、六蛮之说。

古代中原不断遭受战火的洗礼，民族间的冲突也从未间断。究其原因，和这种地域分布不无关系。中原与周边本就是一体，并无明显的分界线，所以其间的摩擦冲突便不可避免。况且，当时周边少数民族最初距离中原也并不遥远。比如匈奴，最早就居住在如今的陕西、山西、河北三省的北部，后来才逐渐向北迁徙的。

中原与少数民族的冲突，最早可以上溯到远古时期。比如《史记》中记载黄帝战蚩尤、“北逐荤粥（即獯鬻，周代称“猃狁”，秦汉后称“匈奴”）”；《墨子》中记载尧帝“北教乎八狄”，等等。即使到了西周，冲突也仍在继续。《诗经·采薇》毛序中说，周文王时，“西有昆夷之患，北有猃狁之难”。文王经过征伐与争取，这才使得戎狄“莫不宾服”。后来犬戎攻破镐京，灭了西周。随后诸侯联军又打败了犬戎。战国时秦、赵、燕三国北筑长城，其主要目的就是拒胡。

中原成为各族争夺的焦点，还与气候和地理环境有关。中原适宜农耕，居住地相对稳定；边疆适宜放牧，只能逐水草而居。

这一静一动，也决定了各民族在发展中的特性。少数民族所处地域偏僻、环境恶劣，缺乏发展的外部条件，所以开化相对较晚。为了生存之计，他们又不得不与恶劣环境相抗争，结庐而居、射猎为食，由此也形成了彪悍强劲的原始风尚。少数民族在征战上的优势渐趋明显，他们又无时无刻不在惦记着中原的富饶与肥美，一旦有机可乘，或是遭遇天灾无法生存时，便会挥师南下，进扰中原。

这种潜在的隐患，在 4 世纪左右终于集中爆发了。西晋末年，皇族内斗，中原丧乱，国力空虚。北方少数民族也群起涌入，加入中原纷争。从 304 年匈奴人刘渊率先立国，到 439 年北魏一统北方，136 年的时间里，北方大地上先后建立了十五个较大的割据政权。计有：一夏（大夏）、二赵（汉赵、后赵）、三秦（前秦、后秦、西秦）、四燕（前燕、后燕、南燕、北燕）、五凉（前凉、后凉、南凉、北凉、西凉）。北方以外，西南一地还有巴氐李氏建立的成汉政权，合起来就是十六个，所以历史上将这一时期称为十六国时期。这一名称来自北魏史官崔鸿所撰《十六国春秋》一书。

当然，这只是列举了当时实力较强、影响较大、存世较长的政权，其实当时建立的政权远不止这十六个。比如还有丁零人翟辽建立的翟魏、汉人冉闵建立的冉魏、慕容氏建立的西燕、拓跋氏建立的代、清水氐杨氏一族建立的仇池、慕容氏建立的吐谷浑，等等，这些政权都没有包括在内。当然，也没算上最后一统北方的终极霸主北魏。

十六国涉及的少数民族主要有五个——匈奴、鲜卑、羯、氐、羌，合称五胡，所以这一时期又称作五胡十六国。需要指出的是：胡，并非对少数民族的蔑称，而是古代对居住在北方和西方的少数民族的泛称。西汉时，匈奴单于狐鹿姑曾经给皇帝写信：“南有大汉，北有强胡。胡者，天之骄子也。”也就是说，胡是天之骄子的意思，和中原的天子意思差不多。

十六国时，石勒忽悠西晋将领王浚，也写信自谦：“勒本小胡，出于戎裔。”前秦大帝苻坚被姚苌杀害时，曾怒斥姚苌：“小羌敢逼天子，五胡次序，无汝羌名。”这也是“五胡”一词最早见诸史端的记录。他们自己称自己为胡，当然不会是贬义了。

十六国纷争，开始了一段血雨腥风的岁月，中国历史也走到了最为晦暗的时刻。在近一个半世纪里，中国北方除了前秦时有过一年多的短暂统一，其他时间一直处于四分五裂状态。野蛮和杀戮成为这一时期的代名词。胡人初入中原，往往铁血征伐。各国厮杀激烈而频繁，或双雄并霸，或三方争斗，或四方混战，战争绞肉机全马力开动碾压众生。这个时期的民族矛盾空前白热化，胡人杀戮汉人，汉人大诛胡羯。而胡人之间也是杀伐不断，血流成河。加之各政权内部的清洗、火并时有发生，中原大地几无宁日。

战争摧毁了生产秩序，造成这个时期粮食极度匮乏。饥荒随时随地发生，人们的生存遭受严重挑战。饿殍遍野的凄惨与人相食啖的恐怖交替，谱写了一曲人间地狱的挽歌。大量的饥民、流民形成乱源，甚至聚集割据、建立政权——比如巴氐李氏建立的成汉政权。加之瘟疫、蝗灾、洪水、地震等自然灾害频频发生，社会环境不断恶化，又催生新的动荡。此起彼伏，形成恶性循环。

五胡所立各国大多匆忙造就，且具有强烈的军事割据色彩，自保尚且不暇，也就无心内政，甚至都无法统计和管理辖域内的人口和户籍——因为人口流动和人口减员都太过频繁。各国间打仗的目的，除了占地盘就是掠夺人口和粮食，一样把生存放在首位。

2

十六国脉络

十六国时期往往给人以混乱的印象，除了民族多、政权乱、跨度长之外，国家名字也容易混淆。不是带前、后，就是带南、北。比如前、后赵，前、后秦，南、北燕，南、北凉，此外还有西秦、西凉。

这些国家的国号大量重复，且频繁交替，非常容易混淆。比如上面列举了 10 个政权，国号只有赵、秦、燕、凉 4 个。其实当时这些国家的称呼都很单纯，打的旗号就是赵、燕、秦、凉，没有南、北、前、后——个别有加“大”字以示威武的，比如后凉自称大凉，后秦自称大秦，成汉最初叫大成，刘勃勃的国号叫大夏。后人为了方便区分，才在国号前面加了表示时间或者方位的前缀。

加前、后等时间前缀是为了区分国号相同、在某一时间段或某一区域内影响力大，且存在时间差的国家。比如前、后赵，前、后秦，前、后燕和前、后凉。

氐族建立的前秦和羌族建立的后秦，都是在三秦大地关中立国，因而国号都叫秦。其中羌秦自称大秦，因为它立国于氐秦崩溃之后，所以后人称它为后秦。氐秦也因而称作前秦。前秦既区别于后秦，也区别于周朝时的秦国和之后的秦朝。

慕容氏的发家地辽西属于燕国故地，所以定国号为燕，后来被前秦吞灭。前秦崩溃后慕容垂又在故地复国，因而被称为后燕，之前的燕则称为前燕。同样，前燕也是既区别于后燕，也区别于周朝的诸侯燕国。

前凉、后凉都是以姑臧（今甘肃省武威市）为中心，在凉州建立的政权，国号也都叫凉——后凉自称大凉。二者中间隔了个前秦，因此后人也以前、后加以区分。

加前、后的国家一般不并存，但前赵、后赵是个例外。二者一度并霸北方十年。前赵属于匈奴汉国的延续，之前已经存世十几年。后赵灭前赵后也继续存在了二十多年，如此便有了时间差。因而立国早几个月的刘赵被称作前赵，随后建立的石赵被称为后赵。当然，前赵的前，也是为了区分先秦时期的赵国。

加南、北、西方位，是为了区别国号相同，且并存于世的政权。比如南凉、北凉、西凉区别于后凉，西秦区别于后秦，西燕、南燕区别于后燕，北燕区别于南燕。

南凉、北凉、西凉脱胎于后凉，因而以姑臧为中心，按方位加以区分。西秦立国时间比后秦稍晚，实力和影响力却差很远，还一度被后秦灭国，因此以后秦为坐标将其称为西秦。当然，西秦的西，还因其处于三秦大地之西。

慕容垂建后燕时，慕容泓、慕容冲哥俩也打着燕国旗号复兴，所建立的政权最后被后燕所灭，因其存世较短且在后燕西边，便以后燕为参照称其为西燕。后燕被北魏一分为二后，慕容德南下滑台，后迁广固立国，被称作南燕。冯跋、高云取代后燕后沿袭了国号，因居于南燕之北，所以称北燕。

十六国时期国号比较特殊的是成汉和大夏。成汉的成，并不修饰汉，而是前期叫成，后期叫汉。为了与匈奴汉国区分，也区别于三国时的蜀汉，统称成汉。刘勃勃定国号大夏，是自诩为夏朝夏后氏之后，这个当时没有重叠。

十六国乱世，时间跨度长达 136 年。加上之前的序幕八王之乱，以及之后的尾声刘宋北伐、拓跋焘南下等事件，则至少持续一个半世纪以上。前文说过，这段历史涉及的少数民族主要有 5 个，此外还有汉族、丁零等族。建立的国家主要有 16 个，实则超过了 20 个。

那么如何厘清这段历史的脉络呢？其实也简单，只需抓住一个国家五个节点就行了。一个国家是前秦帝国，五个节点按时间顺序分别是：靳准之乱、冉闵之变、淝水之战、参合陂之役和刘裕北伐。中间节点是淝水之战。

前秦曾完成北方唯一的一次统一，这一事件也就将十六国的历史一分为二，整个十六国时期的历史脉络以前秦为中心，可分为前后两段——这也是十六国名字中带前、后的一个简单区分，节点是前秦帝国生死攸关的淝水之战。

前秦之前，或者说淝水之战之前，又可分为两小段：前、后赵时期和前秦统一，节点是靳准之乱和冉闵之变。前秦之后，或者说淝水之战之后，也可分为两小段：后秦、后燕并立与北魏统一，节点是参合陂之役和刘裕北伐。

我们一个个地说。

前秦之前的第一阶段：前、后赵与靳准之乱。

十六国肇始于匈奴汉国，其重要帮手是羯族，二者一起灭了西晋。这期间，东晋偏安江南，巴氐李氏在蜀地建立大成，清水氐杨氏在陇南建立前仇池，匈奴铁弗部占据河套地区。鲜卑则在北方兴起，其中拓跋氏建立了代国，慕容部、段部和宇文部三部正在热闹火拼，慕容氏的一支吐谷浑远走河西，在今天的青海、甘肃边界建立政权。西部的凉州成为流民的避难所，汉人张轨建立了前凉政权。

汉国后期叫赵，史称前赵，合称汉赵，分水岭是靳准之乱。此时汉赵的大将军、羯人石勒也独立出去，建立了后赵政权。前赵开拓陇右时降服了略阳氐蒲氏——后来改姓苻氏，以及羌酋姚氏。后赵灭前赵时两支武装也随之归顺。这一时期，前凉抵挡住了前、后赵的进攻，并向西降服了西域。慕容氏建立前燕并击退后赵，攻灭宇文部。

前秦之前的第二阶段：冉闵之变与前秦统一。

后赵后期，汉人冉闵夺权建立冉魏，接着灭亡后赵。苻氏和姚羌先是帮助后赵残余围打冉魏，而后投降东晋。前燕则趁机入据中原灭了冉魏。与此同时，苻氏脱离东晋，北上关中建立前秦，与前燕并霸北方。之后前秦打败桓温，收降姚羌，在灭掉前燕、前仇池、代、前凉和铁弗部后强势统一。这期间东晋灭掉了西南的成汉，所获地盘后来也被前秦占领。

前秦之后的第一阶段：后秦、后燕并立与参合陂之役。

淝水之战后北方再次分裂，慕容垂在前燕故地建立后燕，慕容泓、慕容冲在关中建立西燕，后移据山西长子，丁零人翟辽建立翟魏，羌酋姚苌建立后秦，略阳氐人吕光建立后凉，鲜卑乞伏氏建立西秦，清水氐杨氏重建后仇池，代国再兴成为北魏。

之后是分分合合一通打。先是后凉分裂，鲜卑秃发氏自立南凉，卢水胡沮渠氏拥立段业建立北凉。而后汉族李氏又从北凉分出建立西凉。接着后秦、西秦灭了前秦，后秦又灭了西秦、后凉，与灭掉翟魏、西燕的后燕并霸中原。

北魏兼并匈奴铁弗部后，铁弗部首领刘卫辰的儿子刘勃勃投奔后秦，而后割据朔方建立大夏。后燕在参合陂一役中遭北魏逆袭，随后被分割为南燕和北燕。

前秦之后第二阶段：北魏统一与刘裕北伐。

东晋刘裕北伐时攻灭了南燕、后秦，大夏趁机夺取关中。之后南凉被复国后的西秦攻灭，西凉被北凉攻灭。大夏被北魏驱赶到平凉后灭了西秦，攻打北凉时又被吐谷浑袭灭。最后北魏灭掉北燕、北凉后统一北方。至此，五胡归一，十六国终结。

3

北疆新贵匈奴

说到中国古代特别是汉代的历史，就不能不提到一个成长于马背上的强大民族——匈奴。事实上，匈奴也是最早和中原发生征战并且关系最为密切的一个民族。

早在传说中的三皇五帝时期，这个民族便已经存在。匈奴饱经岁月的洗礼，在历史中踯躅前行，最终得以兴盛崛起，成为第一个雄霸北疆的少数民族，也成了中原王朝二百多年的宿敌。

匈奴给人的印象很突兀，似乎一下子在秦汉之间冒了出来。之所以有这种印象，是因为匈奴这个名字出现得比较晚，几乎与其崛起同步。其实匈奴是一个非常古老的民族，张守节《史记索隐》引服虔说："尧时曰荤粥，周曰猃狁，秦曰匈奴。"西周时还被称作"犬戎"，春秋时称"戎狄"，到了秦汉时期才叫匈奴。

关于匈奴的发源地，《史记·五帝本纪》上有这样一句话："黄帝北逐荤粥，而邑于涿鹿之阿。"涿鹿就是今天的河北省涿鹿县，可见匈奴当时距离中原并不遥远。《墨子》中说，尧帝"北教乎八狄"。"八狄"是北方少数民族的泛称，其中也包含匈奴的诸多部落。

再佐以《史记》中的其他记载，如武王伐纣，“放逐戎夷泾、洛之北”。泾洛就是渭河的支流泾水和北洛水；犬戎攻破镐京后，“遂取周之焦获，而居于泾、渭之间”。由此我们可以初步判断，古时匈奴的活动范围，大约在现在的陕西、山西、河北三省的北部。

中原土地丰腴肥沃，匈奴作为近邻自是百般窥视。但当时中原民族开化较早，很快统一了各个部落，形成了相对集中的国家力量。同时原始彪悍之风尚未完全消除，这就让中原政权变得无比强大。而匈奴只是一些分散的小部落，一大家子一大家子的，总共也没多少人。而且每天以游牧为生，追逐水草而居，想的都是吃饭睡觉问题，自然没有精力和实力与中原抗衡。

古代边疆游牧民族的崛起，需同时具备四个条件：一、人口大规模地增长；二、出现一个厉害的首领；三、军事打击能力变强；四、经济足以支撑军事消耗。而这些都需要一个漫长的累积过程，以及机缘的垂顾。就像牙牙学语而至人中翘楚，匈奴也是历经沧桑，才最终出现在历史前沿的。

匈奴人不断寻觅适合自己的栖息地。其中有那么一支，首领叫头曼，带着他的族人和牛羊来到丰腴开阔的河套地区。吃饭问题一下子解决了，羊肥马壮，生的孩子也多了起来——匈奴人生孩子效率很高，父死娶后母，兄死娶寡嫂，女人基本没闲着的时候。可惜好日子没多久，秦始皇派蒙恬大军过来一顿猛削。头曼单于无处可去，东边有东胡，西边是月氏，只能拖家带口往北逃。一口气跑出去七百里，直到秦始皇死后中原大乱才又回来。

中原战乱，无暇顾及边疆。藉此天时，加上河套肥美的地利，匈奴获得了野蛮生长的机会。也就是在这个时候，那个厉害的首领也出现了，就是头曼的儿子冒顿。

冒顿胆识过人，自小在月氏国当人质。后来头曼单于攻打月氏，月氏要杀冒顿，冒顿趁人不备偷了匹好马，扬鞭奋蹄一溜烟地跑了回来。如此智勇，头曼从此对他刮目相看，并且委以重任，让他统领一万骑兵。对于人口稀少的匈奴来说，一万骑兵已是相当规模的武装力量了。

冒顿不但骁勇善战，而且带兵有方。特别是，他还具备王者的霸气和狠辣。他以鸣镝（即响箭，射出去能发出声）训练将士，鸣镝一响，便是号令，弓箭手就必须向目标射击，违令者斩。为了检验效果，他让士兵射他的战马，甚至射他的妻子。有的士兵不敢放箭，冒顿立即将其斩首以正军威。这样一来，将士们再次听到鸣镝，便形成了肌肉记忆。最后，冒顿将目标对准了自己的亲生父亲，伴随着尖锐犀利的鸣镝声，将士们毫不犹豫地将他爹射成了马蜂窝。

冒顿以牺牲战马、妻子和亲爹的代价，终于训练出一支凶猛彪悍、整齐划一的军队。凭着这支队伍，冒顿将匈奴其他散部拢到一起，然后开始四面出击：东败东胡，一直追打到大兴安岭；西驱月氏，将其赶到伊犁河谷，捎带脚还威服了楼兰、乌孙、呼揭等二十六个西域小国；北征浑庾、屈射、丁零、鬲昆、薪犁；南并楼烦、白羊二部，并占领河套以南的朝那（今宁夏固原市）、肤施（今陕西省榆林市），袭扰燕、代（今河北省西北和山西省东北部）。一通南征北战、东打西杀之后，长城以北尽属匈奴，西域各国无不臣服。

冒顿不断地打打打、抢抢抢，获取了大量人口、牲畜和财物。

匈奴人口激增，经济总量呈几何倍数增长。为了便于管理，冒顿还制定了法律，并设置了左右贤王等二十四官长，官长下面还有千长、百长等属从，每年秋天对他们进行一次考核，指标主要看两项：人口和牲畜。就这样，匈奴从散漫的游牧部落很快过渡成一个有秩序的国家。

这个时期的匈奴人口保守估算在110万以上，对于人口基数甚小的匈奴来说已经十分可观了。而规模更为可观的是军队数量，匈奴实行全民皆兵，基本上最精壮、最有战斗力的人全都成了骑兵或射手，数量达到了惊人的30万。这些人的待遇很好，好肉、好奶先紧着他们吃喝，因此他们有着使不完的劲儿。平时放羊放牛该干嘛干嘛，一有情况放下羊鞭抄家伙就上战场。为什么？因为冒顿规定，杀死一人赏酒一壶，并获得全部战利品，俘虏则成为奴婢供其驱策。所以人人都像打了鸡血，战斗力那叫一个强悍。穿透力奇强的弓矢和乌孙良马武装起来的匈奴骑兵，很快成为北疆无往不利的虎狼之师。

此时的匈奴也终于有了和中原一较高下的本钱。公元前200年，冒顿小试牛刀，率40万精骑挥师南下。汉高祖刘邦闻讯，亲自领兵拒敌。冒顿牛就牛在他不只有蛮力，还懂得兵法。他先是佯装败走，然后将精兵埋伏在平城（今山西省大同市境内）。结果刘邦中计，先头部队被围困于白登山，整整七天与大部队失去联系，也无法调剂粮草，搞得很是狼狈。

大汉王朝第一次领教了匈奴的厉害，此后不得不采取和亲之策，以换取边境的安宁。匈奴自此雄起北疆，盛极一时。

4

鲜卑大放异彩

鲜卑作为一个独立的民族，已经在历史中消逝，但也留下了自己的辉煌。在历史上，鲜卑一共兴起过十支强大的部族，是中国古代少数民族中部族最兴旺、存在感最强的一个。

鲜卑的前身是东胡，因居于匈奴之东而得名，也是最早与中原有联系的民族之一。东胡有好多部落，与匈奴同在今天的蒙古高原一带游牧，是与匈奴并盛的一个大部族。后来匈奴厉害了，东胡被驱赶到大兴安岭一带，部族也由此分为两部，即乌桓和鲜卑。

乌桓靠南，曾一度成为中原之患。东汉末年，曹操在柳城（今辽宁省朝阳市境内）一役中大败乌桓，降斩20余万人。乌桓元气大伤，余众被曹操内迁，慢慢被中原同化。没有内迁的则向北逃窜，并入鲜卑。匈奴败走后，鲜卑趁机占其故地。匈奴中没有逃走的部落，也都融合于鲜卑。

可以说，匈奴的败落，为鲜卑的崛起提供了一个绝好机会。地域的扩大和人口的增加，让鲜卑日趋强盛。到十六国时期，鲜卑首次出现在中原舞台，并在中原建立政权。鲜卑在历史上曾兴起过慕容、吐谷浑、乞伏、秃发、拓跋、柔然等部族。

其中最先崛起的是慕容部——或者说慕容氏。

慕容氏不但是鲜卑族中最先问鼎中原的一支，也是十六国时期占据中原最久的一个部族。十六国乱了 136 年，而慕容氏立国时间总计达到了 100 年之久。

慕容氏最先居于辽西，这里土质肥沃，适于垦牧，因此部族发展较快。后来部族出了一个杰出人物慕容廆，自称鲜卑大单于，开始割据一方，势力也逐渐拓展到了辽东。他儿子慕容皝继位后，干脆自立为帝，并定国号为“燕”，史称前燕。随后慕容氏攻灭段部，东破高句丽，接着又歼灭宇文部，北逐扶余国，开始雄起于东北。

冉闵诛灭石氏集团后，慕容皝之子慕容儁趁机南下，打败冉魏擒杀冉闵，并在中原站稳了脚跟。前燕一度在北方与前秦帝国二分天下，但最终为前秦所灭。前秦淝水落败后，慕容皝的另一个儿子慕容垂趁机反水，定都中山（今河北省定州市），建立后燕政权。慕容儁的两个儿子——北地长史慕容泓和平阳太守慕容冲也举起大旗，建立西燕。后来慕容垂攻灭西燕，后燕再度成为中原强国，与羌人建立的后秦并霸北方。

北魏兴起后，与后燕连年征战。后燕在参合陂一役中惨败，中原大部分领土沦丧，其国也被北魏腰斩为北燕和南燕两部分。北燕是鲜卑化的汉人冯跋肇建（拥立高云），延续的也是慕容氏的班底，最终亡于北魏。南燕被东晋名将刘裕所灭。慕容氏从此一蹶不振，退出了中原舞台。关于慕容氏的立国详情，下一节中有专门记述。

吐谷浑是慕容氏的一支。吐谷浑本是人名，他是慕容廆的庶兄，叫慕容吐谷浑。当时的慕容氏还是个并不发达的游牧部落，他们的父亲慕容涉归当首领时，分给吐谷浑1700户让他管理。涉归死后慕容廆子承父业，与庶兄之间的关系就微妙起来。有一次两部的马在放牧时发生了冲突，致使几匹马受了伤。这本是一件寻常小事，却揭开了主人间长久隐藏的嫌隙。慕容廆沉着脸对慕容吐谷浑说，咱们两部为何不拉开点距离呢，免得马再打架。

慕容吐谷浑也来了气，说牲口打架你拿人撒什么气！不就是想让我走嘛。行，我走就走远点，离你一万里可以吧。吐谷浑伤心之余，率众远徙，过阴山、渡黄河、穿凉州，一路向西，不断寻找栖息地。最后在如今的青海落了脚，走了不止一万里地。吐谷浑部众从此结庐为帐，肉乳为粮，追逐水草而生，开始在远离战火硝烟的西部边陲，过上了悠哉快哉的游牧生活。

慕容廆也真真体验到了距离产生的“美”。慕容吐谷浑走后不久他便后悔了，派长史追过去表达歉意。慕容吐谷浑这时也道出了决心迁徙背后的信念支撑，说之前父亲曾找人占卜，得知两个儿子都将是祚流后世的帝王之才，自己是庶出，本来听听也就算了，这次因马而别，大概是冥冥中自有天意吧。怪不得当初去意已决，原来也是另有谋算。慕容廆当初可能就是一时之气，没想赶跑这个哥哥，后来他追思庶兄，还专门写了首《阿干之歌》，鲜卑语阿干即为阿兄之意。

吐谷浑作为部族的姓氏，同时也作为部落的名称，是慕容吐谷浑的孙子慕容叶延定下来的。慕容叶延依据《仪礼·丧服传》中“诸侯之子称公子，公子不得祢先君，公子之子称公孙，公孙不得祖诸侯，此自卑别于尊者也。若公子之子孙有封为国君者，则世世祖是人也，不祖公子，此自尊别于卑者也”一说，自此便以爷爷的名字吐谷浑作为部族的姓氏。慕容叶延也改为吐谷浑叶延，彻底与慕容氏做了切割。

吐谷浑因为所居偏西，所以在群雄逐鹿的十六国时期并未扮演重要角色。发生的几起征战，也仅限于和凉州一地的政权展开。比如，西秦的乞伏乾归投降后秦后，吐谷浑第七任首领乌纥堤便趁机多次袭扰其边境。后来乞伏乾归亲自率骑兵征讨，吐谷浑惨遭重创，损失了一万多人口。

第八任首领树洛干嗣位后，率领余众迁往莫何川（今青海省乌兰县境内），自称大都督、大单于、吐谷浑王，并采取了轻徭薄赋、信赏必罚等一系列改革措施，一时间周边部落纷纷依附。吐谷浑国力大增，再次走向强盛。饶是如此，吐谷浑仍不能与其近邻西秦抗衡，后来还一度归降过西秦。南凉的秃发傉檀也曾西征吐谷浑的乙弗部，虏获牛马羊四十多万头。

初期的吐谷浑并不强大，吃败仗是常有的事。其在军事上最长脸的一次，是在第十任国主慕璝时，与北凉军联合，屡次袭击西秦，迫使西秦国主乞伏暮末放弃都城枹罕（今甘肃省临夏县境内）东奔。吐谷浑趁机占据西秦故地。大夏国末帝赫连定被北魏打败后，向凉州逃窜，也被慕璝拦击并生擒献给了拓跋焘。由于地处偏僻，纷争较少，吐谷浑政权存世的时间很长，直到663年唐朝高宗时才被吐蕃所灭。

乞伏部是西部鲜卑中最强大的一支，在十六国时期建立了西秦政权。乞伏部最初也居住在蒙古高原一带，晋武帝泰始初年，其先祖率领五千户南出阴山，辗转游牧于今天的宁夏、甘肃一带，最后落脚于勇士川（今甘肃省榆中市境内）。迁徙期间，乞伏部不断兼并周边小部落，人口逐渐增多，部族也开始强盛起来。

苻坚平定凉州，乞伏部也归顺了前秦。部族首领乞伏司繁被苻坚封为南单于、镇西将军，负责镇守勇士川。苻坚南下攻晋时，其子乞伏国仁任前将军、领骑先锋。后来，乞伏国仁的叔父乞伏步颓在陇右反叛，苻坚派乞伏国仁回去征讨，结果一去不回。苻坚在淝水战败后，乞伏国仁招集旧部，自称大都督、大将军、大单于，开始设置官署，彻底脱离前秦独立。

西秦在第三任国主乞伏炽磐时，国力达到鼎盛。乞伏炽磐趁南凉国主秃发傉檀西征之时，一举灭掉南凉国，为西秦历史谱写了最辉煌的一页。乞伏炽磐的儿子乞伏暮末继任后，与北凉连年征战，国势渐衰。为了摆脱窘境，乞伏暮末不得不向北魏乞降。结果投降途中遭到大夏国赫连定的截击，只好就近投降了大夏。西秦就此灭亡。

秃发部和乞伏部一样，也是从塞北高原迁到河西的。具体落脚点在今天的黄河以西，甘肃和青海交汇处，所以也称河西鲜卑。秃发部在秃发乌孤任首领时，适逢吕光平定凉州，秃发部不得不臣服于后凉。后来部族在秃发乌孤的治理下实力大增，翅膀硬了，便脱离后凉建立了南凉政权。

南凉最风光的时候，是第三任帝王秃发傉檀在位期间。由于后秦介入凉州战事，西秦、后凉相继被迫投降后秦。秃发傉檀很机智，急忙去掉年号、解散官员，然后主动向后秦称臣。后秦国主姚兴一高兴，便将凉州交给傉檀打理。如此一来，秃发傉檀兵不血刃地尽占后凉之地，达到南凉有史以来的最大版图。

然而秃发傉檀并不就此满足，随后他和北凉连年征战，失利后又西征乙弗部。结果被重新复国的西秦抄了后路，攻占了都城乐都（今青海省海东市乐都区）。南凉就此灭亡。

拓跋部是鲜卑分布最北的部族之一，最初在今天的大兴安岭一带游牧。匈奴西迁后，拓跋部也随之西迁漠北，而后南下阴山。拓跋部卷入内地纷争是在西晋末年。晋怀帝时，并州刺史刘琨与匈奴铁弗部征战，曾向部落首领拓跋猗卢借兵。因为助战有功，刘琨与拓跋猗卢结拜为兄弟，并表奏朝廷敕封拓跋猗卢为大单于，将代郡封给他，让他做代公。后来拓跋猗卢又晋爵为代王，允许其配置官属，食邑代郡和常山郡。这便是拓跋氏最初的国家形态——代国。

376年，拓跋什翼犍为代王时，铁弗部借助前秦兵力打败拓跋氏，灭了代国。什翼犍的孙子拓跋珪随母亲一起，逃到了匈奴的贺兰部——拓跋珪的母亲本是贺兰部的公主。386年，拓跋珪趁前秦衰败、北方重陷混乱之际，召集旧部自立，再称代王。不久又称帝，并改国号为“魏”，史称北魏。加“北”是因其后来成为南北朝时期北朝的主角，也是为了区分于战国时的魏国和三国时的曹魏。

拓跋氏再兴后，先灭掉铁弗刘卫辰部，又在参合陂大败后燕，成为北方新的霸主。太武帝拓跋焘嗣位后，马踏柔然、西取大夏，最后扫平苟延残喘的北燕和北凉，一举统一了北方。在与刘宋王朝南北对峙时，拓跋焘曾铁骑南下，一直打到长江边上，隔江威胁刘宋的国都建康（今江苏省南京市）。

柔然也是东胡的后代，有种说法是和拓跋部源出相同，也属于鲜卑的分支。十六国后期，柔然与北魏同时兴起，疆域在北魏之北，也就是现在蒙古高原一带。北燕为了抵御北魏，曾与柔然联姻，国主冯跋将女儿乐浪公主嫁给柔然可汗勇斛律。这样柔然与北魏、北燕在北方一度呈三角之势。

柔然的军事对象主要是北魏，它曾多次出击袭扰北魏边境，也多次被北魏打败。占不到便宜的柔然于是暂避漠北，调转枪口去攻打实力较弱的高车，兼并了高车大小部落。实力大增后，柔然回过头来仍与北魏为敌，让北魏很是头疼。太武帝拓跋焘曾率大军亲讨柔然，柔然再次向北逃窜，自此不敢南下，其对北魏的威胁才彻底消除。

十六国时期，鲜卑部族中与慕容部同时兴起的，还有段部和宇文部。段部居于辽西，一度称臣于晋。西晋末年的八王之乱中，其首领段务目尘曾派兵支援东海王司马越，因功而被封为辽西公。后来段部与慕容部发生冲突，被前燕灭掉。宇文部在慕容部之北，后来也被慕容部打败。

北魏末年，宇文部再次兴起。北魏大将宇文泰拥立孝文帝的孙子元宝炬，建立西魏政权。其子宇文觉废掉西魏末帝拓跋廓，建立北周政权。北周共存国二十五年，有过五位皇帝。577 年，第三任帝王周武帝宇文邕在位时，一举灭掉高氏的北齐政权，一统北方。但仅仅过了四年，隋国公杨坚便篡周自立，结束了宇文氏的帝王生涯。

十六国之后兴起的，还有奚族和契丹。奚族又称库莫奚，属于宇文部的一个分支。当年被慕容部打败后，逃窜藏匿于松漠之间——今内蒙古、辽宁、河北三省交界地带。奚族彼时文明程度较低，部众不爱洗澡，不讲卫生，擅长打猎和打劫。北魏时，太武帝拓跋焘曾率兵征讨，降伏了四个部落，掳获十多万头牲畜。南北朝之后，奚族曾依附于隋唐，最后被辽国打败，部众归于契丹。

契丹是鲜卑族中最后兴起的一个部落，居于库莫奚以东，与库莫奚为同族。契丹最初也很不起眼，慕容部驱赶库莫奚时，契丹也未能幸免，与库莫奚一同逃窜于松漠之间。后来又受到北魏和北齐的打击，继续向北逃窜，最后依附于高句丽。隋唐时契丹部族有所发展，到唐末时迅速崛起，并于907年建立契丹国。后改称辽，一度称霸北方。

5

慕容风光百年

在金庸先生的武侠巨著《天龙八部》中，慕容博、慕容复父子一生都在为光复大燕国而疲于奔命。慕容复更为了祖宗遗训，舍弃钟情于他的表妹王语嫣，厚着脸皮要当西夏国的姑爷。他甚至不顾手足之情，亲手杀死跟随他多年的、既是仆臣又是兄弟的包不同和风波恶，厚颜无耻地欲认大恶人段延庆为父。慕容复的所有作为，都只为了重登皇位这一个目的，可谓煞费心机。

慕容复父子能够做出常人不可理解的行为，探其究竟，皆因其祖上在最纷乱的十六国时期曾经有过一段王者的辉煌。那道象征至高无上的光环，无时无刻不萦绕在他们心头，让他们的后代永远铭记着家族的荣耀，追忆着皇族的高贵。这种血脉的不断传承，也让慕容氏子孙的性情变得高傲、孤冷，而不顾人间真情。

慕容氏作为鲜卑族的一支，也享受到了匈奴势衰的红利。匈奴西迁、南附后，鲜卑在部落联盟首领檀石槐的带领下重回故地，并将广阔区域划分为东、中、西三部，分设大人统领。其中中部大人的称号为“慕容”，其后世便以慕容为姓。

关于慕容姓氏的起源，还有两种说法：一是前燕国的奠基人慕容廆的曾祖父莫护跋，学习燕代地区戴步摇冠的习俗。步摇冠是一种冠式，就是把头发束起来然后戴上高高的帽饰，走路一步一摇的。其他部落见了直呼“步摇”，后来“步摇”说着说着便谐音成了“慕容”——也不知怎么谐过去的，可能和口音有关。二是说慕容氏先祖“慕二仪（天、地）之道，继三光（日、月、星）之容”，于是以慕容为姓。这个解释显然有点儿官方。

十六国时期，慕容氏先后建立了前燕、后燕、西燕、南燕四个国家，此外还有一个与慕容氏有很深渊源的北燕。需要说明的是，崔鸿在《十六国春秋》一书中，并没有将表现毫不逊色的西燕列入十六国。饶是如此，慕容四燕仍占到十六国的四分之一，成为北方建立国家最多的一个部族。燕国大旗飘扬百年，打榜热词离不开鲜卑、慕容和大燕，可谓一时风光无两。也无怪乎慕容复一直对此念念不忘。

魏晋之际，慕容氏迁至辽西。部族在首领慕容廆的带领下徙居大棘城（今辽宁省北票市境内），过上了定居的农牧生活，不久后慕容廆自称鲜卑大单于。西晋灭亡后，慕容廆以大棘城为中心占据整个辽水流域，并受封东晋官爵，为平州牧、辽东郡公。慕容廆死后，其子慕容皝继立，继续遥奉晋室，被东晋封为镇军大将军、平州刺史、大单于，袭辽东郡公。后来中原战事升温，慕容皝便自称燕王，建立燕国。这便是前燕。

342 年，慕容皝迁都龙城（今辽宁省朝阳市境内）。随后慕容氏攻灭段部，东破高句丽，接着又歼灭宇文部，北逐扶余国，自此雄起东北，称霸辽东。辽东也成为慕容氏日后发迹的龙兴之地。

慕容皝之子慕容儁继位后，攻占幽州并迁都蓟城（今北京市西南）。冉闵诛灭后赵石氏集团时，慕容氏趁机问鼎中原，打败并擒杀了冉闵。慕容儁威震中原，从此彻底丢掉东晋大旗，自立为帝。几年后，慕容儁又将都城南迁至邺城（今河北省临漳县境内），前燕国力也随之达到鼎盛。

慕容儁死后，十一岁的太子慕容暐继位。慕容皝的弟弟慕容恪辅政，相继率兵攻占了东晋的河南、淮北等地，奠定了前燕的中原霸主地位。慕容恪病死后，前燕开始走向衰落。东晋桓温北伐时，燕军一度节节败退。后来慕容皝的第五子慕容垂在枋头（今河南省浚县境内）大败桓温，形势才有所缓和。但不久慕容垂便受到权臣慕容评的排挤，愤而投靠了前秦。前燕失去中流砥柱，国力急转直下。370 年，前秦丞相王猛率大军攻破邺城，俘获慕容暐。前燕自此灭亡。

前燕共历三主，存国三十四年。最鼎盛时，其疆域范围包括今天的河北、辽宁、山西、河南四省大部，北京、天津和山东省全部，以及安徽、江苏的一部分。西接前秦，南与东晋划淮水为界。

前秦自淝水之战失利后，处于崩溃的边缘。慕容垂于是趁机离开前秦，回归前燕故地，伺机复国，并在荥阳自称大将军、大都督、燕王。随后，慕容垂定都中山（今河北省定州市），自立为帝，并恢复大燕国号，史称后燕。后燕实现了慕容氏的再兴，共历七主，存国二十六年。其盛时疆域基本恢复了前燕时的版图，成为十六国后期，与后秦并世而立的北方强国。

后燕立国后，与北魏连年征战，国力消耗很大，参合陂一役更是遭受重创。397 年，北魏攻下中山，中原郡县尽为北魏所有，后燕也被截为两部分：慕容德南走滑台，建立南燕；后燕大将冯跋拥立高云，建立北燕。

前秦灭前燕后，将慕容氏的皇族以及王公大臣、鲜卑民众四万多户迁到了关中一带。淝水之战前秦败落后，慕容垂回冀州反秦，时任北地长史的慕容泓——也是慕容儁之子，则屯兵华阴自称大将军、雍州牧、济北王，建年号为燕兴，建立西燕政权。慕容泓的弟弟慕容冲在平阳起兵，与慕容泓会和。不久，慕容泓被属下杀死，慕容冲继位，并在阿房（今陕西省西安市境内）称帝，随后发兵攻下长安。

之后的西燕，便无奈地陷入了皇位之争的泥潭。先是部将段随杀死慕容冲，自立为燕王。堪堪过了一个月，西燕宗室将领慕容永和慕容恒便攻杀段随，拥立慕容觊为帝。慕容觊和段随一样，也只当了一个月皇帝，便被护军将军慕容韬刺杀。接着慕容永又杀慕容韬，立慕容冲的儿子慕容瑶为帝。不久，慕容永和慕容恒又起纷争。慕容永对付慕容恒的同时，顺便也把慕容瑶给收拾了，又拥立了慕容泓的儿子慕容忠为帝。最后，部将刁云反叛，杀死慕容忠，拥立慕容永。慕容永先是向后燕慕容垂称臣，而后自立为帝，并建都长子（今山西省长子县），改元中兴。慕容永在位九年，是西燕在位时间最长的皇帝。394 年，西燕被后燕灭国，共历七主，存国十一年。盛时占据今山西省大部及河南省的一部分。

慕容垂第四子、后燕慕容宝在位时，其叔父慕容德镇守邺城。北魏攻破中山后，慕容宝北奔龙城。慕容德则放弃邺城，率领四万户南迁至滑台（今河南省滑县境内）。设置百官，自称燕王，建立了南燕政权。随后，慕容德向东攻取青、兖二州，入据广固（今山东省青州市境内），并在那里正式称帝。慕容德死后，其兄子慕容超继位，刑法苛刻，百姓患苦，国事见衰。409 年，东晋大将刘裕北伐，第二年攻下广固。慕容超被俘斩，南燕灭亡。南燕共历二主，存国十三年。盛时占据今山东省大部，以及河南省的一部分。

冯跋本是后燕大将，长期在慕容氏军中效力。虽为汉人，但鲜卑化程度很高。后燕末帝慕容熙在位时，冯跋发动政变，拥立慕容宝的养子、高句丽人高云为天王。仍以燕为国号，建立北燕政权。冯跋则以都督中外诸军事、录尚书事的身份，执掌北燕军政大权。后来高云被宠臣离班等人废杀，冯跋又杀离班、平叛乱，之后自己上位。北燕君王易主，延续的却依然是慕容氏的班底。冯跋病死后其弟冯弘继立，遭到北魏的连年进攻。冯弘请高句丽出兵救急，但也于事无补。436 年，北魏大军攻破北燕国都龙城，冯弘东渡辽水投奔高句丽。北燕就此灭亡。北燕共历三主，存国二十八年。盛时占据今辽宁省西南部和河北省东北部。

慕容氏一族，自 337 年慕容皝自立燕王、建立前燕开始，到 436 年沿袭慕容氏国号和班底的北燕为北魏所灭，慕容氏的大燕旗帜断续飘扬了一百年。这一百年，也是慕容氏在历史上最为风光的一百年。

慕容诸燕的辉煌，其实金庸先生已经通过虚构人物表现了出来。“南慕容、北乔峰”的南北称雄，可以理解为前燕、前秦与后燕、后秦二分中原、并霸北方。前燕扫辽东、灭冉魏、退东晋、震前秦，犹如慕容博以盖世武功闯出“南慕容”的名号。前燕灭国却死而不僵，慕容垂和慕容泓、慕容冲趁前秦分崩离析之际“斗转星移”，建立后燕和西燕。这也像慕容博的装死，并将名号嫁接给了儿子慕容复。后燕灭翟魏、并西燕，恢复了前燕故土，也复制了前燕的辉煌。这显然成了《天龙八部》一书中慕容复一心复国的原动力。

6

乞活军乱世求生

十六国时期，北方战场上曾经活跃着这样一支特殊的部队——乞活军。说它特殊，因为它是这一特定历史时期的一个特殊产物。部队的组成既不属于官方招募，也不是民间自发，却又兼具官方、民间两种特质。它是由官方组织起来的集体流民，是流民中团结力最强、活动范围最广、存续最长久的队伍。

乞活，即为乞求活命之意。乞活军为了解决最基本的吃饭和生存问题，四处流动作战，足迹遍布大江南北。它的形成源于流民的泛滥。流民，在中国历朝历代都不同程度地存在过。因为战乱或饥荒，百姓无法生活，于是成群结队地流徙他乡。流民不同于移民，移民辗转迁徙后会定居下来，有最终的目的地。流民也不同于徙民，因为徙民是官方有组织迁徙的平民。而流民在形式上表现得更为松散，常常居无定所，多数时间处于流动状态。

流民在十六国时期，更是司空见惯。北方连年战乱，加上瘟疫和自然灾祸，人们连最基本的生存都受到严重挑战。如晋惠帝永兴二年（306 年），宁州连年灾疫，死了有十万人，后来城中粮尽，人们吃野草或者抓老鼠烤着吃，饥荒程度可想而知；永嘉四年（310年），幽、并、司、冀、秦、雍六州闹蝗灾，人们不但吃草根树皮，连牛马的毛都吃了；永嘉六年（312年）幽州发大水，人们也是见什么吃什么，其状惨不忍睹。这样的事例不胜枚举。饥饿足以让人崩溃，而做出任何不可思议的事情，许多地区出现“易子而食”“人相食啖”的人间惨剧。

天灾无法避免，人祸也时有经常。以并州（今山西省中东部）为例，当时盗匪敌寇一拨接着一拨，来来回回地把路都堵了，根本无安全可言。环境则是府署焚毁，邑野萧条，残败如人间地狱。生存受到威胁，人们不得不四处流徙，以寻求平静的避难之所。然而，乱世之中，平静只是相对而言。即便有如仇池国那样的“世外桃源”（关于仇池国的情况后面还有记述），也不足以容纳天下百姓，多数人还是过着朝不保夕的流亡生活。

事情总是环环相扣的。乱世出流民，流民扰乱世，形成恶性循环，也成为这一时期一个突出的社会问题。各个朝廷和地方政府也曾试图解决，想了很多办法，或将流民迁回原地，或者组织安置。但是乱世纷争，流民太多，遣送起来十分困难。而且安置措施也很难到位，特别是少数民族大举涌入中原，地方政权尚且朝夕不保，根本无暇顾及流民。所以当时流民之多、遍布之广，达到了旷世空前的境况。

流民所到之处，势必受到排斥，因为哪里都缺粮食，所以冲突也就无处不在。如司、冀、并、兖三州有好几万户流民流入辽西，这些人很有互助精神，一旦得知哪里能搞到吃的便呼朋引类，其他人遂蜂拥而至，像潮水般来来回回，搞得当地百姓苦不堪言。还有反过来的，不过结局往往更惨。比如颍川、襄城、汝南、南阳、河南几个郡县也有几万家流民，一直被当地居民欺负，结果流民纵火烧城，来了个玉石俱焚。

为防止流民哄抢，各地纷纷组织武装防范。而流民受到攻击，就要自卫，也逐渐自发形成了自己的武装。比如雍州流民王如、侯脱、严嶷等人便拉起了一支队伍，往来于江淮之间；流民张平、樊雅在谯县分别聚集数千人的队伍，并建坞堡，成为坞主；秦州流民邓定、訇氐等人以城固县为据点，不断寇掠汉中。这些还是小打小闹，有的甚至还建立了割据政权。最典型的要数巴氐人李氏建立的成汉，位列十六国之一。这些流民武装在客观上加剧了社会的动荡。

在这种情况下，乞活军也应运而生。其中最活跃、存续最久的便是东嬴公司马腾的一支。东嬴公司马腾初为并州刺史，后来朝廷晋封他为东燕王，改镇邺城，于是履职冀州——亦即今天的河北省中南部、山东省西北部。并州因为连年饥荒、兵乱，各郡县无力自保也无法保护民众。于是州将田禋、田禋的弟弟田兰，以及任祉、祁济、李恽、薄盛一干人等，便组织当地官吏民众一万多人，一同跟随司马腾去冀州找饭吃。

这支流民队伍自号“乞活”，亦即乞求活命之意，成分复杂，既有无家可归的民众，又有落魄失势的贵族、官吏。他们集中的地方叫“乞活堡”——也称“乞活垒”或“乞活堑”。乞活军的生存手段是打仗，而且打起仗来无后顾之忧，十分勇敢强悍。他们参与过八王之争，打败过逼近洛阳的匈奴首领刘聪，“乞活军”的名号由此蜚声中原。

从中我们不难看出，乞活军虽也是饥荒和战乱催生出来的流民武装，但却不是自发的，而是具有浓烈的官方气质。他们这样做起码有两个好处：一则可以有组织地流动，便于谋食；二则形成了一支强有力的武装，更加安全。乞活军不断吸收流民，队伍也越来越大，成为司马腾麾下的一支重要的军事力量。

乞活军参与的主要战事，基本上是与石勒之间展开的。要说起来，这石勒跟乞活军也有不解之缘，乞活军迁徙冀州的同时，一些并州胡人也随之被贩卖到山东，其中就有石勒。八王之乱时，时任并州刺史的司马腾曾与成都王司马颖相攻击。司马颖死后，其旧属公师藩手下将领汲桑自称大将军，扬言为司马颖报仇。他任命当时还没有发迹的石勒为讨虏将军，攻下邺城，杀掉了司马腾。田禋、田兰、薄盛等人又带领乞活军替司马腾报仇，在乐陵杀了汲桑。

汲桑死后，石勒投奔匈奴汉国，受到刘渊赏识。他被委任为督山东征讨诸军事，征伐范围正好与乞活军的活动范围契合。乞活军一部分在李恽、薄盛带领下投靠了东海王司马越，司马越死后，李恽又率军南下洧仓（今河南省鄢陵县境内）。这支乞活军与石勒多次作战，但最终或降或灭于石勒。

乞活军也让石勒的部队吃了不少苦头，比如石勒的侄子石虎进攻梁城（今河南省方城县境内）的乞活军，最后就铩羽而归。占据浚仪（今河南省开封市境内）的乞活军陈午部，一度成为石勒的劲敌。乞活军首领田禋的队伍，也让石勒付出过很大代价。

这支活跃在中国古战场上的特殊队伍，辗转存活了百余年。其足迹遍布大江南北，不时出现在记载中，成为十六国时期流民武装的一个特例。为了粮食，为了生活，为了自保，他们不得不卷入到战争中，这彰显出那个时期饥民的困苦与无奈。一个“乞”字，一个“活”字，让我们读出属于那个时代的凄惨和不幸。乞活军的出现和存在，充分证明了那个大动荡时期的悲凉历史。

7

四家族势倾天下

门阀是中国特殊历史时期的一种特有现象，影响十分深远。门阀在魏晋南北朝时期最为兴盛，有着不可估量的作用，在一定程度上甚至影响了当时的历史进程。

门阀，是门第阀阅的简称。门第指的是家族的背景、地位的贵贱；阀阅指那些为朝廷建有功勋的世家。这些世家为标榜宣扬功勋和荣耀，就在大门的两侧竖立两根柱子，在上面题记功业，左边的叫阀，右边的叫阅。显而易见，门阀指的就是那些世代为官、地位显赫的名门望族。

门阀最早在东汉末期出现。后来曹魏实行九品中正制，尊崇上品世家，漠视下品寒士，对门阀的兴盛起到了推波助澜的作用。“上品无寒门，下品无士族”的等级观念，成为社会的主流意识形态。

当时的等级分得很清楚：三代内家里有人做过三公，即司马、司徒、司空的，被称作膏粱——也就是膏粱子弟的膏粱；做过尚书令、尚书仆射的，称作华腴；做过尚书或者护军、统领以上官职的为甲姓，九卿和地方大员为乙姓，散骑常侍、太中大夫为丙姓，吏部正员郎为丁姓。

膏粱、华腴以及四姓之家，不是显贵便是望族，举贤入仕也都从这些人里遴选。换言之，普通的老百姓，或者说那些贫寒庶族根本没有入仕为官的途径。这就形成了强者愈强、弱者愈弱的马太效应。于是，在政治舞台上活跃的，便都是这些名门望族。其中的佼佼者便成为大门阀。

门阀拥有极高的特权，其子弟若想当官直接就可以当。他们不但操控着官场，而且掌握着经济资源，富可敌国，势力很大。这些门阀还垄断着文化，通过讲学收徒，门生故吏遍天下，形成一股坚强的社会力量。更有一些大的门阀，不但世代为朝廷命官，而且多与皇族结亲，在一定程度上甚至可以左右时局。

即使在社会动荡的十六国时期，一些大门阀的作用也不可小觑。特别是在他们掌握国家兵权后，其作用更是举足轻重。影响这个时期历史的，主要有四个大家族：弘农杨氏、琅琊王氏、陈留谢氏和谯国桓氏。

弘农杨氏，因居于弘农郡（治所在今河南省灵宝市）而得名，是中国历史上最为显赫的家族之一。据《通志·氏族略》记载，弘农杨氏是春秋时期羊舌氏的后裔，世代为周室命官。西汉时，弘农杨氏权倾朝野，乘朱轮（古代王侯显贵所乘的车子，因用朱红漆轮，故称）者十人，史称“西汉十轮”。之后更是人才济济，杨坚平南陈、灭北齐建立隋帝国后，弘农杨氏的风光更是一时无两。唐朝时，武则天之母杨氏以及杨贵妃等都是弘农杨氏后裔。

弘农杨氏在西晋的影响也不小，晋武帝司马炎的皇后杨艳，就是弘农杨氏之后。其先祖在汉代为官，四世为三公。杨氏一族为司马炎建晋立下过汗马功劳，所以朝中地位极高。杨艳的叔父大将军杨骏，以及杨骏的两个弟弟杨珧、杨济，彼时势倾天下，人称“三杨”，把持着司马氏的内外朝政。

而杨艳作为杨氏家族的核心人物，对西晋王朝的影响作用更是不可估量。杨艳力挺自己的傻儿子司马衷，最终让他继承皇位；又给自己的弱智儿子选了个暴淫的黑旋风贾南风做老婆。这两个人，一个是与生俱来的智障，一个是后天培养的怪咖，搞得朝廷乌烟瘴气，从而导致了历时16年之久的八王之乱，也间接导致了五胡的入侵。杨艳亲自力挺的贾南风，后来又大肆诛灭杨氏一族，让杨氏一族暂时退出了历史的舞台，不能不说是冥冥中的天意。

琅琊王氏，是王姓的郡望之一。其始祖为周桓王之子王子成父，本为姬姓，后因驱逐赤狄有功，被赐王姓。王姓在战国时出了一员大将，就是继白起之后的秦国名将王翦。秦始皇扫六合定中原，王翦祖孙三代立有赫赫战功。后来王翦的曾孙王元一支，迁到山东琅琊郡（治所在今山东省临沂市境内）。到西汉时，琅琊王氏出了个很有名的人物王吉，官至博士谏大夫。之后世代为官，有累世之美誉，开创了琅琊王氏显贵的先河。琅琊王氏的后世子孙，无不以汉谏议大夫王吉之后为荣。

但说到琅琊王氏最辉煌的时期，则是在“王与马，共天下”的东晋。“马”是东晋开国皇帝、晋元帝司马睿，“王”便是琅琊王氏一族的显赫代表王导。司马睿在西晋时受封琅琊王，得到王氏一族的鼎力支持。西晋末年天下丧乱，王导策划衣冠南渡，在建康拥立司马睿重建政权，是为东晋。

司马睿能当上皇帝，是跟琅琊王氏密不可分的。《世说新语》中有段记载，说在登基典礼上，司马睿客气地邀请王导和他一同坐御床。虽说王导没敢坐，但“王与马，共天下”却自此传为美谈。王导官居宰辅，共辅佐了元帝、明帝、成帝三任帝王，成为东晋初期王朝的实际缔造者和操纵者。王氏子孙及家族成员也多为朝中机要。

王氏一族还先后出过八个皇后，与皇室公主联姻的有二十多人。王氏子弟在军事上又多掌控兵权，政治地位不可动摇，对整个东晋王朝影响至深。王导的堂兄王敦都督江、扬六州军事，拥兵自重，后来一度叛乱，威胁晋室，也是王氏一族势力强大的一个侧面反映。在文化界，王氏一族也颇负盛名，有著名的书法大家王羲之和王献之。刘禹锡那两句脍炙人口的诗：“旧时王谢堂前燕，飞入寻常百姓家。”其中的“王谢”，便是指的琅琊王氏，以及接下来要介绍的陈留谢氏。

陈留谢氏，又称陈郡谢氏，出自陈郡阳夏（今河南省太康县）。在魏晋南北朝时期，能与琅琊王氏比肩的，惟有陈郡谢氏。“山阴道上桂花初，王谢风流满晋书”这两句流传千古的诗，让王谢二族当年的风光尽收眼底。谢氏的起步较晚，但是发展却很快。谢氏一族最显赫的人物，便是在淝水之战中打败前秦的策划者谢安。而谢氏的发迹也是从谢安这一辈开始的，谢安的堂兄谢尚、弟弟谢万出仕后，谢氏家族才开始兴盛，到谢安任宰相时达到了一个家族能够达到的辉煌兴盛的顶点。

谢安让侄子谢玄组建北府兵，对东晋有着深远影响。淝水之战打败前秦，北府兵功劳甚大。后来也是北府兵首领的刘裕推翻了东晋，代之以宋。

淝水之战是北方对东晋最大的一次威胁。前秦之前，北方处在纷争的乱世，无暇也无力顾及南方。与此相反，东晋却组织了几次大规模的北伐，虽然最后都以失败告终，但却证明了当时南北方势力的均衡，甚至在一定程度上呈南强北弱之势。前秦统一北方后，重新整合各方势力，也就打破了南北平衡，形成北强南弱之势。谢安以弱胜强，不但创造了战争史上的神话，也使得当时的政治格局发生了重大改变。

淝水之战后，北方重新陷入分裂，让东晋度过了一次亡国危机，得以延续半个世纪的安宁。谢安的风范受到世人敬仰，“关中良相惟王猛，天下苍生望谢安”便是谢家声誉和威望的最好佐证。而谢氏一族的政治地位也随之水涨船高，谢安加封太保、都督十五州诸军事，谢玄委任荆、江两州刺史，掌握着东晋的军政大权。但谢安认为自家名位过盛，而桓氏失位会招来怨恨，所以建议让桓石民，桓石虔、桓伊等人担任荆州、豫州、江州等州刺史，结果“彼此无怨”。谢安死后，谢氏子弟大多退隐，不参与实际政治。但家族地位依然不减，其影响一直贯穿了宋、齐、梁、陈整个南朝，直至隋唐时才退出历史的舞台。

谯国桓氏，是春秋五霸之首齐桓公的后裔。谯国是晋室宗亲司马逊在谯郡的封国。谯郡治所在谯县，也就是今天的安徽省亳州市。桓氏在历史上也出过许多名人，但整个家族的兴盛则是在东晋，共出过十一位将军，在当时非常抢眼。

桓氏在东晋的发迹源于桓彝。桓彝是谯郡龙亢（今安徽省怀远县境内）人，最初在齐王司马冏麾下任骑都尉。东晋元帝时，桓彝受封安东将军，之后历任中书郎、尚书吏部郎等职，逐渐在政坛崭露头角。

桓彝之子桓温，是东晋明帝的女婿，受到中书监何充的赏识，升至荆州刺史、安西将军。其时，北方的后赵欲与西南的成汉结盟，对东晋形成包围。桓温一举灭掉成汉，让后赵的计划胎死腹中。他也因此名声大振，成为东晋的倚仗。

桓温最著名的是三次北伐。虽然最后都以失败告终，却在客观上打出了东晋的威风。第一次，对手是氐族建立的前秦。北伐军一直打到长安以东的霸上，当地百姓带着酒肉夹道欢迎；第二次，打败姚氏的羌军，收复了洛阳；第三次，与前燕慕容氏对峙，擒获了燕将慕容忠。

桓温西灭成汉、三次北伐，不但树立了自己的威信，也奠定了桓氏家族不可撼动的政治地位。桓温死后，其弟桓冲先是出任扬州刺史，镇守京畿，而后又出任徐州刺史，都督徐豫兖青扬五州诸军事，续写着桓氏家族的辉煌。

桓温的儿子桓玄，藉着桓氏家族的东风之便和战功，一直做到相国、大将军的位置，并晋封楚王，把持着东晋朝政。在他手里，桓氏家族权势达到顶峰，但也就此飞流直下，走向没落。403年，桓玄逼晋安帝禅位，改元永始，建立桓楚政权。桓楚最终为北府军将领刘裕所灭，但桓氏余众仍坚持抗争多年。桓玄的反叛让本就摇摇欲坠的东晋变得更加脆弱，最终被刘宋所取代。

·第二部· 内乱篇

——八王之乱、匈奴南下、靳准之祸，前赵与后赵

上篇

阴盛阳衰

——护犊母、白痴帝、丑女后、八王乱

1

梨花带雨转乾坤

晋武帝司马炎的皇后杨艳，绝对堪称强悍。强悍并不是说她长得有多高大、性格有多泼辣，这些不过都是外表的强悍而已。与之相反，杨皇后是位姿容秀丽、气质高雅，还会做些针线活的文静、大方而且贤惠的女子，表面看来实在和强悍二字不沾边。

然而，就是这样一位看似柔柔弱弱的漂亮女子，却能让曾经叱咤风云、武功不可一世的晋武帝司马炎对她言听计从，还在她面前流下了伤心的泪水，这就不是随便哪一个人都能做到的。从这点上讲，杨皇后不可谓不强悍。

古代中国帝后并尊，皇后母仪天下，地位仅次于皇上。尽管有些时期她们的行为受到限制，但多数情况仍和皇帝一样，不可避免地影响到国家的走向、历史的进程。尤其是那些比较著名的皇后，比如吕后，比如武后，比如卫子夫，太多太多。这其中，杨皇后绝对可以占到一席之地。西晋完成了乱世后的短暂统一，历史却又迅速转向更为动荡的十六国时期。造成这种局面的原因是多方面的，但要追根溯源，杨皇后在其中发挥的作用也着实不小。最起码，她起到了加速器和催化剂的作用。

大家所熟知的、历史上著名的白痴皇帝司马衷，就是杨皇后和晋武帝司马炎的儿子。他主政西晋16年，八王之乱也祸害了16年。司马衷形同傀儡，风筝一样地任人摇拽。谁都想说了算，谁都想主事夺权。西晋后期的丧乱，客观上也为五族的入侵提供了机会。而司马衷能当上太子、继任皇位，其中一个很重要的因素，便是杨皇后的力挺。

司马衷在位期间，地方上有八王之乱，宫廷内部也不安生。那位在历史上同样赫赫有名的、貌丑而毒辣的皇后贾南风，亦即白痴司马衷的老婆，不但秽乱宫廷，还在朝中弄权，搞得乌烟瘴气，也在客观上加速了王朝末日的到来。而贾南风能当上皇后，也是托了杨皇后的福。立太子和选皇后，按说都是皇帝说了算，可偏偏人家杨皇后就能操控，本领不是一般地强。

司马炎如此听杨皇后的话，是因为对杨皇后专情吗？绝不是。司马炎不但不专情，还是个纵欲妄为的皇帝。灭掉吴国后，他曾诏选吴末帝孙皓宫人五千人充实掖庭，等于把孙皓的后宫全搬过来了。再加上已有的妃嫔，司马炎的后宫人数一度达到了一万人之多。这么多的美女，司马炎自然顾不过来，于是就让羊车拉着他在后宫转，拉到哪里就住哪里。专情肯定无从谈起。

是司马炎软弱吗？也不是。咱先不说他一统天下的文韬武略，就是在后宫问题上，那也是老霸道了。为了满足自己的欲望，他在朝廷内部举行大规模选美活动，下诏要求公卿以下人家的女儿，全部列入候选人名单，谁敢隐藏隐瞒就是欺君。这还不算，他还规定，在选美工作没完成之前，暂时停止一切婚嫁。谁也不兴娶媳妇聘闺女，我选完了看不上，你们再该干啥干啥。霸道吧！

是司马炎善良吗？更不是。咱还接着说司马炎的后宫选美。他不仅在朝廷内外折腾了个遍，最后把魔爪伸向了基层，遴选老百姓及小将小吏家的女儿五千多人备选。一时间母女别离哀哭，号啕声甚至传到了宫外，可以想见当时场面之恢弘。而人家司马炎先生则充耳不闻、无动于衷，选美工作照常进行。没办法，许多显赫家庭的女子便把衣服弄脏弄破，把样貌搞埋汰了，以期通过自毁形象的方式来躲过此劫。够狠吧！

就是这么一个荒淫霸道的皇帝，却偏偏对杨皇后的话唯命是从，确实很让人不解。即便杨皇后美丽动人、魅力十足，司马炎也不至于痴迷到俯首帖耳的地步呀。那么，司马炎究竟为什么这么听杨皇后的话呢？有以下三个原因：一是杨氏一族势力很大，司马炎敬让三分；二是杨皇后很聪明，脑子够使；三是杨皇后很会煽情，懂得撒娇。

说到杨皇后的家族势力，那可是乖乖不得了。杨皇后本名杨艳，是弘农华阴人，也就是前文中说到的弘农杨氏，赫赫有名的大家族。司马炎建立西晋霸业，杨氏一族是立了战功的。杨艳能当上皇后，其实也得益于此。所以，司马炎顾及杨氏宗族势力，也会对杨皇后礼让三分。

杨艳自小聪慧，喜欢读书，曾有人相面说她当大贵。也正因为如此，她才被司马昭看重，给儿子司马炎当了老婆。咱们还是以立太子为例。司马炎看不上脑子不好使的司马衷，本不想立他为太子，便以司马衷驾驭不了全局为由，和小杨商量，准备选个好样的，毕竟自己还有那么多别的妃子生的儿子呢。结果小杨立马意识到问题的严重，不软不硬地说："立嫡以长不以贤，岂可动乎？"来了个一票否决，根本不留商量的余地，脑子灵光得很。

要说杨艳最令人叫绝的，当是她撒娇煽情的本事。杨艳有阵子生了病，闲不住的司马炎转而宠幸胡夫人。杨艳怕自己死后司马炎立胡夫人为皇后，废了自己那傻儿子，于是在一次皇帝探视时，便演出了一幕“枕帝膝”的情景剧，着实煽情了一番。

我们可以想见，杨皇后枕在皇帝哥哥大腿上，自己又生了病，懒洋洋、软绵绵、我见犹怜，全然一副人畜无害、以柔克刚的样子。再一起回忆些美好的旧时光，杨妹妹间或嘤咛一声，多情一瞥，那气氛，那情调，司马炎能不入戏吗！所以当杨艳向司马炎推荐自己的堂妹为后时，司马炎早已老泪纵横了。愣是把皇帝给整哭了，这煽情的本事不是一般地高。

杨艳梨花带雨一场哭，也扭动了晋室的乾坤。

2

白痴皇帝司马衷

十六国时期的到来，牵扯到一个有名的白痴皇帝——晋惠帝司马衷。他是西晋开国皇帝司马炎的儿子，也是西晋皇室的第一任继承人。因为白痴，司马衷在位的 16 年形同虚设。司马氏祸起萧墙，朝政废弛，纷争不断，边疆不稳，最终也导致五族趁机涌入，开始了北方长达 130 多年兵连祸结的乱世。可以说，白痴皇帝司马衷的上位，加速了十六国乱世的到来。

那么，一向聪明神武的晋武帝司马炎，为什么在自己的二十多个儿子当中，偏偏选中了司马衷这个傻儿子继任呢？回答这个问题之前，首先要弄清楚另外两个问题，即司马衷是不是傻子，以及傻到什么程度，然后再说传位的事。

说司马衷傻，源于《晋书》中的两个段子：一是天下饥荒百姓饿死，司马衷问："何不食肉糜？"二是司马衷听见蛤蟆叫，问："此鸣者，为官乎？为私乎？"

这些话不知道是司马衷何时说的。他被立为皇太子时虚年 9 岁，若是在此之前咱就别难为孩子了。司马衷打小从蜜罐里长大，一出生就在赛道的终点，不了解起点的残酷也没毛病。若是之后，甚至是即位皇帝（时年 32 岁）之后，这事就另当别论了。

吃肉粥或许是一种解决饥荒的办法——粮食不够可以打点野味补充，但这不是一个君主解决问题的方式。老百姓爱憎分明，感情表达炽烈。槽点关注却十分单纯，很容易将油腻腻的“肉”突出出来。连傻子都知道的道理你不知道，那你肯定更傻。

至于蛤蟆为官家叫还是为私家叫的发问，则一直让人费解。有点类似“我是谁？从哪里来？到哪里去”一类的哲学思考。这事还真不好做出评判。我们再看看其他例子。

八王之乱时司马衷被追杀，侍中嵇绍拼死护驾，血溅了司马衷一身。左右要帮他洗，他不让，说这是嵇侍中的血——有点让人感动哦。逼司马衷让位时，义阳王司马威抢他的玺绶，司马衷死活不撒手。司马威叔叔如同小孩子打架一般，硬是把司马衷的手指一个一个地掰开，把玺绶抢了去。场景颇具喜感，读者可自行脑补画面。司马衷复位后搞清算，有人为司马威开脱。司马衷大摇其头，说这小子掰我手指抢我玺绶，必须杀。

你看看，该对谁好，该恨谁，司马衷心里明镜儿似的。所以吕思勉在其《两晋南北朝史》第三章中评价说：“绝不类痴騃人语。”认为能说出这种话来的绝对不像傻子。

不过单凭以上两个例子的说服力显然不够。不让擦血衣，能分出好赖人，这也说明不了什么。即便是白痴，也不一定就没有喜恶之分，或者不能分辨周边人对他的好坏。大街上的傻子，你给他吃的，他也不是一点反应都没有，除非傻到生活不能自理的那种。司马衷受到刀光血雨的刺激，谁好谁坏也还是能分清的。况且，白痴也不是就没有大脑，没有记忆影像。能记住掰他手指抢他东西的人，和他本身是白痴，二者不冲突。

其实《晋书》中对司马衷做了智商鉴定："其蒙蔽皆此类也。"蒙蔽是昏庸不明、愚昧无知的意思。司马炎这当爹的对儿子评价是"闇弱"——昏庸懦弱。综合来看，对司马衷比较客观的判定应该是愚钝或者说智力低下。你硬说傻也行，只要别认为是那种生活不能自理的傻子就行了。

那现在我们的问题就有了，司马炎为何不从他诸多儿子中挑个脑瓜好使的，非要传位给一个智力不健全的呢？答案还是因为傻——傻人有傻福的傻。

司马衷是现存诸子中的老大（有个哥哥早夭），占了天时。长子继位符合传统思维，这也是为了维护皇家秩序和社会秩序。废长立幼也不是不可以，但当时朝中王公贵卿都倾向于立长。舆论导向如此，司马炎就不得不顺从众议，避免节外生枝。

再有，司马衷的生母杨皇后一系，是当时的大士族弘农杨氏。而妻族一系，则是贾氏家族。彼时都是实力派，其他人不一定竞争得过。而让司马衷继位，也就笼络住了两大势力集团，最大限度地保证皇权的稳固。

还有，司马衷虽不堪，儿子司马遹却聪明伶俐，深得司马炎喜爱。一次宫中失火，司马炎登城楼观望，五岁的司马遹过去拽住爷爷的衣角，说晚上危险，不能让火光照到皇上，让贼人看见。司马炎感觉这个孩子很不一般，感叹道："此儿当兴吾家。"算是钦定了隔代接班人，司马衷也就父凭子贵地接了一棒。

最后，一个非常关键的原因，便是母后的力挺。司马炎后来也恍然动过废长立幼的心思，结果杨艳一句"立长不立贤"给怼了回去。不过说到底还是司马衷没有傻到家。他要真傻到不分东西南北的地步，任谁说什么司马炎也不会传位给他的——那不是自毁长城嘛，司马炎又不傻。

3

丑女皇后贾南风

贾南风堪称史上最著名的丑女皇后了。她长得究竟有多丑，我们只能通过简略的文字记载，从中略窥一二。“丑而短黑”，是她的老公公、也就是晋武帝司马炎，在给白痴儿子选太子妃时，给贾南风下的评语。这最少道出了贾南风三点特征：一、五官不正，貌不美；二、个子矮小，身材差；三、皮肤黝黑，不性感。贾南风秽乱后宫时找的一个小吏，形容她：“短形青黑色，眉后有疵。”则进一步验证了她的样貌，确实让人不敢恭维。

至于贾南风到底丑到什么程度，是否属于不该出来吓人的那种，咱们就不得而知了。矮矬黑的贾南风能嫁出去，完全是因为有个好爹。能嫁给太子司马衷，更是舍了贾充那张老脸。老贾之所以脸大，是因为他是司马家的心腹和功臣。最值得称道的，就是当年一声令下，把曹魏皇帝曹髦戳了个透明窟窿，为司马昭去了心头之患。

老贾在司马炎那也有面子。当年选接班人，司马昭一度想将司马家第三代传承再转回嫡长子司马师一脉，也就是让自己过继给哥哥司马师的儿子司马攸继承王位，是贾充一个劲儿地替司马炎美言才作罢。所以司马炎以晋代魏后，很感激也很尊宠贾充。

贾充最初没想和司马炎联姻，他知道自己女儿的颜值水平——贾充跟原配李婉生的俩闺女长得还行，但早就嫁人了。剩下的俩闺女贾南风和贾午是跟续弦郭槐生的，都不太拿得出手。后来司马炎让他去河西平叛，他不想去，便向荀勖问计。荀勖说你只要把女儿嫁给太子，你成了皇亲国戚，就可以不用那么辛苦赶去平叛了。

其时司马炎看上的是司空卫瓘的漂亮女儿，根本连想都没想过老贾家这个丑丫头。给贾充出主意的荀勖，以及被郭槐忽悠并贿赂了的皇后杨艳，开始替老贾家背书。尤其是杨艳皇后，还跟司马炎展开了一场“奇葩说”式的辩论。

杨艳一开场就毫无根据地声称贾南风有淑德，以人丑心灵美的诡辩实施道德绑架，并转移话题，巴拉巴拉一通价值观输出。反方司马炎则很有逻辑，不急不躁地跟杨艳摆事实讲道理，说卫瓘的女儿有五可取：卫瓘老婆基因好，生儿子多，女儿又高又白又漂亮。老贾家丫头有五不可取：贾充老婆为人妒忌，没生过儿子，女儿又矮又黑又难看。

司马炎亮的是硬指标，杨艳玩的是假大空，自己都觉得虚，按说高下立判。可人家杨艳就是不服，最后拿出女人的撒手锏，用无往不胜的逻辑结辩：不嘛，就不。哼哼唧唧搞得司马炎没辙，只好同意。

当然，司马炎同意最终也是看老贾的面子。老贾一开始想出阁的是样貌相对好点的小女儿贾午，也就是后来“韩寿偷香”的女主人公。可惜贾午年龄小个头儿还没长起来，老贾这才老脸一抹换成了贾南风。贾南风就这样乌鸡变凤凰成了太子妃，完成了皇后进阶的第一步。

贾南风接下来的任务是：保住太子妃之位，等着太子当皇帝。期间两样都出了问题。司马衷有先天性智力缺陷，司马炎生怕他家靠智商得来的江山，最后再毁于智商，便出题考司马衷，想看看他是真傻还是假傻。贾南风一听急了，真傻假傻她还不清楚啊？赶紧找来枪手代答，并跟枪手许下“富贵与汝共之”的真情告白似的承诺。

贾南风的太子妃也好悬没被废了。她在太子宫里撒野，谁怀孕弄死谁，惹得司马炎真生气了。被贾家笼络的杨氏一族，包括杨艳临死前推荐的堂妹、新晋皇后杨芷，表妹充华夫人赵粲，以及杨芷的叔叔杨珧，当然也少不了荀勖，全都跳出来说情。依旧拿已故老太尉贾充说事，让司马炎接着给面儿。杨芷和赵粲还以婶子大娘的劝人方式轻描淡写，说小贾还小，不成熟，等长大了就好了。结果这一等就等到了司马炎病死。司马衷顺利继位，贾南风也就成了皇后。

4

后宫刮起黑旋风

贾南风在历史上的声名，不逊于吕雉和武则天。她的悍妒、残暴和放浪，在后宫中撒野般表现了个通透，行为一度变态和失控。

做太子妃时，贾南风嫉恨所有后宫怀孕的女人。有时跟疯了似的，随手抄起杆枪戟就投向孕妇，致使胎儿破腹而出。这是怎样一副血腥残忍的场景啊，想想都让人不寒而栗。

生活上就更猛了，她不但与太医令程据勾勾搭搭，还搜罗美男子入宫取乐。为了获取更大权力，贾南风大展拳脚，从诛灭杨氏集团开始，在皇宫内刮起一阵迅猛的黑旋风。最终导致长达 16 年的八王之乱，也在客观上加速了十六国乱世的到来。司马氏苦心经营的江山，在贾南风手里被糟践得破烂不堪。

那么，贾南风怎么就变成了荒淫暴虐的黑旋风呢？我们可以从以下几个方面去分析。

首先说，大凡丑女，定然有着心理上的自卑，神经也会非常敏感。这种自卑和敏感转化成懦弱也就罢了，还可划归乖乖女之列，让人心生怜悯。要是再自强不息，成为行业翘楚而自信满满，则让人尤其敬佩。如演化成妒忌，变得心理阴暗，就是标准的泼妇或悍妇了。贾南风恰是后者的典型代表。

贾南风的妒忌还有遗传基因，她妈郭槐就是个人人皆知的妒忌狂人，多次让贾南风他爹贾充下不来台。贾南风青出于蓝，更是眼里揉不得沙子。由吃醋孵化的妒忌，不再是酸溜溜，而是火辣辣，从而催生出一系列非常规操作。太子司马衷恐惧而迷茫，不知道接下来会发生什么，惟有洁身自好，不碰别的女人。

其次，贾南风所处的环境，对丑女的成长也不利。那后宫是什么地方？美女俱乐部啊，羊群里出骆驼，自己肯定也不自在。看着别人每天涂脂抹粉，对镜梳妆，一个赛一个地精致漂亮，贾南风能受得了？她嫁给司马衷时才刚虚岁15，本该天真烂漫，却过早地“被”成熟。钩心斗角的氛围很容易改变一个人。

更要命的是，贾南风长得丑也就算了，还生不了儿子，一连四胎都不带把儿。也不知咋搞的，都赶一块儿了。后宫的女人，说好听点是皇后贵妃淑媛昭仪的，挺尊贵的；不好听就是生育机器，专门负责给皇帝生儿子，以便龙脉永续。生了就是大功一件，生不了则要你何用？后宫缺啥也不缺女人，更何况还是个一见糟心的丑女。贾南风能不闹心嘛。

另外，生活不和谐也是个极其重要的因素。现在也是啊，夫妻吵架、小三上位，不都跟这个有关嘛。贾南风丑到吓人，肯定无法让人上头。即便司马衷先生是个白痴，也不至于不挑不拣，智商又不影响肾上腺素的分泌。这一丑一傻，堪称天下无双。但一个傻而不丑，一个丑而不傻。形不成依赖，也就无甚和谐可言了。老贾憋得无处发泄，可不就狠劲折腾呗。

贾南风的折腾不光针对女人，还有男人，尤其是玉树临风的美男子。老贾派人四处搜罗，然后偷偷运入后宫。那些美男子对贾南风肯定谈不上喜欢，可是，一、谁也惹不起；二、谁都想巴结。所以贾南风忙得不亦乐乎。

对于贾南风而言，世上好像没什么让她满意的事。长得不漂亮，嫁个老公还是白痴。唯有权力才是最好的春药，让她在驾轻就熟中体会快感。谁阻止她获得这种快感，她就会杀谁。

5

八王之乱生祸根

东汉末年天下三分，乱了好一阵子。虽然最后天下归晋，但这种统一并不牢靠，还有许多潜在的危机没能彻底消除。这些危机后来在“八王之乱”中集中体现出来，历时 16 年之久。而西晋天下一统的存续时间也不过 36 年。西晋因八王之乱而元气大伤，最后在遍体鳞伤中迅速崩盘，痛失半壁江山。北方由此开启了 136 年的乱世纷争。

八王之乱的原因历来众说纷纭，比如门阀扩张引发经济、社会矛盾，诸侯分封和诸王出镇造成行政、军事割据，皇族、宗室和朋党之争导致制约失衡，等等。这些问题其实早就存在，也不是西晋独有，处理得当的话完全可以消化，何以在司马衷上位后迅速爆发呢？其实关键因素还是人，是西晋接班人的能力问题。

诸侯王集体变乱不是孤例，西汉景帝上任伊始便经历了“七国之乱”，但因补救及时，乱势不但没有蔓延还得到了化解，革弊图新的结果是让西汉变得更加强盛。西晋的各种矛盾和问题也不是不能解决，只是司马衷解决不了。他本人有智力缺陷，更谈不上有啥能力，尸位素餐，形同虚设，各种矛盾也就露头了。

晋武帝司马炎因为短视和枕边风——皇后杨艳和杨芷的影响，让脑残儿子司马衷上位，其实已经埋下了日后变乱的祸端。我们虽然不能确定换一个人比如齐王司马攸接班，就一定如何如何好，但却完全可以断定，这种狭隘的传承是极端错误的。而司马衷一再纵容太子妃贾南风胡作非为，则点燃了爆破的引信。所以最终的结果就是，司马衷既管不住老婆，也控制不了外戚，只能傻呆呆地坐在龙椅上看戏。

贾南风借助司马氏几个同姓王的势力，打响了清剿杨氏的第一枪，而后又开了废掉太子的第二枪，终于搅动了一潭浑水。其他诸王不愿司马氏大权旁落，又想自己说了算，也纷纷操刀上阵。他们之间本就存在的一些矛盾和偏见也随之激化，谁都不服谁，也只能通过战争解决了。这期间，司马衷除了被各方势力当幌子抻来拽去之外，没发挥过任何作用。驾驭掌控、平衡疏解这些与智力和魄力相关的东西离他太过遥远。相反，任人摆布的无能又激发诸王有恃无恐的胆量，让争斗日趋白热化。

八王之乱旷日持久，造成良田荒芜，经济衰退，进而引发各种社会问题：为躲避战火在夹缝中求生的农民成了流寇；羯胡人被当成奴隶卖往内地形成乱源；一些受战火波及的边疆民族比如巴氐李氏，啸聚成流民武装；对晋室失望情绪的加剧也让一些汉人倒戈，一些边远地方比如凉州开始琢磨自立。

与此同时，周边少数民族则在不断发展壮大。匈奴本就有过与中原分庭抗礼的辉煌，所需的只是再造信心；鲜卑自匈奴势衰后占其故地，开始野蛮生长；当年曹操攻克汉中后将氐族人迁到关中，也为该族日后的繁盛提供了契机；羌族自东汉末年西北羌乱后经过休养生息，繁衍能力渐强，也慢慢发展成一支不可小觑的有生力量。

权力之争让诸王丧失底线，不仅骨肉相残，不留活口，还在兵源不足的情况下引狼入室——比如鲜卑、乌桓以及五部匈奴的骑兵。这就在客观上为少数民族的涌入创造了条件，也为更为动荡的乱世到来埋下了祸根。其时，五族早已虎视眈眈、蓄势待发，只是在等待合适的时机。

下篇

貌合神离

——匈奴偷天下、血洗平阳城、后赵灭前赵

1

借尸还魂偷天下

五胡之中，最先问鼎中原的是匈奴。其始作俑者，便是汉国的建立者刘渊。所谓“刘渊一唱，石勒继响，二帝沉沦，两都倾覆”。《魏书》用了短短 16 个字，便再现了西晋灭亡、北方沉沦的历史往昔。刘渊通过借尸还魂的伎俩，如愿以偿地偷取了天下。

刘渊称帝，让中原不再仅仅是汉人的天下，也让少数民族在中原立足成为可能。在他之后，诸族如法炮制，粉墨登场，走马灯似地建立起十几个大小不等、实力不一的割据政权。

匈奴一直觊觎中原的富庶与肥美，也一直尊崇与渴望着中原文化。冒顿实现了匈奴的鼎盛辉煌，却并未完成主宰中原的超级梦想。匈奴经历强盛、分裂、归附的过程，最后无可奈何地成为中原王朝的附庸。东汉末年，曹操又将其部众内迁并一分为五，由汉人统管并统一编户。自此，匈奴进入了一段短暂的、相对平静的历史休眠期。

饶是如此，一直困扰中原的匈奴问题并没有从根本上得到解决，匈奴部族仍是一支不可忽视的有生力量。特别是到了东汉末期，渐染华夏之风的匈奴日益繁盛，发展很快。更重要的是，他们心中念念不忘先祖的辉煌。对此，刘渊起事之前，刘渊的叔祖父、匈奴五部的右贤王刘宣说得很直白：自汉朝灭亡以来，我们的单于一直徒有虚名，没有尺寸之地。单于以下王侯就更别提了，地位形同百姓。现在我们的部族虽然衰落，但稍微凑凑也能超过两万人吧，怎么就甘心情愿地给别人当劳力，还一当就是一百年啊。

这不是刘宣一个人的想法，他应该代表了当时很大一部分匈奴人特别是匈奴贵族的真实思想。而最终将思想变为现实的，便是左贤王刘渊。他是继冒顿单于之后，匈奴的又一位佼佼者。

刘渊生得仪表堂堂，高大魁梧。他不但猿臂善射，力大无比，颇具其先祖的遗风，而且博览群书，精研兵法，曾师从上党人崔游，是位深受中原文化浸染、汉化程度颇高的匈奴人。刘渊承袭父亲的职位任左部帅，不过他明刑峻法、推诚接物，表现出比父亲更高的政治天赋，仰慕其名而前来投奔的人很多。

外戚杨骏辅政时，为了拉拢刘渊，封其为建威将军、五部大都督、汉光乡侯，后因部众有人叛逃受牵连被免官。八王之乱期间，成都王司马颖镇守邺城，重新启用刘渊，上表请封他为宁朔将军、监五部军事，但没让他回五部故地，而是让他在邺城领兵。

匈奴是马背上的行国，恶劣的环境造就了他们善于战场拼杀的先天素质，也形成了利则进不利则退的游击风格，极不好对付。但匈奴也有一个致命的弱点，就是部众分散，如果没有一个核心人物，很难让他们形成合力。冒顿时代的强盛，便是部族统一的结果。而刘渊的出现，则让五部匈奴重新统一，续写辉煌。

匈奴虽分五部，但五部相距其实并不遥远，都在今天的山西省北部，这就在客观上为刘渊重新聚拢五部提供了可能。西晋末年，中原大乱，五部匈奴蠢蠢欲动。一直为匈奴地位愤愤不平的右贤王刘宣，秘密召集五部的上层贵族开会，共同推举刘渊为大单于，并派人悄悄通报刘渊。

刘渊表面不动声色，却暗暗思索如何金蝉脱壳。他曾找过几个理由，比如回去奔丧，按说没毛病，但司马颖始终都没答应——可见司马颖对匈奴问题也是很敏感的。然而百密一疏，八王之乱愈演愈烈，后来安北将军王浚、东瀛公司马腾起兵讨伐司马颖。刘渊趁机游说，说可以说服五部匈奴前来助兵。

其时八王混战，兵源不足，便多有雇佣少数民族的兵力之举。当时王浚军中便有鲜卑和乌桓的骑兵队，战斗力非常强悍。军情紧急，司马颖只得答应，没想到却是放虎归山。刘渊一回到左国城（今山西省方山县境内）便继位大单于，国号为汉。大旗一立，胡人汉人归附者甚众。从此刘渊打着兴复汉室的旗号借尸还魂，开始了他“偷”取天下的霸业历程。

借尸还魂，类似股市中的借壳上市，旧瓶装新酒，三十六计所谓“借不能用者而用之”。刘渊借用的是早已灭亡近百年的汉王朝的“尸”，还复的是匈奴昔日强盛的“魂”。之所以说刘渊“偷”天下，是因为他掩盖了攫取天下的野心。

一方面，他以汉朝外甥自居，在舆论上占据先导。外甥一说源自冒顿，当年汉高祖刘邦以宗室女为公主，嫁给了冒顿，之后匈奴一直以汉朝的妻党和兄弟自居，并且改为刘姓。这也能看出，不管匈奴在军事上如何强盛，他们对中原都是仰慕和崇拜的。既然是汉室的宗亲，如今汉朝这个哥哥没了，弟弟理所当然地应该主动撑起这个家，匈奴主事中原也就入情入理了。其实兴复汉室云云，不过是刘渊问鼎中原的一个借口。

另一方面，刘渊冒用大汉的旗号，在视听上占尽先机。刘渊称帝后，国号为“汉”——汉朝的汉，煞有介事地在左国城南郊设坛，摆上西汉诸帝的神位，搬出作古百年的汉朝躯壳，为业已没落的匈奴招魂。如此大张旗鼓地作秀，便将抢夺天下的勃勃野心，变成了理所应当的家事纠纷，从而转移愚众的视线，淡化事情本质。当时刘宣等人要他称帝时，刘渊说，今四方未定，咱们姑且按照当年刘邦的策略，先称汉王。可见刘渊在这上面是花了心思的，他并不是不想称帝，只是觉得时机不成熟。

刘渊之所以煞费苦心地“借尸还魂”，也是当时形势的需要。汉人一直是中原的主宰，是正统，刘渊称霸在形势上、条件上并不完全成熟，“非我族类，其心必异”一直是中原处理民族问题的主流思想。人们的认识改变也会有一个过程，汉人可以和匈奴杂居相处，共同劳作，但绝不会欣然接受外族的统治，这个“结”很难解开。

刘渊熟悉汉人文化，也了解汉人的思维和国情。他要成为第一个吃螃蟹的人，首先就要解决这些思想问题，最大限度地聚拢人心。若贸然竖起匈奴大旗，就会像当年冒顿一样与中原走向对立，引发民族记忆的阵痛，从而带来各种阻力和麻烦。如今的匈奴早已不复当年，只有师出有名，并做好舆论疏导，才不至于一开始就成为众矢之的。而“汉”显然有着强大的号召力。

兴复汉室成为刘渊立国兴邦的理论支撑以及鼓舞匈奴士气的正义口号，为他豪取天下披上了合法的外衣。这一策略成效显著，也彰显了刘渊的睿智。《资治通鉴》中说：“胡、晋归之者愈众。”当时前来投奔的不仅有胡人，还有晋朝的汉人。

刘渊打着汉朝的旗帜借尸还魂，蹚着八王之乱的浑水乘虚而入，终于在中原逐鹿中强势胜出，如愿以偿地偷取了天下。后来随着五族的大举涌入，少数民族执政中原已是家常便饭，人们也就慢慢习以为常了。匈奴汉国后期改国号为赵，不再借用汉室的躯壳，便是这种观念转换的最好的例证。

2

汉国皇帝荒唐

说到中国古代的荒唐帝王，匈奴汉国的第二任皇帝刘聪绝对可以占得一席之地，他“六刘之宠倾于后宫”的壮观场面，至今无出其右者。

匈奴汉国在刘聪执政时，国力达到鼎盛，也进入最为风光的历史时期。他强势攻灭西晋，俘获怀、愍二帝，终结了司马氏在北方的统治。西晋在北方的大部分国土沦陷，自此北方进入长达百年的分裂局面。

刘聪人如其名，秉承其父刘渊的聪明才智，甚至某些方面有所超越。按《晋书》中的说法，他 14 岁便研习经史、百家之学，对《孙吴兵法》尤为精熟。他还擅长书法文章，有不少诗赋传世。论武，比起父亲也是不遑多让，他臂力惊人，能拉开三百斤的弓，击剑、骑射更是无人能及。

刘聪成年后曾游历京城洛阳，他为人豪爽，喜交名士，视野和学识更加开阔渊博。后来他被新兴太守郭颐看中，聘请他做主簿，从此开启了政治人生。刘聪之后凭借其聪明才智，履任骁骑别部司马、匈奴右部都尉。八王之乱时，他也和父亲一样投奔了成都王司马颖，在其麾下做了右积弩将军。

刘渊建立汉国后，刘聪被封为鹿蠡王。他是刘渊的第四子，本来轮不到他继承大统。刘渊在位六年，死后也是太子刘和依其遗诏继位的。可是刘和听信谗言想杀掉刘聪，结果被早有准备的刘聪反杀。刘聪因而上位。

权力会改变一个人的性情，也最能暴露人的本性，称帝后的刘聪很快彰显了他不为人知的另一面。刘聪死后谥号昭武，《谥法解》中说："昭德有劳曰昭。夸志多穷曰武。"刘聪单就治世和武功来讲，昭武二字当之无愧。然而说到他后宫的荒唐事，则又让人大跌眼镜，实在不敢恭维。他先是笑纳了父亲的皇后单氏，而后又看中了太保刘殷的两个漂亮女儿，刘英和刘娥。

刘殷本是刘聪的近亲本家，不但皇太弟刘乂反对，连刘聪自己也觉得面子上不好说，便咨询太宰刘延年和太傅刘景。二人哪能不知此公心思，于是投其所好，替他编了一套说辞：太保刘殷常说自己是周刘康公（春秋时期刘国开国君主）之后，与圣上虽为同姓，但源出不同，于婚姻无碍。一句话：这俩可以娶，动手吧。刘聪豁然开朗，忙不迭地将二女纳入后宫，立为左右贵嫔。

要说荒唐事还在后头呢，不是理论上已经证明了他与刘殷本源既殊了吗？好，咱接茬招呼。紧接着，刘聪又看上了刘殷年轻貌美的四个孙女，也照单全收，立为贵人。一时间，"六刘之宠倾于后宫"。三辈同床，姑女六人同事一夫，实在是世间少有的景象。

要说如此荒诞不经、为人所不齿的事情还有那么一点点"积极"因素的话，便是后来刘英当了皇后，成就了刘聪一段从谏如流的佳话。当时刘聪十分宠爱刘英，准备为她修建一座仪殿，结果大臣陈元达出来反对，气得刘聪想杀他。刘英听说后，急忙派人先让刽子手暂停，然后写信给刘聪，说你为我修殿而杀大臣，百姓会说我败国丧家，我也没脸当皇后了，你也赐死我得了。

刘英这是拿自己说事，给刘聪留了面子。言外之意很明显，你这样做不对。刘聪看完信，亲自向陈元达道歉："朕比年已来，微得风疾，喜怒过差，不复自制。"意思是说，我这几年脑子有点中风，不好控制住情绪，你多担待。还将自己的逍遥园改为纳贤园，以示改过之心。

客观地说，刘聪执政前期还是有些作为的，他在政治、军事等方面的一系列积极措施，使匈奴汉国达到鼎盛。他创建的胡汉分治的地方行政体系（其父刘渊时期便有萌芽），为纷至沓来的其他少数民族政权所效仿。这种体制在民族矛盾尖锐对立的非常时期，对于维系整个匈奴汉国的政治统治起到了很大的积极作用。

可惜的是，刘聪统治后期沉湎酒色，有时三个月不上朝，有时喝酒醉到三天不醒。这作风，基本上就是醉生梦死了。可能是脑卒中后遗症，刘聪晚年变得易怒多疑，宠信太监听信谗言，动辄滥杀无辜，弄得朝中上下人心惶惶，汉国自此由盛而衰。

刘聪终因酒色过度而掏空了身体，在位8年便一命呜呼了。"六刘之宠倾于后宫"的风光，终究装入历史的腌菜缸，散发出陈腐的味道。

3

靳准血洗平阳城

对于平阳城来说，318 年无疑是一个最为血腥恐怖的年份。城内血流成河，城外鬼哭狼嚎，一年之内连续三次灭绝式的屠杀，也让这座城市蒙上了一层阴森气息。屠杀最初源于一场阴谋，而这场阴谋中的一个重要环节，便是两个女人吹出来的枕边风。谁也不会想到，这轻柔甜腻的枕边风，却有如蝴蝶效应，打破了能量平衡，表现出异常猛烈的后劲。它不但吹落了一个帝国，吹灭了两个家族，还让两个新的帝国应运而生。

枕边风，多指夫妻间女人对男人说的悄悄话。大概床帏之内说话最为隐蔽，于耳边吐气如兰，有如微风吹过，所以叫枕边风。很形象，也很贴切。枕边风的大小，和这个男人的地位权势有关。如果是皇帝，甚至会对整个国家产生巨大影响。烽火戏诸侯，不就是褒姒给周幽王吹的枕边风嘛，最后把国家给吹没了。

除了少数的几个皇后或是皇太后，古代女人直接走上政治前台的机会并不多。所谓红颜祸水、女人误国，最重要的干预形式其实是枕边风。当然，枕边风也有好有坏，不能一概而论。长孙皇后给唐太宗吹的枕边风，不亚于魏徵的进谏。

姻亲嫁娶，强强联手，算是枕边风的一种外延。古代朝臣要想地位稳固，那就得多抱皇帝的大腿，比如成为驸马，或者当皇帝的姐夫妹夫老丈人什么的。一旦成为外戚，就堂而皇之地进入了皇家序列，再做事就容易多了。匈奴汉国的中护军靳准，走的便是这样一条路线。为了当官，他不惜将自己的两个女儿靳月光和靳月华都献给了皇帝刘聪。俩女儿长得那叫一个漂亮，说国色天香都不为过。后来月光出轨，事发后羞愤自杀。刘聪不但不恨，还时常追念其姿色，足见长相确实不一般。

那刘聪是个什么人啊，“六刘之宠倾于后宫”的主儿，能放过漂亮女人吗？所以当靳准邀请他去家里做客，请出自己的女儿时，刘聪也毫不客气，封二女为左右贵嫔。后来又立月光为上皇后，月华为右皇后。当然，刘聪不止这两个皇后，这哥们儿玩得比较猛，光正牌皇后就有四个，佩皇后玺绶、享受皇后待遇的还有七个。靳准作为皇帝的双重老丈人，也就父凭女贵，地位显赫起来。

但靳准真正攫取朝政大权，还是在两次吹风之后。一次是他亲自操刀上阵，另一次便是女儿帮忙吹的枕边风。刘聪死后，刘粲继承刘家传统，对他爹的嫔妃也没客气，什么樊氏、宣氏、王氏啊一干人等全部接手，其中也包括已经晋升为皇太后的靳月华，从而为日后的枕边风埋下了隐患。

刘粲能当上皇帝，其实也得益于靳准。刘聪的皇位本是抢的太子刘和的，杀了刘和之后，群臣劝刘聪即位，刘聪假意推让给七弟北海王刘乂。刘乂和众臣再次苦苦相劝，刘聪才勉为其难，说好吧，刘乂还小，等长大些我再让给他吧。于是即皇帝位，尊刘乂为皇太弟，如此便招来刘粲的不满。

而靳准也和刘乂有仇，原因很简单，靳准的妹子本是刘乂的小妾，因为勾搭侍从而被刘乂杀了。刘乂此后便老拿这事挤对靳准，靳准既羞愧又愤怒。但不高兴归不高兴，却又敢恨不敢言，人家是皇太弟，法定继承人，惹不起。由此埋下了日后血案的祸根。

有着共同的敌人，所以靳准和刘粲一拍即合。刘粲在靳准的煽动下，设计陷害刘乂谋反。为了得到口供，靳准对刘乂的亲信们酷刑拷问。这帮人扛不住，便纷纷承认与刘乂密谋造反。这下铁证如山，刘乂被刘聪废除皇太弟资格，降封为北海王。之后刘粲干脆斩草除根，派靳准杀了刘乂，同时坑杀刘乂的亲兵15000多人。大规模的屠杀导致恐惧弥漫，都城平阳（今山西省临汾市境内）的街巷一片死寂。伴着刀光血雨，刘粲如愿以偿地当上了皇太子，并在刘聪死后继位大统，而“平叛”有功的靳准也当上了大司空。

人的欲望是水涨船高的，靳准很快便不满足于现状，又想除掉往上爬的绊脚石——刘粲的弟弟、大司马刘骥。于是故伎重演，再次向刘粲吹风，诬陷刘骥结党营私，想取代他。结果这次刘粲没听——看来刘粲也不是一点分辨能力没有，先前听靳准的也是顺应了他自己的心思。靳准不得已，开始下猛药，把自己的两个女儿搬了出来。俩女儿此时一个是皇太后，一个是刘粲的皇后——此皇后并非上文说的二靳之一，应是靳准的另一女儿。

俩女儿都是刘粲的床上客，吹枕边风方便，于是每天在刘粲耳边唠叨，一有机会就说，什么事都能巧妙地引入正题。人都是这样，谁也别说谁的分辨能力有多强。你耳边老是听到这个人的不好，你还会认为他好吗？大脑皮层的条件反射远胜逻辑思考，靳准先前利用的也就是这一点。

枕边风很是奏效，刘粲毫无悬念地中招，又开始了血腥清洗，将刘骥以及与刘骥来往的吴王、齐王、太宰、太师、车骑大将军、大司徒一干人等全都杀光。绊脚石没了，靳准也平步青云，拜封大将军、录尚书事。此后二人似乎分工默契：刘粲专攻酒色游宴，靳准劳心军国大事。

但接下来发生的事便有些蹊跷了。大权独揽的靳准不久就发动兵变，不但废杀刘粲，将刘氏一族男女老少杀了个精光，还下令刨开刘渊、刘聪的坟墓，焚毁了刘氏宗庙。当时情景可谓恐怖至极，城内死寂一片，城外似有鬼哭，煞是瘆人。

靳准之乱最终被镇守长安的相国刘曜平息，平阳城的流血惨案再次上演。就像靳准屠杀刘氏一族一样，刘曜也将靳氏一族男女老幼全部杀光。刘渊建立的汉国，也伴随着这几次大屠杀最终趋于灭亡，取代它的是两个赵国：刘曜在长安建立前赵，石勒在襄国（今河北省邢台市襄都区）建立后赵。

靳准为什么发动叛乱？目的是什么？确实很让人费解。若说单纯为了权力，当时他已然说一不二。刘粲又是个忙于游宴醉生梦死的主儿，基本就是个摆设，杀掉他实在没什么必要。况且靳准这样做还承担了很大风险，因为相国刘曜和大将军石勒都领兵在外，不大可能屈从于他。事实上，靳准也最终毁灭于二人之手。

若说靳准想当皇帝，倒不是没可能，因为他杀了刘粲之后即称“汉天王”。但即便这样，从他两次耍阴谋升迁的手段来看，他应该是一个懂策略的人，做事不会太露骨。杀掉刘氏族人，这个可以理解，为的是斩草除根。但刨刘家祖坟就有些蹊跷了，如果不是恨到极点，决然干不出这等事来。而这种恨从哪里来？的确让人很疑惑。

4

前赵帝醉酒失国

作为汉赵国的最后一个帝王，刘曜是幸运的。伴随着平阳城血雨腥风、惨烈残忍的宫廷巨变，这个长相非常怪异的匈奴人（《晋书》中说他“生而眉白，目有赤光”）点亮了他人生中最辉煌的瞬间，从而也抵达了个人权力的巅峰。然而他也是遗憾的，他没能做到让帝国延续、子嗣传承。羯胡后赵的异军突起，最终让他的辉煌止步。

匈奴的汉赵政权，在历史上分为两个阶段：前期国号为汉，都平阳；后期国号为赵，都长安。腰斩于靳准之乱。刘聪杀了太子刘和后上位，老丈人靳准就成了权臣——他的两个女儿都是刘聪的皇后。刘聪死后长子刘粲继位，靳准突然对刘氏皇族大开杀戒，之后自称“汉天王”。镇守长安的相国刘曜和经略冀州的大将军石勒听闻，以平叛为由，率领大军分头向平阳城挺进。

刘曜是刘渊的族子兼养子，刘氏嫡系既灭，也就有了继位的合法性。大军刚走到赤壁（在今山西省河津市），刘曜便忙不迭地登基称帝，同时为了安抚兵权在握的石勒，宣布晋封他为赵公。

此时正巧靳准家族内部也出现了矛盾，靳家人杀了靳准后向刘曜投降，并交出了传国玉玺。什么都没捞着的石勒一怒之下抢先攻破平阳，刘曜随即返回长安定都，并改国号为“赵”。

刘曜改国号可以理解，当初刘渊称“汉”是为了笼络人心，现在西晋亡了也就完成历史使命了，然而将国号改为“赵”则令人费解。《晋书》中说到一个有关祥瑞的故事或许可以附会：刘曜年轻时曾在管涔山（今山西省忻州市境内）隐居，有两个童子夜间来访，声称是管涔王派他们来拜见赵国皇帝的，还给了他把宝剑，上有铭文“神剑御，除众毒”。

纵观刘曜一生，可谓曲折而跌宕：他有过驰骋中原、攻城夺地的威风，也有过逃亡到朝鲜做小县吏的落拓；有过威服关陇、震怖凉州的霸气，也有醉酒落马成为俘虏的晚景凄凉。他的人生大张大合，佐以烈酒，书写了诸多传奇。

刘曜的传奇，不光体现在武功征伐、开疆拓土上，还有他的样貌和气节。刘曜的怪异长相本身就极具传奇色彩，《晋书》中这样描摹：“身长九尺三寸，垂手过膝，须髯不过百余根，而皆长五尺。”这范儿，不当模特可惜了。晋时一尺大概相当于现在的24厘米，九尺三寸就有2.23米之高，和姚明差不多，去NBA也是主力。况且他手垂下来能超过膝盖——当然这事肯定有夸大，不过胳膊长是肯定的，臂展无人能及，抢个篮板球啥的估计姚明也是白给。

匈奴这个民族早已退出了历史舞台，匈奴人到底长啥样，我们不得而知，只能从一些简略的史料中予以粗略的还原。无论史书记载还是考古发现，都表明身材矮壮似乎是匈奴人的普遍特征。即便不单以匈奴族论，刘曜这么高的个子也实属罕见。刘曜的养父刘渊身高八尺四寸，便是个高大魁梧的汉子。后来的大夏国王赫连勃勃八尺五寸，比刘渊还高点儿。这二位也是匈奴人中身材魁伟的典型，都属于特例。但与刘曜相比，还要矮上一头。

“垂手过膝”的记载似乎并不少见，曹操嘴里的大耳贼刘备就是。远的不说，与刘曜差不多同时代的晋武帝司马炎、后燕开国皇帝慕容垂，都是手长过膝。稍后一点的，南陈的开国皇帝陈霸先也有此特征。胡须稀疏而长，也不稀奇，这也是匈奴人的另一个共性。刘渊胡子三尺多长，中间有三根红毛，也能与其媲美了。刘渊的儿子刘聪，左耳边有一根白毛，二尺多长，还熠熠生光，也不含糊。

但是“生而眉白，目有赤光”，就不能不说怪异了。谁天生就是白眉毛，眼睛还放赤光呢？单田芳的评书里倒有个白眉大侠，但那不过是小说家之言，算不得数，而刘曜则是正史明确记载的。当然，正史也不乏夸张传说的成分，为了强化感官冲击而故意夸大外貌特征，以极言帝王之特殊，这也有可能。但故意杜撰白眉毛，想来没什么必要。

这个长相怪异的匈奴人，自小就体现出异于常人的气度。八岁那年，刘曜跟随刘渊去打猎，恰逢暴雨，便在树下躲避。忽然一声霹雳，大树震颤，众皆失色，只有刘曜神色坦然。刘渊很是惊讶，赞叹他是家里的千里马，对他的未来很是看好。成年后的刘曜勇武过人，能一箭射穿一寸厚的铁板，被人称作神箭手。刘曜特别喜欢看兵书，跟诸葛亮似的，经常拿自己跟乐毅、萧何、曹参比，是个有理想、有志气的人。

刘曜怪异的长相，搁现在肯定是网红，能赚个盆满钵满。但彼时并没什么优势，还一度让他感到自卑。游历洛阳时，他因为犯了死罪不得不逃往朝鲜避祸，在一个县衙里当了个小卒子，后来赶上大赦才敢回来。这段日子也是刘曜最为失意的时期。刘曜当初犯的什么事，史书没有记载。但刘曜回国后，担心自己奇特的长相为世人所不容，于是隐居管涔山，不再出来吓人了。可见他的隐居和他的样貌息息相关。

刘曜有个癖好，喜欢喝酒。而且从小就好这口，越长大越能喝，最后成了酒精依赖。他经常与嬖臣豪饮，喝起来不管不顾，什么国政、军政全都抛在脑后，谁劝杀谁。酒不但让他滥杀，还让他变得刚愎自用，造成军事上的盲动，让他在与石勒的对阵中最终败北。

刘曜和石勒本就是匈奴汉国并驾齐驱的两员骁将，二人协同作战，互为犄角，为汉国的开疆拓土立下汗马功勋——刘曜向西挺进坐镇长安，石勒向东经略占据襄国。然而，二虎不能并存，刘曜的称帝打破了这种微妙的平衡。世事皆如此，没人愿意甘居人下，特别是先前地位对等的人。随着实力的增强，石勒渐露称霸野心。而刘曜对石勒也是多有提防，杀掉了石勒的左长史王修，让这对曾有“重门之盟”的昔日好友最终决裂。石勒于刘曜称帝的第二年宣布独立，也按照封爵立国号为赵，自称大单于、赵王。

如此，便有了分别以长安和襄国为中心的两个赵国。因为刘曜建赵在前，所以后世称其为前赵，石赵则被称为后赵。二赵渊源虽深，却是两个完全独立的政权。前赵传承的是匈奴汉国的衣钵，本质上是汉国的延续，所以和汉国一起统称为“汉赵”，或者混称“前赵”。如果单论“前赵”而言，刘曜是唯一的一任帝王。后赵属于从前赵分裂出去的。

二赵纷争数年，双方互有胜负。一开始刘曜还占据不小的主动，可惜他因胜而骄，最终败在了喝酒上。双方最后一战在洛水展开，战前刘曜先牛饮了数斗，披挂上阵后酒瘾还没下去，又咕咚咕咚喝了一斗多。不管平时酒量多大，刘曜这次真喝醉了——想来喝得急，犯了喝酒的大忌。酒劲儿在两军交锋的关键时刻上头，刘曜茫然不知身在何处，迷迷糊糊地只想找个地方睡觉。那马也像闻着味醉了，一蹄子踩进石渠，把刘曜结结实实地摔在冰上。直到被五花大绑成了俘虏，刘曜这酒都还没醒，连石勒都为之绝倒。

前赵败于后赵，刘曜与石勒的地位也随之逆转，这对刘曜来说非常尴尬，也非常颓丧。唯一值得称道的，是刘曜的气节在此时淋漓尽显，昭示出杀身成仁的王者霸气。石勒让他给驻守长安的旧部写劝降书，刘曜却写了向我开炮、别管我之类的昂扬的话——“匡维社稷，勿以吾易意也”。由此惹恼了石勒，终于将他杀死。

5

两国皇后羊献容

白痴皇帝司马衷的第二任皇后羊献容，在历史上是一位极特殊的女性，也是一位极富争议的人物。说她特殊，倒不是说她多么擅权善谋，像武则天那样光耀宫廷，锋芒毕露；也不像她的前任贾南风那样心狠手辣，恣意妄为。她的特殊，是与她的坎坷命运息息相关的，甚或说是女人的一种悲哀。她不但没有享受过皇后的尊崇，相反却饱受屈辱，被人多次废立。她引起争议的原因，皆在于她先后嫁给了两国的帝王，并且都成了皇后。两个国家——从西晋到前赵，两任丈夫——从汉人到胡人，其间不乏传奇，也难掩心酸。

在古代，对女人的要求似乎更加严格。三从四德是行为规范，从一而终是礼法准则。一女不事二夫谓之妇道，女人没有再次选择的权力，守节才被世人认可，否则便为社会所不容。当然，这只是统治者用来约束凡夫俗子的，标准的制定者与操纵者却往往不受约束。比如皇宫之内，便是道德的红灯区。父纳子妃，子娶父妾，诸如此类，只有想不到的，没有做不到的。

十六国百年乱世，也是民族矛盾从激化到融合的一个长期过渡时期。中原接受、认同那些少数民族，需要一个渐进的过程。而在这个过程之中，矛盾会一直存在。彼时中原汉人眼里的少数民族，无异于现在的外国人。只是随着胡人渐慕华风以及汉人对胡风胡俗的逐步适应，才有了形式上的通婚、杂居，界限慢慢变得不甚明显。这个过程说起来简单，但也犹如国家的革故鼎新，需要经历思想上的阵痛。

羊献容就是在这样一个胡汉不两立、矛盾最深最重的时候，被刘曜在攻陷洛阳后掳去并立为王妃的。刘曜即位皇帝之后，又进而册封她为皇后。一个汉人的皇后，转而成为番邦的后宫之主，简直亘古未闻。这其中不仅仅包含儒家的道德问题，还包括民族间的礼法鸿沟。皇后母仪天下，从她们入主后宫那一刻起，便成了国家的形象大使，她们的光荣是国家的光荣，她们的耻辱也是国家的耻辱。

所以，羊皇后嫁给胡人皇帝，在当时绝对骇人听闻。然而，摆在人们面前的事实却是：本该在本国受到礼遇和尊崇的国母，却在异邦找到了自己的幸福和归宿。刘曜不仅将其视若珍宝，在情感上倍加呵护，还让她参与决策国家大事，宠信程度可见一斑。对于羊献容本人来讲，她一生中最幸福的时光，或许就是成为异国皇后的岁月。她不但找到了如意郎君，还找到了活着的价值和勇气。

刘曜曾这样问羊献容：我和司马衷比怎么样？这话问得也有意思，你说你和一个白痴比什么劲呀。不过反过来想想，这也充分说明刘曜是很在乎这位新皇后的。羊献容回答得很干脆："陛下开基之圣主，彼亡国之暗夫，何可并言！"意思是，你们俩一个是开国的圣主，一个是败家的昏君，怎么能放到一块儿比呢！没在一个层次上。接着又说，我那个时候活着都没啥意思了，嫁给你之后才知道什么是真男人、好男人。

人们对羊献容存有偏见，大多也是因为这一席话。说她不守妇道，没有民族气节。这其实是羊献容发自肺腑的真心话，并非溜须取巧之言。羊皇后如此说，恰恰彰显人性的透明。不像有的人，想而不说，却做得彻底。

贾南风被赵王司马伦废杀后，羊献容于永康元年（300 年）十一月嫁给司马衷，立为皇后。这本就是其家族以及赵王司马伦的刻意安排，是他们用来掌控朝政的手段。这样的婚姻谈不上什么感情基础。当然，皇帝的婚姻鲜少以感情为基础，感情也是可以后天培养的。不过这是对于常人而言，羊献容嫁给一个白痴，感情培养自是无从谈起。人在很多时候，对精神的需求要远大于物质的享受，锦衣玉食填补不了内心的空虚。羊献容更想活得像一个女人，而不是一个任人摆布的工具。

只要看看她四废四立的遭遇和处境，也就不难理解她为何如此坦然地面对这段饱受非议的跨国之恋了。羊献容当上皇后时，八王之乱的争斗也渐趋白热化。成都王司马颖掌权后，将羊皇后废为庶人，安置在金墉城（今河南省洛阳市孟津县境内）。随后东海王司马越联合右卫将军陈眕讨伐司马颖，迎接羊献容复位；右将军、冯翊太守张方攻占洛阳后，再次废掉羊皇后。期间张方为了胁迫司马衷去长安，暂时恢复了羊皇后的名分，时隔不久再次废后；接着立节将军周权假传檄令，自称平西将军，再立羊献容为后；后来洛阳令何乔攻杀周权，同时废去羊皇后尊号；司马越将晋惠帝迎回洛阳后，羊献容又得以复位。

羊献容四废四立，皇后当得跟闹着玩似的，废立不由己，全看别人需要。这期间她还险些丧命，河间王司马颙就曾矫诏，以羊皇后屡被奸人利用为名赐死。幸亏司隶校尉刘暾和尚书仆射荀藩等人出面死谏，羊皇后才侥幸躲过一劫。从某种程度上讲，羊献容不过是一枚信手拈来的棋子，间或成为各方势力耀武扬威的工具。既然没人拿她当主子，事后又何必架在火上烤呢？道德标尺只用来衡量别人，迷失的恰恰是人的本性。

·第三部· 冲突篇

——羯胡兴起与灭亡，成汉、东晋与前凉

上篇

山河破碎

——祖逖北伐、后赵兴亡、冉魏昙花一现

1

闻鸡起舞吹胡笳

中原丧乱，自然不乏报国之士。其中两个热血青年——祖逖和刘琨，就一直为此准备着。二人一块儿在洛阳打拼，做一些诸如主簿、掾属、从事之类的小官，经常幻想在“四海鼎沸，豪杰并起”的乱世建功立业。由于三观一致，俩人好到钻一个被窝，一聊就是大半宿，聊嗨了还裹着被子坐起来，像打了鸡血一样。由此也给后人留下了闻鸡起舞的励志典故。

当时的情境是这样的：祖逖“中夜闻荒鸡鸣，蹴琨觉，曰：此非恶声也。因起舞”。

笔者一直怀疑，闻鸡起舞的“舞”不应指的是舞剑，而是手舞足蹈地跳舞，跟蹦迪似的。为何这样说呢？因为当时祖逖听到的是“荒鸡鸣”，而且是在“中夜”。这个“荒鸡”是个什么鬼呢？古人靠鸡鸣报时，称作“朝鸡”。朝鸡一般在四五更时叫，亦即凌晨 3 点左右，比如陆游就写过“五更束带听朝鸡”的诗句。半夜 12 点左右（亦即文中所说的“中夜”）叫唤的，称作“荒鸡”，属于非常态。《汉语大词典》解释说：“旧以其鸣为恶声，主不祥。”

所以苏轼才有“荒鸡号月未三更，客梦还家时一顷”的感慨。

这个其实也好理解，半夜鸡叫肯定不是好事，至少会扰乱作息时间。但精力旺盛的祖逖先生不这么认为，他的热血随着鸡鸣再次沸腾，一脚踹醒已经迷迷糊糊进入梦乡的刘琨，说这不是恶声，是江湖好声音。于是把鸡鸣当吉兆，手舞足蹈地嗨起来。

跳舞不受限制，屋里、榻上都可以，舞剑就不行了，得去院儿里，不然容易伤着。然而文中并没有提到地点的转移，也没拿剑的动作，这是个大 bug。再者，如果舞剑练武的话应该是每天练，把鸡叫当闹钟。但上述情境显然具有偶然性，荒鸡不是每天都叫，祖逖也不是每天都被吵醒，跟勤学苦练不挨着。

祖逖性情豁达、轻财好施，跟谁都称兄道弟的，行为做派颇有侠者之风。乱世中他可能也练过一些拳脚防身，但这并不代表他一定是舞枪弄棒的武林高手。他的才能在于军事指挥，而不是拿着刀枪、穿着铠甲冲锋陷阵。

闻鸡起舞的见证者和参与者刘琨，更是文艺范儿十足的一个人。他出任并州刺史后，有次晋阳被围，无计可施之际，他一个人唱了一出吹胡笳退兵的空城计。所不同的是，刘琨的事在《晋书》中有明确记载，诸葛亮的空城计只是后人演义。

并州刺史司马腾转镇邺城后，刘琨被任命为新的并州刺史，镇守晋阳（今山西省太原市）。前文说过，当时司马腾的旧部以及官军家属组成乞活军，跟着司马腾去冀州谋生了，晋阳几乎成了空城。后来晋阳被匈奴兵围困，刘琨无计可施，晚上便一个人登上城楼，对月清啸，冲着夜空绵长清脆地吼了那么几嗓子，敌军“凄然长叹”，似有悔意。半夜里刘琨又吹起了胡笳，曲调悠扬动听，敌军莫不“流涕歔欷”，啜泣一片。等天明再吹，敌军就思乡心切，忍不住退兵了。

此事一向为人津津乐道，陆游赋诗感慨：“李广射归关月堕，刘琨啸罢塞云空。”韦庄写诗赞叹：“漫教韩信兵涂地，不及刘琨啸解围。”听着确实提神，但也只是单方面的表述。刘琨有名士之风，“清啸”“吹笳”无可厚非，然而敌军细腻而真切的感受——“凄然长叹”“流涕歔欷”，却让人有影视剧的既视感。

《反经》将此事纳入攻心计，说“四面楚歌项羽走，刘琨吹葭胡人散”——“葭”通“笳”。攻心计自古有之，也被广泛应用，但它只能是辅计，不可能单独完成，四面楚歌离不开项羽兵败、被困的大前提。刘琨吹笳和敌军退兵的时间吻合，容易让人产生因果联想而忽略其他。其实退兵还有另外两种可能：或者对方刚好接到了退兵命令，或者刘琨的援军到了。

刘琨驻守的晋阳兵力虽少，但也并非一座孤城。他履职并州刺史后，就和北疆的鲜卑拓跋部建立了外交关系，还和首领拓跋猗卢结为兄弟。彼时拓跋部有精骑四十多万，曾多次为刘琨解围。作为回报，刘琨还将句注、陉北之地——也就是今天山西代县以北的地区——让给了拓跋部。双方成了近邻，军事联系更加紧密。

关于这次围城，史书语焉不详，笔者推断时间应该在311年。因为《晋书》中说，晋阳城在312年曾被匈奴攻破，刘琨重夺晋阳后就移居阳邑了。围城也纯属偶然，据《魏书》记载，当时刘琨的牙门将邢延在新兴郡（今山西省忻州市）反叛，之后“招引刘聪”，也就是匈奴汉国的皇帝。《太平御览》转引《前赵录》也提到了此事，说“刘聪征刘琨不克，略晋阳，逾象山而归”。

也就是说，彼时刘聪的目标可能是新兴，围晋阳是搂草打兔子捎带脚，随时有退兵的可能。而《魏书》中也有拓跋猗卢“遣军讨之，聪退走”的明确记载。或许这才是刘琨吹笳退兵的真实情况。

与刘琨留在北方深入敌后不同，祖逖后来选择了南下，并组织北伐军挺进中原，一度与刘琨南北呼应。

2

祖逖北伐之殇

司马氏在北方的统治被匈奴终结后，琅琊王司马睿偏安江南，定都建康（今江苏省南京市），是为东晋。在随后100多年的时间里，东晋进行过好几次大规模的北伐，但均以失败告终。其中最为人所熟知的，莫过于祖逖北伐。北伐军成效显著，收复了黄河以南的大部分失地，令当时风头正健、以骁勇善战著称的赵王石勒心生胆怯，以致不敢窥兵河南。

祖逖北伐顺利，有当时特定的原因。彼时少数民族入侵所激发的民族矛盾才刚刚开始白热化，中原沦陷的现实还没有完全形成固定印象，民众光复中原的士气尚足。这就像两人打架，气头上的力气特别大，等过几天气消了也就没了冲劲儿。当时五族——最先是匈奴、羯胡——刚刚入据中原不久，尚处于征伐阶段，政权统治不稳，还没形成凝聚的合力。而祖逖的北伐军早就摩拳擦掌，取得阶段性胜利也就不足为怪了。

不过祖逖北伐只是在河南一带的局部胜利，他没有进一步渡黄河、复中原的条件和实力。黄河以南属于东晋和北方政权（汉赵、后赵）之间的缓冲带，其中遍布诸多豪族大户私人武装控制的、相对独立的军事单元。一直经略河北的石勒并没有对这些地区实现行政上的完全统治。祖逖兼并这些左右摇摆的武装以及打退石勒的增援会相对容易些，但若渡过黄河触及石勒集团的军事核心，胜负就难说了。

河南之地并不是容易守住的地方，对既定成果的巩固也牵扯了祖逖很大精力。他的军事据点武牢城（即虎牢关），北临黄河，西接成皋，但东向和南向都是开阔地，南面的军事防御工程到祖逖忧愤而死都没完成。没有稳固的后方，也就没有继续渡河北伐的条件。

东晋对北伐也没有足够的军事和经济支撑。司马睿同意祖逖北伐，除了任命他为奋威将军、豫州刺史的虚衔之外（豫州刺史还须得祖逖拿下豫州才行），还给了“千人廪，布三千匹”的军需。一千人的物资和三千匹布看似不多，却是司马睿所能拿出的最大财力。

据《晋书·食货志》记载，当时“中府所储，数四千匹”。也就是说，整个国库才有四千来匹布，给祖逖三千匹差不多是倾全国之力了。至于武器、装备以及招兵买马，就只能靠他自己想办法了。这种国力自然不足以支撑这么大的战争，致使祖逖北伐后劲不足。后来祖逖答应与石勒互市，也是为了获取维系战争的经济来源。

祖逖没有一下子光复中原的条件，但隔河对峙还是可以的。然而他最终以失败告终，其根子，则在于祖逖不懂政治而又触犯了两个政治大忌。

说祖逖不懂政治，是因为他当时并未摸清东晋高层的意图。

其时北方大部沦陷，司马睿按照王导的建议，趁着乱乎劲去经营江南，实则已萌生称帝之意。有个例子很能说明问题，晋愍帝曾派人诏告司马睿，让他火速驰兵中原。司马睿回复，说江东初定，没空北伐。早不把皇帝放眼里了。

想称帝归想称帝，不过当时司马睿手里并没有传国玉玺，以至于登基后被人戏称为“白板天子”。传国玉玺就是皇帝的大印，版权属于秦始皇。其材质为蓝田玉，印体四寸见方，印文是李斯用鸟篆写的“受命于天，既寿永昌”八个字，寓意皇权天授，印把子上雕有龙虎图案。秦亡时刘邦得到此玺并命名为“汉传国玺”，赋予了它皇位传承与正统的象征意义——需要说明的是，皇帝有很多玺印，但只有这一枚叫传国玺。

王莽篡汉时，曾向太皇太后王政君索要传国玺，王政君一气之下摔坏了一个角，王莽用黄金补好后谓之“金镶玉”——这也成了传国玺的一个防伪标识，因为后来出了不少山寨版。之后传国玺辗转于绿林军、赤眉军，到了刘秀手上。东汉末年则流转于孙坚、袁术（一说袁绍）之手，最后重归汉献帝。接下来曹丕代汉、司马代魏，一路传到西晋末帝——愍帝司马邺手中。

匈奴灭西晋时，传国玺被汉国皇帝刘聪获得，偏安江南的司马睿自然无玺传承。其实即便传国玺没被匈奴抢去，也轮不到司马睿，因为他另起炉灶，本就不在传承之列。不过东晋朝也不都是白板天子，仅限于前四任皇帝司马睿、司马绍、司马衍和司马岳。到第五任皇帝司马聃时传国玺意外南归，这才终于摆脱了白板天子的称号。

这期间，传国玺在北方也几易其手：先是靳准发难夺玺，而后被前赵皇帝刘曜收入囊中，接着后赵灭前赵，冉闵灭后赵，传国玺又倒了两次手。关于东晋如何获得玉玺，史书记载略有出入：《晋书·慕容儁载记》中说，冉闵败亡后传国玺由手下大将蒋干保管，蒋干将传国玺送到了建康；《太平御览》转引《玉玺谱》中说，是安西将军谢尚派督护何融从蒋干那花钱买来的；《晋书·谢尚传》则说，是何融从蒋干手中骗来的。

当时蒋干向东晋投降并请求支援，谢尚派濮阳太守戴施前去接应。戴施索要传国玺，蒋干不给。何融便过去忽悠蒋干，说你先把玉玺放我这儿，皇上看到你的诚意，自然会派兵支援。蒋干听闻此言，这才脱手。何融得玺后，即刻派人送给戴施，戴施又送给谢尚，谢尚派振武将军胡彬率领三百骑兵护送传国玺回到了建康。

不管从哪个角度讲，司马睿都不是合法接班人，所以他内心深处根本就不想北伐。这种情况下，祖逖上书无异于添乱，但最后司马睿为什么又同意祖逖北伐了呢？这完全是出于政治舆论上的考量。

作为司马家族的一员，司马睿可以找种种理由拒绝出兵，却不能阻止北伐的意愿，尤其是有人主动请缨，而且请缨者来自民间。当时南迁的民众都想早点回归老家，祖逖其实代表了很大一部分民众的意愿，拒绝就会失去人心。况且石勒也有随时南下的可能，倒不如以攻为守。

再说，祖逖身边聚合的多是身强力壮的草莽豪杰，都不是什么省油的灯。到江南后不是偷盗就是劫掠，不安排点事做就很难保障社会治安。让他们去北伐，也算是矛盾隐患的一个疏导，还能顺应民意，一举两得。

说祖逖不懂政治，还表现在他对江南政治局势的不了解上。

当时不光司马睿无意北伐，追随他的人多数也无征伐之念，他们只想偏安一隅，过逃避乱世的安逸生活。况且这些人大多是士族门阀，初到江南，面临政治上的重新洗牌，考虑最多的是如何尽快站稳脚跟，保住自己的利益。

事实上，当地士族并不买这些人的账。在他们看来，这帮人不但搅乱了他们原有的平静生活，还颐指气使，吆五喝六，心里早就不舒服了。比如江南望族之一的吴兴周氏，就策划着消灭当朝权贵，换之以南方士人。虽然最后谋事未遂，然而足以说明当时的政局是很不稳定的。这种情况下，谁还有心思琢磨北伐呢？

不懂政治成为祖逖的阿喀琉斯之踵，也让他犯了两个政治大忌，最终让朝廷产生了不信任。司马睿对祖逖其实没抱太大希望，能阻止石勒南下就行。但祖逖招募的队伍不断壮大，并在河南形成了一个新的军事单元，这就让司马睿没了安全感——祖逖死后，豫州百姓如丧考妣，谯国和南梁郡还给他立了祠堂，可见威望不是一般地高。所以朝廷派戴渊都督六州军事，出镇合肥，做了祖逖的顶头上司。

这一布局在当时也是为了牵制萌生反意的王敦，并不是完全针对祖逖的。但祖逖不这么想，乱世成名需要一个完全放手的环境，有人压他一头就觉得没意思。祖逖自此心事萦怀，最后竟怏怏不乐，忧愤病死了。

与后赵结好，是祖逖犯的另一个大忌。石勒看到祖逖每日练兵积谷，士气正旺，便想避其锋芒，缓和一下局势。于是派人到祖逖的老家幽州，给他修缮祖坟，还派了两家人守墓，以讨好巴结祖逖。祖逖听说后很高兴，也投桃报李，也派使者给石勒送去一些土特产，表达修结和好之意。这就等于敌我双方有了外交关系。

祖逖也许出于战略考虑，或是义之所在，但千里之外的朝廷并不知道你咋想的，难免认为他有通敌之嫌。况且祖逖的兵不是朝廷派的，而是自己招募武装的家兵，这就让朝廷坐了没底的轿。

祖逖是个热血男儿，却不是一个精明的政客。要想成事，光有一腔热血、满腹经纶不行；只懂上马杀敌、下马写诗也不行。你可以单纯，但社会并不单纯。

3

石勒十八骑称王

十八个生龙活虎的勇士，十八匹矫健如飞的战马，这便是后赵开国皇帝石勒起事时的全部家当。这个曾经卖身为奴而又智勇双全的传奇王者，靠着区区十八骑纵横北国，逐鹿中原，在战火洗礼中锁定乾坤，最终成为傲视群雄的一方霸主。

石勒是羯族人，也是羯族在历史中崭露头角的第一人。《晋书》中说，羯族属于匈奴羌渠部的一个分支。大约是匈奴族与其他部族的混种，慢慢发展成一个独立的部族。匈奴内迁时，羯族也随之定居上党武乡（今山西省长治市境内）。正因为有着匈奴血统，所以羯族又被称作羯胡。羯胡依附匈奴，地位并不高。不过石勒的先祖还不错，一直都是部落小帅，属于羯胡中的贵族。

石勒从小气度非凡，长大后精骑善射，胆识过人。最值得称道的，是他超强的军事头脑和组织能力。石勒的父亲是个大老粗，做事简单粗暴而不能服众，时常让石勒替自己督兵操练、管理部众，结果部众无不拥戴。

奴隶中的贵族，平民里的小康，日子过得倒也自在。然而这种状况并未维持多久，西晋末年并州饥荒，石勒不得不外出逃生，结果阴差阳错地被卖给了山东茌平县（今山东省聊城市茌平区）一个叫师欢的人为奴。师欢被石勒器宇不凡的气质所折服，免了他的奴隶身份，石勒由此恢复了自由身。八王之乱时北方连年征战，人民随处流徙、朝不保夕。颠沛流离的生活让石勒感到厌倦，面对战火硝烟，他毅然选择了行伍。

石勒召集平时结交的好友王阳、夔安、支雄、冀保、吴豫、刘膺、桃豹、逯明、郭敖、刘征、刘宝、张曀仆、呼延莫、郭黑略、张越、孔豚、赵鹿、支屈六等十八人，组建了一支骑兵小队，号称“十八骑”。从此开启了败帝王、斗苍天的戎马生涯。石勒最先投靠的是茌平县牧民首领汲桑，石勒的名字也是汲桑给取的，他先前叫訇勒，汲桑让他以石为姓，以勒为名。自此，江湖上开始断续流传一个叫石勒的羯胡人的传说。后来他们又一起投靠成都王司马颖的旧将公师藩。

石勒打仗勇猛，屡立战功，队伍也越来越壮大。然而，战争并非决胜于蛮力，克敌也绝非仅靠一将之勇。古之能成大事者，并非一定就是战无不败的常胜将军。石勒在与人称“屠伯”的兖州刺史苟晞作战时，便惨遭滑铁卢之败。苟晞以严刻立威的冷酷手段扬名立万，以每日必杀的铁血政策傲视群雄，霸气外露，人人避之不及。面对更为强大的对手，汲桑军几乎全军覆没，石勒不得不只身逃往乐平（今山西省昔阳县）。

司马氏同室操戈，地方州郡征伐不断，匈奴汉国虎视眈眈，这是石勒彼时所处的大环境。群雄逐鹿，不知鹿死谁手，石勒敏锐的政治嗅觉在此时发挥了巨大作用。他将目光锁定了风头正健、锋芒初露的匈奴人刘渊，由此迈出了终成霸业的关键一步。

石勒有心投奔，却做得十分乖巧。他先是说服盘踞在老家上党一带的冯莫突部一起归顺，而后又独闯龙潭，设计让刘渊一直想招降的乌桓张伏利度部归顺。这两份“投名状”赢得了刘渊的赏识和信任，他也因而被任命为辅汉将军，后又升为安东大将军。自此，石勒如鱼得水，终于有了用武之地。在为匈奴汉国打江山的同时，也为自己终成霸业做了详尽注脚。

审时度势让石勒立于不败，善于用人则让他走向成功。石勒的魄力不只体现在武功上，更多的是胸襟和格局。作为北方游牧部族的后代，他更亲近中原文明，不但破除饱受非议的娶后母、寡嫂的胡族风俗，还注意化解胡汉矛盾，明令“不得侮易衣冠华族”。他还特别信任和重用汉人，将一些汉族士人召集在一起成立“君子营”，专门为他出谋划策，类似现在的参谋处和智囊团，参谋长或团长是智识不逊于张良的谋士张宾。石勒大军如虎添翼，成为叱咤中原的智慧之师。

十六国时期，割据立国的形式大概有三个：一是地方刺史雄踞一方，乘乱自立，比如张轨建立的前凉；二是边缘势力悄悄兴起，称霸一方，比如辽东慕容氏建立的前燕；三是傍人篱壁借势发展，伺机而立，比如羌酋姚苌建立的后秦，石勒建立的后赵也属这种情况。时机来得也很快，318 年，匈奴汉国发生靳准之乱，相国刘曜趁机代立，在长安建立前赵政权。羽翼既丰、手握重兵的大将军石勒这次不再甘居人下，于次年在襄国自称赵王，建立后赵政权。

后赵先后消灭了幽州、青州的割据势力，又趁祖逖病故，趁机夺取了黄河以南的司州、豫州、兖州、徐州等地，国力盛极一时，与匈奴前赵在北方分庭抗礼。329 年后赵灭前赵，石勒也于不久后称帝，成为北方新的霸主。

4

石虎激情杀子

我试图舒缓一下心情，用较为轻松的语言把后赵皇帝石虎的暴虐表述出来，但几次都中途作罢。我慨叹自己的修为远未炉火纯青，不能抵达喜怒不形于色、静看云卷云舒的无我状态。石虎那种真实得让人恐惧的残忍，现在想来仍心有余悸。随着时间的推移，我们会慢慢淡化感官上的刺激和影像。或许石虎对伦理的践踏，对人性的摧毁，对亲情的冷酷，才是真正让人感到震颤而永远不能忘却的。

酷刑本是古代对付敌人或罪犯的一种严厉手段，并不轻易使用，除非罪大恶极或者恨之入骨。“铁环穿颔”“斫眼溃肠”“拔发抽舌”这些恐怖刑罚，无不透射出末世阴森的气息，让人不寒而栗。然而谁能想到，这是一个父亲对亲生儿子所使用的手段。这一幕幕令人心惊肉跳的行刑过程，也是在亲生父亲的监督下完成的。

俗话说，虎毒不食子。人的感情世界中，最基本、最温暖的莫过于血脉相连的亲情。但亲情也不是一成不变的，一旦受外力困扰，比如权力，比如利益，比如美色，往往制造出令人痛心的悲剧，留下血染亲情的记忆。尤其是皇宫之内，父子反目、手足相残不绝于史，老子废杀儿子更是稀松平常。然而说到残忍的极限，用酷刑虐杀亲生儿子的，恐怕只有石虎一人。

石虎是十六国时期后赵的第三任皇帝。后赵是凭借十八骑问鼎天下的羯族人石勒建立的国家，灭掉匈奴前赵后一度雄霸中原。可惜石勒辛辛苦苦创下的霸王基业，很快便在后世子孙手里消失殆尽，而石虎便是后赵盛极而衰的拐点。

石虎是石勒的侄子，初封中山王。石勒病死后太子石弘即位，石虎趁机攫取朝政大权，而后又废杀石弘取而代之。后赵从此走向灭亡的不归路。

老子能对亲儿子下毒手，这事要从两方面讲：一是老子没人性；二是儿子不争气。石虎暴虐成性，他的几个儿子也都不是省油的灯。石宣与石韬兄弟间看不出任何手足之情。哥俩矛盾的激化说起来跟石虎也有些关系，石虎立石宣为太子，却更偏爱石韬一些，这让石宣很恼火。一次石宣办事不力，石虎很生气，说早知如此，当初还不如立石韬呢。你说这不是给石宣添堵吗？还不得像防贼似的防着那位呢？

石虎的倾向性还产生了另外一个后果，就是石韬恃宠而骄。有皇帝老子罩着还怕什么呀，愈发不把太子放在眼里，专门和他对着干，建宫殿一定要建得比石宣的气派，大梁有九丈长。石宣不干，派人过去砸场子，梁也挑了，工匠也杀了。石韬一下子牛劲儿也上来了，你闹是吧，九丈你嫌长，我还涨，十丈。石宣恨得牙根痒痒，终于按捺不住，派人把石韬杀了。这下子，石宣惹下了大祸，索性一不做二不休，密谋在石虎祭奠之时连他一块做了，结果事情很快就败露了。

石韬的死确实刺激到了石虎。《资治通鉴》中说，石虎听闻噩耗后“哀惊气绝”，差点儿没背过气儿去。但缓过劲儿来之后，石虎的行为便几近失控。他囚禁了石宣，用铁环穿透石宣的下巴锁起来——听着都起鸡皮疙瘩。石宣疼得哀号凄厉，发出的已经不是人类的声音。这还不算完，石虎又在城外搭积柴木，上面放上板子，搁一辘轳，绳子这头拴着穿过石宣下巴的铁环。然后拔光他的头发，抽出他的舌头，用辘轳绞上去。接着用刀斧一阵乱砍，石宣早已不成人样，手脚断了，眼也瞎了，肠子也流出来了。最后四周点火，将其活活烧死。如此，这套复杂的酷刑程序才算接近尾声。石虎呢，率领后宫嫔妃一大帮登上高台看稀罕，直到大火熄灭。石宣被烧成灰后，石虎命人将其骨灰撒到各个街巷里弄。种种做法，简直是反人类。

我们无从还原事件的真相，只能通过历史留下的点滴记忆，去透视石虎的内心世界。石虎如此残忍地对待自己的亲生儿子，可能与他幼年的经历有关。十六国时期是一段令人不堪回首的乱世，一百多年内腥风血雨不断，末世将临的压抑笼罩着整个时代。石虎便在这样的残酷岁月中，有过一段颠沛流离的生活，《晋书》中说，石虎八九岁时曾与石勒走失，再找到已是十七岁。

十年的流徙足以改变一个人的性情，况且还是身心成长的关键期。成年后的石虎性情麻木而残忍，经常拿弹弓弹人取乐。他还特别喜欢驱马行猎，在射杀中寻求快感，如虎狼般凶性大发。作为后赵铁血征伐的猛将，石虎攻城略地后喜欢坑斩士女，一个不留，残忍如嗜血狂魔，手下亲从看了都害怕。嗜杀之人冷血，自然也不会包容。石虎治军严厉，心胸却很狭窄，看不了别人比他强，更听不进别人的意见，为此杀人海了去了。

再凶残的人，内心也有脆弱的一面，除非那些杀戮成瘾、迷失本性的人。观赏完虐杀亲子的酷刑表演，石虎又把目标瞄准了石宣的老婆孩子。石宣只有几岁的小儿子抱着爷爷不停地哭，石虎居然心软了，想赦免他。可手下大臣们比他还决绝，示意他斩草要除根。小孙子拉着爷爷的衣服死活不松手，最后衣服都扯破了，场面很是揪心动情。想是良心受到了冲击，石虎就此大病一场，第二年便一命呜呼了。

从这件事上看，石虎良心并未完全泯灭。那么他的残忍，或许出于政治的目的、统治的需要，想通过以杀止杀，藉此树立威严。石宣并不是石虎杀的第一个儿子，石虎最初立的太子石邃——就是把尼姑杀了，和着牛羊肉一起煮着吃的那位，因为起兵反叛而被石虎废杀。

石邃的反叛本就让石虎对儿子很失望，加上石宣又要弑父，以及兄弟间的自相残杀，这些对石虎的打击是很大的，也会让石虎心灰意冷，进而六亲不认。后来石虎曾对群臣说过一句忏悔的话："吾欲以纯灰三斛自涤其肠，何为专生恶子！"意思是说，他想用三斛纯灰涮涮肠子——也不知是石灰还是草灰，去去污秽消消毒，否则为什么老生这种不是东西的儿子啊。为什么？这只有天知道了。

5

姚弋仲刚直不回

十六国乱世不缺野心家，当然也不会缺政治家，羌酋姚弋仲便是其中之一。羌，这个迄今为止名称依然存在的少数民族，在十六国时期建立了他们历史上唯一的一个中原政权——后秦帝国，而这个帝国的奠基人就是姚弋仲。他完成了后秦大业的原始积累，从而让羌族在历史上写下了最为浓重的一笔。

擅长搞政治的人，必然有着过人之处。比如在性格上，在为人处事上，在胸怀和理想上，跟普通人的表现往往都不太一样。他们大多人缘很好，有着极强的亲善力，人们喜欢围绕四周，甘愿听从驱策；他们大多也很豪爽，做事不拘小节，不会在鸡毛蒜皮的小事上斤斤计较；他们的目标总是很长远，不会因为眼前的困扰而患得患失；他们一般也有着较为宽阔的胸怀，能理性地对待自己的朋友和敌人。当然，更为重要的，他们还有自己的原则和主见，不会轻易受到别人的干扰。姚弋仲差不多就是这样的一个人。

姚弋仲出生于南安郡赤亭县（今甘肃省陇西县境内），祖上曾任西羌校尉、西羌都督等职务，属于官僚世家、干部子弟，自然也就承继了世家子弟的一些做派。年轻时的姚弋仲果敢豪爽，他还有个与众不同的习惯，就是不喜欢做具体的事，对务农、做工什么的都没兴趣，却热衷于收容救济的公益事业。一些人发达之后才去刻意拥有的气质，姚弋仲没发达就开始培养了。

姚弋仲行为有些像战国时期的四公子，轻财好施，爱交朋友。而且他喜欢张罗，乐于主事，由此前来投奔的人很多。也许这才是姚弋仲的抱负所在，要想在乱世中立足，人是决定性的因素。能够拉起一支队伍，有了自己的势力，才会有说话的权利。

西晋末年，中原大乱，姚弋仲瞅准机会内迁至榆眉（今陕西省千阳县境内）。当时跟随他的有好几万人，孩子小的甚至用布包了背在背上，足见其威望之高。看看队伍有些规模了，姚弋仲便自称护西羌校尉、雍州刺史、扶风公，高调竖起大旗，成为割据一方的新生势力。

姚弋仲颇具军事才能，他训练出来的羌军骁勇善战、纪律严明，成为各方势力争取的对象。姚弋仲率领这支羌军先后归附过前赵、后赵，为他们的铁血征伐立下了汗马功劳。因为战功显赫，前赵皇帝刘曜、后赵皇帝石勒对姚弋仲都很敬重，礼遇有加。甚至以凶狠残暴著称、曾经不可一世、自称天王的石虎，对姚弋仲都敬让三分，特别批准他“剑履上殿，入朝不趋”。

姚弋仲能够左右逢源，大受尊敬，和他狷介耿直的个性有很大关系。石虎这个杀人不眨眼、连亲生儿子都不放过的大魔头，人人畏之如虎，唯独姚弋仲不买他的账。石虎废掉后赵第二任皇帝石弘上位后，搞了个庆祝活动。这本是石虎的大喜事，也是属下逢迎拍马的好机会。偏偏姚弋仲“称疾不贺”，递了个病假条，玩起了失踪。最后还是石虎派人几次三番地去请，姚弋仲才碍于情面勉强参加。

可去了还不如不去呢。老姚当着众人的面，义正词严地数落石虎，说你办的这事忒不地道，先皇托付你辅佐新帝，你怎么能抢了人家的龙椅呢？揭一个皇帝的疮疤，无异于虎口拔须，况且还当着那么多人的面，石虎的尴尬可想而知。让皇帝颜面扫地，换个别人早就被推出去斩了。然而石虎似乎被老姚刚直不回的气场给镇住了，不但没有责备，还擢升他为十郡六夷大都督、冠军大将军。

还有一个例子。石虎的一个宠姬的弟弟，当时任武城左尉，估计是喝了点酒，来到姚弋仲的部队闹事。姚弋仲便把他抓了起来。这小子自恃有皇帝姐夫罩着，根本没把姚弋仲放在眼里，还轻佻傲慢地多次发出威胁提醒。那意思，识相点赶紧放人，不然有你好看。姚弋仲哪吃这一套啊，命人将其推出去斩首。这小子一下慌了，忘了自己是谁的小舅子，跪在地上磕头如捣蒜，哪还有半点威风！左右就坡下驴地加以劝解，姚弋仲这才饶了他。

姚弋仲性情豪爽，说话也大大咧咧。在他那儿没什么长幼尊卑的概念，跟谁说话都是“你、你”的（无尊卑皆汝之），他则自称老羌，就是和皇帝也不例外。比如他曾问石虎，你看老羌我这次能打败贼人不？完全是长辈对小辈的语气。石虎也是见怪不怪，恕而不责，由他去。同为游牧民族，礼数上可能不像汉人那样讲究，况且姚弋仲的直爽更多地体现在他对国家的赤胆忠心上。

姚弋仲对石虎提出过很多中肯的建议，石虎倚仗他，自然也就顺从他。比如，姚弋仲曾提出，将关中一带的大家富户迁到邺都。这个看似很不起眼的举措，却对后赵产生了极大的影响：一则，关中地区一向民风彪悍，又是豪杰云集的是非之地，存在很大的不确定性，稳住了关中就等于稳住了北方的半壁江山；二则，能者志士充实邺都，也大大提高了后赵集团的执政能力。

当然，石虎对姚弋仲的敬畏，更多来自对羌军的重视和畏忌。能争取到这支虎狼之师为己效力，吃点话头儿也无所谓。后赵曾发生过一次戍卒暴动，幸得羌军出面平息：石虎用酷刑杀死太子石宣后，将东宫的一万多名卫士全部驱逐戍边。结果这些人中途哗变，组成义军攻城下县，锐不可当，弄得石虎焦头烂额，为此还一病不起。最后石虎不得不驰召姚弋仲平乱。老羌出马，一个顶俩，骁勇善战的羌军很快平息了暴动。

石虎敬畏姚弋仲，姚弋仲也很忠于石氏。攻灭冉魏政权，姚弋仲的羌军便在其中起了很大作用。冉闵灭后赵时，匈奴、羯、氐诸族惊惧。只有姚弋仲率领羌军占据滠头（今河北省枣强县），不买冉闵的账。他还和新兴王石祗、氐王蒲洪（苻洪）联兵一处，移檄中外，宣誓共诛冉闵。后来冉闵攻打石祗，围困襄国城一百多天。姚弋仲派遣其子姚襄率骑兵驰援石祗，出发前对姚襄说，捉不住或者杀不掉冉闵，就别回来见我。同时他还向辽东慕容氏发出求援信号——慕容氏也就此入据中原，可见那是死心塌地帮助石氏。

石氏集团败亡后，姚弋仲想占据关中，结果在与氐族势力的争斗中败北。但他培育出的这支羌军却始终没有消亡，后来一度投靠东晋，再后来，他的儿子姚苌又率军投靠了前秦。前秦落拓时，羌军终于伺机建立起自己的政权，并最终灭亡了前秦帝国。

6

冉魏国昙花一现

在中国历史上，冉魏国并不出名。它存活的时间很短，从 350 年初到 352 年的夏初，两年多一点。在有文字记载的几千年历史长河中，两年时间不过是浪花一朵，甚或水滴一洙，实在算不了什么。冉魏当时控制的领土面积也不大，仅限于邺城周边。这在多国林立、群雄割据的十六国时期，也并不显眼。从立国到覆灭，它只有一任皇帝在位。甚至，它能否算得上一个国家，也还存有疑问。北魏崔鸿在《十六国春秋》中，并没有将这个小国置于十六国之列。

然而，冉魏又的确不同寻常。在少数民族政权遍布北方之际，它是由汉人在中原建立起来的唯一政权。它不但灭亡了曾经称霸一时的后赵，还将羯胡一族几乎灭绝。它的出现，也成为北方再起纷争的分水岭，险些改写了中国历史的走向。

事情要从那场异常惨烈的邺城之变说起。

邺城，在今天的河北省临漳县境内。它也和冉魏这个小国一样，在古代的建都史上并不出名。它不像长安、洛阳般奢华，也没有南京、北京的厚重。然而由于地理位置的特殊，历来都是兵家必争之地。这里先后成为曹魏、后赵、冉魏、前燕、东魏、北齐六个政权的国都，素有“三国故地、六朝古都”的美誉。曹操在这里建了铜雀台，更让它闻名遐迩，“建安风骨”迄今仍不失为中国文学史上的一段佳话。邺城在历史上也是饱经沧桑，数次惨遭蹂躏。曹操攻打袁尚，便曾在这里制造了疯狂的屠城。十六国时期，邺城更是成为群雄争抢的一块肥肉。

邺城之变，导火索源于冉闵和石氏集团的矛盾。冉闵便是后来冉魏国的建立者，他的父亲冉瞻最初混迹于乞活军陈午所部。石勒打败陈午后，收留了年仅12岁的冉瞻，并责成侄子石虎收为养子。这样说来，冉闵——当时叫石闵——应该是石虎的养孙。冉闵身高八尺，生得相貌堂堂，战场上则是一员勇猛善战、冲锋在前的骁将，就连那些久经沙场的老将都无不忌惮。冉闵不只有蛮力，他还治军有方，善于谋划。石虎攻打辽东慕容氏时，全线溃不成军，仅有冉闵所部将士全须全尾，秩序井然。冉闵为后赵的开疆拓土屡立功勋，深得石虎的赏识。

冉闵最初并没有诛灭石氏之意，毕竟石家对他有恩。可是发生了两件事，导致冉闵最终开了杀戒。

第一件事是石遵食言。石虎死后，太子石世即位。石世的哥哥、彭城王石遵不服，便以冉闵为前锋杀入邺城，废掉石世，自己做了皇帝。石遵起事时为了拉拢冉闵，曾向他许诺，说事办成了让你做太子。皇帝接班人的诱惑力当然大了，冉闵这才一往无前地充当了马前卒。结果事成之后，石遵并没有兑现诺言，而是立了自己的侄子石衍为太子，封冉闵为都督中外诸军事、辅国大将军以作补偿。冉闵感觉被耍了，内心开始跟石遵较劲，借着总领内外兵权的优势，大力提拔自己的人，意图专擅朝政，架空石遵。

石遵有所察觉后，想除掉冉闵，便召集义阳王石鉴、乐平王石苞、汝阳王石琨、淮南王石昭等人开会商量。石遵提议，说冉闵越来越不像话了，我打算宰了这小子，大伙儿觉得怎么样？石鉴等人异口同声说，好啊好啊，早该宰了这小子。结果会议走漏了风声，石鉴表面上坚决贯彻领导意图，私底下却快马加鞭地派人向冉闵报信。冉闵气急败坏，伙同司空李农等人发动第二次邺城兵变，杀了石遵，立石鉴为帝。

第二件事是石鉴两面三刀。上文已经见识了石鉴的两面派作风，虽说他也有想当皇帝的一己私念，但客观上还是帮助了冉闵。然而石鉴对冉闵也不放心，又在计划除掉冉闵，来个一石二鸟——或许当初通风报信只不过是在利用冉闵。他派龙骧将军孙伏都、刘铢等人率领羯胡兵三千人伏击冉闵，结果反被冉闵打败。当时场面异常惨烈，尸横遍野，血流成渠，由此也引发了第三次邺城之变。

这次冉闵彻底急眼了，认为羯胡人全是不讲信誉的骗子。他杀心顿起，利用由来已久的胡汉矛盾，对胡人进行了灭族式的屠杀。他先是宣令内外，敢拿武器反抗的一律就地斩杀。接着颁布命令，凡斩杀一名胡人并将首级送到凤阳门的，文官一律进位三等，武官全拜牙门将。有了一飞冲天的机遇，邺城内开始大诛胡羯，不管男女、无论贵贱、不分长幼，一气儿杀了二十多万。人头被割下来邀赏，无头尸则遗弃城外，任由野狗啃食。一时间，城内城外到处血肉模糊，一片人间地狱的凄惨景状。

即便如此，冉闵仍没有杀石鉴，只是囚禁了他。后来石鉴趁冉闵出城攻打统卫军将军张贺度时，买通守卫送出口信，要抚军将军张沈乘虚攻邺，终于惹恼了冉闵。冉闵杀掉石鉴，又诛杀石虎子孙三十八人，石氏一族惨遭屠戮。之后冉闵与石氏集团彻底决裂，于350年春登基称帝，定国号大魏，史称冉魏。

在这场中原突变中，似乎还缺少一个重要角色——东晋。石鉴的弟弟新兴王石祗听说哥哥被废杀，也于襄国自立，并号召各方势力合力抗击冉闵。冉闵曾写信向东晋求救，说逆胡扰乱中原，我现在准备杀光他们，想一块儿干就速速派兵前来，机不可失。结果东晋没理会。

其实东晋并非没有复谋中原之意。氐族头领蒲洪率部投降东晋后，被东晋委任为征北将军，与扬州刺史殷浩一起北伐。但蒲洪却有自己的心思，想趁乱夺取关中，因此并未进军中原。殷浩也是屡屡出师不利。后来征西大将军、荆州刺史桓温又屡次上书要求北伐，都未获批准，桓温一怒之下，再次上表后不等批复便采取行动，率领大军四五万人顺江而下屯兵武昌，朝廷震恐，用尽种种办法才劝止了桓温。

东晋上层如此态度，这里面的原因很复杂：派蒲洪征北，以胡制胡，不过是摆出一副坐山观虎斗的架势，此乃其一；顾忌桓温，怕他功高盖主，为其二；殷浩北伐，以失败告终，士气大减，为其三。最主要的是，东晋的最高领导层缺乏收复中原的信心和勇气。东晋长期偏安，苟且思想渐浓，殷浩北伐时，中军将军王羲之就曾劝他，说凭咱们的实力很难保住淮河，还不如稳妥点，下功夫保长江呢。王羲之的想法应该很有代表性。

东晋观望，冉魏在形势上便处于劣势。石祗派相国石琨率兵十万伐邺，与冉魏对峙。以姚弋仲为代表的羌族势力、以蒲洪为代表的氐族势力，以及后赵原有的地方势力都各据一方，讨伐冉闵。其实，如果当时东晋竭尽全力响应冉闵，鹿死谁手尚未可知。冉魏军队的战斗力很强，打败石琨、刘国、张贺度等几路大军后，俘获甚众，军力一度达到三十多万。旌旗相望绵延百里，实力已经超过了石祇。

然而，由于东晋的观望止步，加上慕容氏的强势介入，中原形势迅速逆转。石祇不敌冉魏，被迫去掉帝号，而后向慕容氏求救，羌酋姚弋仲也派使者联系慕容出兵。慕容氏本来一直都在觊觎中原，这下顺水行船，堂而皇之地挥师南下，并最终计杀冉闵，灭掉了冉魏国。

冉闵是一个颇具争议的人物，有人说他是汉人的大英雄，有人说他是冷血屠夫，还有人说他破坏了民族融合。这些观点都有失偏颇，用今人的标准去衡量古人本身就很荒诞。我们没必要给1600多年前的冉闵界定思想，设置标高，赋予他觉醒或者倒逆的现实意义。人性是复杂的，有时也很简单，这一系列的血雨腥风，或许只是一己之私的突然闪现。

7

羯胡绝迹中原

就如同经受周期性循环肆虐的沙尘暴那样，古代的中原政权时常经受着来自四周的威胁。与周边少数民族的关系问题，也一直是中原政权为之挠头的问题。威胁主要来自北部边疆，也就是现在的蒙古高原一带。这里一向是游牧民族的聚集区，地理开阔，便于放牧，几乎间隔一段历史时期便会出现一个强大的部族。先是匈奴，后有鲜卑、契丹以及如旋风般席卷欧亚的蒙古。

这些民族之所以钟情于此地，一方面是生存的需要；另一方面也是劣中选优的无奈之举。他们最初也并不发源于此。就像人人都想过上富足生活一样，他们也有着追寻更好栖居地的渴望。于是，当他们发现富庶肥美的中原时，便毫不犹豫地挥鞭南下了。这也是中原屡遭异族入侵的原因之一。马背上的行国，在恶劣的空间中生存，也赋予了他们强健的体魄和坚强的意志，从而形成彪悍的战斗力。他们又倚仗广漠戈壁为大后方，进可攻退可守，表现出灵活机动的冲击力，让中原政权为之头疼。

对于来自北方的威胁，中原采取的办法不外乎两个："武夫尽征伐之谋，儒生讲和亲之约。”一个是打，一个是和。二者或主或次，交替进行。远古时期，黄帝北伐荤粥，尧帝北教八狄，都是以打为主。战国时秦、赵、燕三国北筑长城，后来秦始皇又将长城连起来，变成以防为主。但防守是为了更好地反击，其实质还是打。汉初时打不过匈奴，高祖刘邦不得不将宗室之女嫁过去，开始采取和亲政策。汉武帝时国力鼎盛，便又兵锋北指，威风凛凛地找回了面子。以后的历史，也都是在时和时战中逡巡前行。

当然，民族问题总是站在中原王朝立场上提出的。这个王朝可能是汉人建立的，也可能是少数民族建立的，但总体上体现的还是汉族与少数民族之间的矛盾。“邪正不并存，譬若胡与秦。”将两者关系比作正邪两面，不管我们感情上接受与否，这种认知都一直是中原处理周边关系的主导思想。这种水火不容的排斥性几乎贯穿了整个民族史。

汉族与少数民族之间的共同之处，是都将中原看作中华的正朔。所谓得中原者得天下，谁占了中原，谁就有了傲视群雄的资本。因此，最初以掠夺资源为目的的战争纠纷，最终会上升到以权力争夺为主线的政治纷争。这种纷争到了十六国时期，达到了前所未有的顶峰。也就此出现了两种政见相反的极端策略，各自代表了当时一部分人的心态。一个是徙戎论，一个是大诛胡羯。

徙戎论的代表人物是西晋谯郡（今安徽省亳州市）太守江统。当时异族进入内地的人很多，关中百万人口，“戎狄居半”，造成很多社会矛盾。于是有人主张将这些操着不同语言，和中原有着不同生活习俗的人迁回原地，大家井水不犯河水，相安无事地各过各的。特别是氐人齐万年叛乱后，这种思潮变得更为强烈。为此，江统专门撰写了著名的《徙戎论》，其主导思想便是：“非我族类，其心必异。戎狄志态，不与华同。”意思是这帮人哪哪跟咱们都不一样，心眼更不可能一样。

不过这里面就存在了一个问题，少数民族都生活在边缘地带，地理环境恶劣，一向艳羡中原。既然好不容易在中原落脚，谁也不愿意再回去。就像一个过上好日子的人，无法回首艰难岁月一样。所以，当时少数民族的抵触情绪是很大的，可操作性不强。再者，即便这些人重回故土，兵强马壮之后也难免不会杀个回马枪，卷土重来也未可知。

十六国时期的民族矛盾，其实不光体现在汉族与少数民族之间，也体现在不同少数民族之间。列入十六国之内的汉人政权其实只有两个，就是前凉和西凉，而且都远在西部边陲。彼时的中原，几乎全部处于少数民族的控制之下。期间只有一个存活两年多的小政权是个例外，就是冉闵在邺城建立的冉魏国。这个政权虽小，却是北方纷争的一个分水岭，因为冉闵采取了另外一个极端策略——大诛胡羯，几乎杀尽了当时中原的羯胡和匈奴人。

前文说过，冉闵一开始不一定就有大诛胡羯之心，而是机缘巧合。但他的这种极端做法正好迎合了许多人的想法，因此响应的人很多。当此情形，少数民族也就联合起来对付冉闵，从而发生少数民族与汉人之间最激烈的一次冲突。也就是说，大诛胡羯是随着形势的发展，最终演变成的一个结果。这个结果中最惨的是羯胡人，几乎遭受了灭族之灾。

羯族是五胡中存在感最差的一个，本不是一个独立的民族，而是匈奴羌渠部的后裔——正因如此，羯族也称作羯胡。此外还有源出月氏、羌、康居、粟特之说，人口基数小且地位低下。连匈奴都湮没于历史长河，更别说羯胡了，若不是石勒建立后赵，羯胡都很难被单列出来。

对羯胡来讲，可以说是兴也后赵，亡也后赵。没有后赵会消失得很快，有了后赵则消失得更加彻底。匈奴建立汉国时，许多羯人被迁往内地，他们没有自己的文化，很容易被同化。建立后赵的是聚集在上党武乡羯室（今山西省榆社县境内）的一支，因为灾荒被贩卖充军、流散各地，连贵族出身的石勒（其祖父、父亲是部落小帅）都被戴上枷锁卖到了茌平。若不是石勒建立后赵，这些人也难逃炮灰和被同化的命运。

需要说明的是，后赵是石勒这个羯族精英建立的政权，但并不以羯族为主体。石勒发家的十八骑中，既有匈奴人，也有月氏和西域胡人，后来组建的君子营智囊团基本都是汉人，将士则囊括了匈奴、氐、羌和汉人——其中包括给后赵带来灭顶之灾的冉闵。

后赵政权在一定程度上起了聚拢羯族的作用，但因为存世较短——总共三十三年，也没有特别增加本族人口的举措，加上战争减员，竭族人口基数一直不大。重新聚集到邺城的羯族后来被冉闵集中屠戮，连同匈奴等族一共死了二十多万人。幸存者中有一万人辗转来到襄国和关中，到北魏时被同化。另有一部分投奔慕容氏后逐渐鲜卑化。失去独立存在的条件，羯族这个称谓也就没有了。

然而，种族生命力之顽强，不是靠杀戮就能灭亡的。羯胡和匈奴在中原的主体虽然被诛杀殆尽，但他们的支庶却依然在历史中活跃了很长时间。比如尽屠江南的大煞星侯景，就是羯胡人的后裔；发动河阴之变、让北魏宫廷惨遭横祸的尔朱荣，是羯胡的一个分支契胡族人。

冉闵诛灭石氏之后的中原格局，不过是由匈奴和羯胡的统治，置换成了慕容氏的前燕和氐族的前秦的统治，并没有从根本上解决问题。冉闵灭亡后，北方很快就变成了少数民族之间纷争的舞台。前秦与前燕，拓跋氏与后燕，大夏与后秦，无一不是兵戎相见。可见民族矛盾再突出，也算不上当时的最主要矛盾，这不过是政权之争的一种最突出的表现形式罢了。而政权之争，才是历史不变的定律。

下篇

边疆喋血

—— 成汉兴亡、东晋形势、前凉盛衰

1

成汉祸起萧墙

一个人最不能承受的，也许不是死亡和磨难，而是对人格和尊严的侮辱。古人常讲“饿死事小，失节事大”“士可杀不可辱”，都关乎人格、尊严或脸面。对于位尊九五的皇帝来说，则尤其如此。在中国历史上，皇帝被废屡见不鲜。在那种非正常传位的夺宫中，就产生了这样一个问题：如何处置前任皇帝。最常见的是直接要了小命，来个一了百了；少数被降格为王或是废为庶人的还算不错，毕竟留了个活口；儿子夺老子位的，如果还没丧心病狂，尊其父为太上皇，照顾下情绪，也还算有良心。不管怎么说，这些都是让皇帝颜面扫地、威严折损的事情。

历史上曾经有过这样一位皇帝，他因废黜前任而上位，最后又被别人废为小县公，人生走了一个开口向下的抛物线。他不堪羞辱而又极度憋屈，最后在心灵崩溃中选择了上吊自杀。这个人就是十六国时期成汉国第三任皇帝——幽公李期。

成汉是十六国时期最早建立的政权之一，疆域主要在今天的四川一地，也包括陕西的一部分，既是十六国中唯一不在北方的政权，也是唯一一个由流民组建起来的特殊政权。流民政权是十六国时期的一个特殊现象，因为战乱、天灾或者人祸导致百姓流离迁徙，渐成规模之后再有人出面组织，就很容易形成割据一方的势力。成汉可谓流民政权的集大成者。

成汉的肇建者是巴氐李氏，属于氐族的一支。氐族也是中国一个古老民族，《魏书》上说："氐者，西夷之别种，号曰白马。"氐族与中原的联系也很早，《诗经·殷武》篇有这样的诗句："自彼氐羌，莫敢不来享，莫敢不来王。曰商是常。"即是说，氐族在商朝时便已开始献享、朝王，与中原互动。

氐人种族繁盛，广泛分布于今天的四川西北、甘肃东南以及陕西西南。分支也很多，上面说的白马氐也只是氐族中比较大的一支。具体到十六国时期，一统北方的前秦，以及建立后凉的吕氏，最初都聚居略阳（今甘肃省秦安县境内），称作略阳氐。建立仇池国的杨氏最初居于略阳清水，称作略阳清水氐。

建立成汉政权的李氏一族被称作巴氐，最初居于巴西郡的宕渠县。东汉末年张鲁在汉中传教，前去受教的人很多，李氏一族也随之迁往汉中，定居在杨车坂一带。因迁徙中一路打劫，人人谈之色变，称其为杨车巴。曹操平定汉中时，李氏一族五百多家归降，被迁到略阳北部。

西晋时，氐人齐万年反叛，略阳、天水等六郡数万家百姓为了躲避战乱加饥荒，成群结伙地去汉川——也就是今天的陕西南部和四川东部寻找生路。其中就有巴氐李氏，族首李特还被推举为头领。流民越聚越多，逐渐形成一支具有流民性质的武装力量。后来李特在与益州刺史罗尚作战时战死，李特之子李雄率众攻下成都并自称成都王。两年后，亦即306年，李雄即皇帝位，定国号“大成”，成为割据一方的流民政权。国号之所以定大成，是因为东汉初年公孙述曾在这里称帝，国号为“成家”——也称大成或成。大成后期改国号为汉，所以又称成汉。

李雄是位了不起的皇帝，他在位30年，进行了一系列轻徭薄赋、宽刑重教的改革。当时中原战火不断，而蜀地却百姓富足，夜不闭户，呈现一派蒸蒸日上的繁荣景象。人们争相归附，也让蜀地成为逃避乱世的避风港，大成国由此进入鼎盛时期。然而遗憾的是，李雄之后，李氏一族为了争夺皇位自相残杀，致使国力衰退，苟延残喘十余年后，终被东晋大将桓温灭国。

祸乱出在李雄立太子的问题上。李雄有十多个儿子，却想将皇位转到哥哥李荡一系，最后立了侄子李班为太子，招来诸子不满。李雄死后，还在守丧期间，李班便被李雄的儿子李越、李期弑杀。李期取而代之当了皇帝。

李期是李雄的第四子，《晋书》对他的评价也不低，说他不但聪明、人缘好，而且还有一定的领导才能。李雄曾让诸子招贤纳士，看看谁的威信高，谁的亲和力强。结果李期招揽了一千多人，其他人最多的也就几百。但李期的皇位得来并不光彩，怕别人不服就以杀立威。在其统治后期更是骄躁暴虐，不但对臣子大开杀戒，还籍没其家产、妇女，弄得朝中上下人心惶惶。

李期的行为终于促成第二次夺宫之变，冲突来自汉王李寿。李寿是李雄的堂弟，在李氏一族中威望很高。李期忌恨他，总想借机除掉他，搞得李寿连上朝都要找各种理由推脱，生怕招来祸端。可总躲着也不是办法啊，李寿终于忍无可忍，打着“清君侧”的旗号攻入成都，将李期废为邛都县公。

李期被废，事情来得突然，却也能慢慢想开，毕竟他的皇位也是抢别人的。况且李寿还给他留了条小命。县公也并不就是县长、县令这样的小官，不是什么行政级别，而是一种封爵。公、侯、伯、子、男五等爵位，县公位列一品公爵。与县公同为一品爵但略高一级的是郡公，再往上就是郡王、国王了，按说级别也不算太低。

可人都是能上不能下的。像后赵石勒那样，从奴隶到皇帝是光荣，曾经为奴的经历反衬出历程的光辉。可从皇帝到县公就不一样了，连个王的封号都没给，仿佛天上掉到地下，无异于人格的羞辱。李期憋屈到了极点，怎么都感觉没脸见人，索性上吊自杀了。

2

东晋灭成汉

论长相的怪异，“生而眉白，目有赤光”的前赵皇帝刘曜无人能及。但若论形体上的怪异，成汉国末帝李势则不遑多让。《晋书》中说，李势“身长七尺九寸，腰带十四围”。第一感觉这人应该是个球形体。

晋时的一尺约合现在的二十四厘米，七尺九寸便是一米九的大高个。当然这得看跟谁比，和身高九尺三的刘曜站一块儿，还是矮了一大截。身高不是重点，要命的是这哥们儿的宽度，那硕大无朋的腰围，横着无人能比。“围”是个表示周长的量词，字典里有两种解释：一是两手拇指和食指合拢成圈的周长，也就是常说的一掐；二是两臂合拢的周长。后者多形容古树、烟囱、高塔什么的，李势的腰再粗也不可能和这些物体比，所以不能按这个。就是按前一种，“腰带十四围”，那也乖乖不得了。

我们可以粗略估算一下。按一般人的手，拇指与食指合围，直径按十厘米算，周长大概就有三十多厘米，十四围则超过四百厘米，即四米多长，合十七尺还多。如此腰围，世所罕见，不搞相扑可惜了。当然，这里面也不排除史书的夸大成分。但中国式夸张往往是十、百、千、万这样的整数，百里挑一、千军万马、腰带十围之类。比如西晋名士庾敳是个矮胖子，身高不满七尺而“腰带十围”。比李势稍晚点的大夏皇帝赫连勃勃身高八尺五寸，也是“腰带十围”。“腰带十四围”，已经具体到了个位数，则不像夸张。

除了极具喜感的椭圆形身材，这哥们儿还有个习惯动作：善于俯仰。就是脑袋总喜欢抬头低头地来回动，也不知颈椎落什么毛病了。如此浑圆的体形，上面再顶个大圆脑袋，脑袋还不停地上下摆动，很有漫画效果。

李势是成汉国的第五任皇帝，也是最后一任。前文说过，成汉的国号一共有两个：前期叫成，后期叫汉。二者的分水岭就是李势的父亲李寿。李期夺位后，册封堂叔李寿为汉王，后来李寿废杀李期嗣位，就将国号改为汉了。

成汉从开国皇帝李雄死后就已经开始走下坡路了，到李势这任时已毫无生机可言。偏偏李势又是个心胸狭窄、生性多疑的人，性格与体形反差太大。李势没有子嗣，皇位继承就成了问题。李势的弟弟、汉王李广主动提出想当接班人，得到大臣马当和解思明的支持。如此便引来李势的猜忌，你们这是想谋反不成？不由分说把马当和解思明杀了，还斩草除根地夷灭三族。随后派太保李奕攻打李广，逼得李广自杀。

更要命的是，李势不但滥杀，还很好色，而且两相结合，大有职业化的趋势。比如李势看上了某人的妻子，就先把某人杀了，再将其妻抢过来。弄得朝中人心惶恐，不知道灾难何时会降临到自己的头上。加之李势每天只顾后宫享乐，亲小人远贤臣，最后弄得上下离心，连李奕都反了。等李势平定叛乱，成汉的国力也消耗得差不多了。

内乱如此，便给了外部可乘之机。久居深山的獠族人伺机向内地渗透，十万多个部落在山谷蔓延开来，与当地百姓发生冲突，引发了不少社会矛盾。至此，武帝李雄开创的太平盛世终成回忆，只剩下内忧外患的亡国征兆。在这种情况下，东晋来攻，成汉败亡就毫无悬念了。

东晋其实一直都想灭掉成汉。当时北方的后赵想和成汉结盟，以便对东晋形成半包围。为了快速解除这种可能到来的结盟，灭掉成汉便成为东晋的首要任务。因为相对而言后赵要强盛得多，东晋还没有灭掉后赵的实力。于是大将桓温挥师西指，水陆并进，很快便打到了成都。

李势见大势已去，急忙给桓温送去降书。降书写得言辞切切，也不敢自称朕，直说略阳人李势向桓大将军叩头，死罪死罪，触犯了你们大晋的天威，因而“仰惭俯愧，精魂飞散”。并自比穷池之鱼，任凭桓将军处置。仰惭俯愧，容易让人联想他“善于俯仰”的标志性动作。悠然心会，博人一笑。之后李势反绑双手、载棺出降，存世四十四年的成汉国就此灭亡。

同样的一幕，三十年前也曾在中原上演。西晋被匈奴灭国时，晋愍帝司马邺也是肉袒衔璧、载棺以随。而那时的李氏皇族正值如日中天的高光时刻，西晋末帝的狼狈相不过给他们的歌舞升平增添了点笑料。他们断然不会想到，未来的某一天，同样的情形也会发生在自己子孙身上。

3

褚蒜子垂帘

皇太后临朝听政最早出现在战国时期，因为国君早逝而继任者又年龄太小，便由其母代为执政。垂帘则是唐高宗皇后武则天的发明。高宗上朝时，她就坐在御座后面倾听，前面挂一帘子，是为垂帘听政。挂上帘子大概是免得尴尬，类似话剧里的门，大家心照不宣，也就是意思意思。习惯上，不管唐前还是唐后，人们把皇太后临朝都称作垂帘听政，明白意思就好。

皇太后垂帘不绝于史，也不是什么新鲜事。然而一生伴历五位皇帝，三次临朝称制，朝中大事均以“皇太后诏令”的形式颁发施行，这在历史上恐怕就绝无仅有了。她就是东晋康帝司马岳的皇后褚蒜子。褚蒜子一生堪称传奇，她三次册立新帝，又三次退隐归政，每次都与权臣周旋，表现出令人信服的胆识谋略。每次她还都扮演着不同的角色——母亲、婶母、堂嫂，透射出难能可贵的霁月胸怀。

褚蒜子出身名门望族。褚家世代为官，家境优渥。褚蒜子从小聪明伶俐，气质智识都不同于常人，因而早早被琅琊王司马岳相中，入府成了琅琊王妃。晋成帝司马衍死时年仅22岁，两个儿子司马丕和司马奕刚满周岁，便传位给了一母同胞的弟弟司马岳。如此，年方19岁的褚蒜子也就理所当然地成了皇后。未想这司马岳也没福气，才当了两年皇帝便呜呼了。年仅两岁的太子司马聃嗣位，褚蒜子旋又晋升为皇太后。

年纪幼小的司马聃自然无法理政，左光禄大夫蔡谟等人上奏，要求褚蒜子以太后的身份临朝摄政，以保持国家稳定。褚蒜子审时度势，便“敬从所奏”，在太极殿中设置白纱帷帐，隔开君臣，然后抱着司马聃，开始了她第一次临朝听政。虽说隔的是白纱帐而不是帘子，准确点不能叫垂帘，应该叫垂纱。但二者也只是材质上的不同，本质上没有任何区别，形式上跟武则天也高度相似，说垂帘也不是不可以。

许是系出名门，耳濡目染，褚蒜子很有政治天赋。在她的治理下，东晋逐渐出现一个全新的局面，军事实力也大大增强。期间大将桓温强势西征，一举灭掉了成汉政权。之后北伐前秦，一直打到了关中，着实让东晋扬眉吐气了一回。司马聃15岁时，褚太后归政，之后移居崇德宫。归政前她下诏群臣，让他们以国家社稷为重，勠力同心，全力辅佐幼帝。诏中最后说：“仰惟家国，故以一言托怀。”其言切切，其心悠悠，其心可鉴。

司马聃比他父亲也没好到哪去，年仅19岁便暴病身亡。此时晋成帝司马衍的儿子司马丕也已长大成人，褚蒜子便将皇位重归正统，册立司马丕为帝。谁知这司马丕对当皇帝不感兴趣，却迷信方士。整天不吃饭，只吃金石饵药，年纪轻轻便病倒在床。群臣只好再次上表，请司马丕的婶母褚蒜子再次出山，二次临朝。

褚蒜子再次垂帘不到一年，司马丕便登仙而去。褚蒜子又颁布了一道太后诏书，册立司马丕的弟弟司马奕为帝。369 年，桓温北伐前燕，在枋头被慕容垂打败，之前积攒起来的人气顿减、威望受挫，朝中势力也大不如从前。桓温便想通过废立的方式来重新树立威信，将目光锁定在司马奕身上。

政治争斗有时就是这样，既想达到目的，又想做得不留痕迹。这大概就是传说中的手腕。所以凡事之前，必先造势。司马奕没什么能力，做事却很谨慎，挑不出什么大毛病。参军郗超向他献计，说房中之事人们最感兴趣，也最容易相信，可以大做文章。于是，几乎是突然之间，司马奕有“痿疾”这事冲上了热榜、引发了热议，朝野上下尽人皆知。要说这招也够损的，说啥不好，非说这个。阳痿之人自然不能有子嗣，于是第二波舆论又沸腾开来，说司马奕的三个儿子，是他的三个男宠相龙、计好和朱灵宝，跟司马奕的两个妃子田美人和孟美人生的。瞧这乱乎劲儿，也不知谁受累生了俩。

流言的可怕之处在于，不管真假，说多了就有迷惑性，尤其是这种无法证伪的花边新闻。看看时机成熟，桓温提议废掉司马奕，改立丞相、琅琊王司马昱为帝——司马昱是晋元帝司马睿的幼子，司马奕的爷爷辈。褚太后迫于压力，又因司马奕确已威信扫地，权衡利弊之后，下诏废司马奕为东海王，同时册封琅琊王司马昱为新帝。之后褚蒜子再次移居崇德宫。

要说当时的东晋还真是多事之秋，作为桓温的傀儡，司马昱这皇帝当得没尊严，还整天担惊受怕，在位仅八个月就驾鹤西游了。死前遗诏 11 岁的儿子司马曜嗣位。11 岁的孩子自然不能亲政，于是群臣再次上表，请求退隐崇德宫的褚蒜子第三次出山。久涉政坛，历经风波，褚蒜子早已宠辱不惊，这次她回复得很坚决，说如果这样有利于国家，那我就却之不恭了。带着义不容辞的责任，年届五十的褚蒜子明张大义，以堂嫂的身份第三次听政。

褚蒜子临朝称制期间，倡导仁行天下、与民生息的政治举措，极大地缓和了社会矛盾。376 年，褚蒜子再次下诏归政，正式结束听政生涯，从此深居简出。384 年，这个对东晋朝作出卓越贡献、一生极富传奇的伟大女性，因疾而终，享年 61 岁。

4

桓温情何以堪

皇帝的女婿，公主的老公，这样的骄人地位，足以让东晋朝每一个人艳羡不已。但桓温成功绝不仅仅靠这个，他有出镇荆州的骄人政绩，也有西灭成汉、北伐中原的征战威风。这些都是拿得上台面也能让东晋吐气扬眉的响当当的大事，露的都是真功夫、真本事。可以说，桓温最后只手遮天的显赫地位，是与他的卓著功勋成正比的。

话说回来，桓温能成为晋明帝的女婿，其实也不是偶然的。毕竟不是谁都可以成为皇帝女婿的不是？没点过人之处，皇帝哪能瞧得上？彼时桓氏家族地位并不显赫，桓温的父亲桓彝只是个小小的宣城太守，对于皇帝来说实在太普通了。桓温之所以脱颖而出，颜值是一方面。桓温生得相貌堂堂，一表人才。用当时东晋名士刘惔的说就是："眼如紫石棱，须作猥毛磔。"意思是眼睛像紫水晶的棱角一样瘦寒犀利，胡须如刺猬毛一般遒劲浓密。很有特点，是个英气勃发的纯爷们儿，符合驸马的外在条件。

当然这不是主要的，皇帝的女儿不愁嫁，找个帅哥还不容易？更为重要的是，桓温自小骨骼清奇，古人都看重这个。刚满周岁时，时任刘琨大将军府从事中郎的温峤见后称其为“真英物”，断定他将来是个大人物——正因为温峤赏识，桓彝才给他取名为温。名士刘惔也十分看好桓温，说孙权和司马懿跟他比都要略逊一筹。这话在当时听来虽有些夸张，也不知是否为后世杜撰，但桓温的气质不一般是肯定的。这样的人成为驸马，也在情理之中。

桓温是个颇具争议的人物，被后世指摘有篡逆之心。理由是桓温曾行废立——废黜司马奕立了司马昱，而且司马昱上位后整天担心自己也被废。桓温既然能行废立，当然也可以像当年的司马氏一样搞禅代，可是他没有。而且如果他真有禅代之心，也应该像司马昭立曹奂一样找个十几岁的听话孩子，可司马昱当时已年过半百——他是晋元帝司马睿的小儿子，司马奕爷爷辈。而且还是和他有过政见分歧和矛盾的位高权重的丞相，这不是给自己找麻烦嘛。即便真废了他，桓温也不一定会自己当皇帝，有专权之意不等于有篡逆之心。司马昱死后遗诏11岁的儿子司马曜嗣位，军国大事全听桓温的，地位更加稳固，实在没必要再冒险。

直接在公开场合说桓温想谋反的，是权臣司马道子——孝武帝司马曜的弟弟，但也是在桓温死了好多年之后说的。一次宴会，司马道子酒酣耳热，当着众人跟桓温之子桓玄掰扯起来：你爹死前想作乱犯上，是这么回事吧？这不过是一句醉话，并没有什么实际根据。而且这个命题本身就是一种假设，当时长史谢重就指出这话不严谨，并提出中肯建议：对那些猜疑的言论，您应该有所辨别。司马道子点头颔首，用吴侬软语连说“侬知侬知”。知道你还乱说。

司马道子说桓温想作乱，他也没好到哪去。孝武帝司马曜在位时（桓温在司马曜继位的第二年就死了），司马道子整天与他歌舞为乐，然后借机窃弄威权，掌控人事，把人家司马曜给架空了。干的事跟桓温也没什么区别，他怎么不说自己有谋篡之意呢？何况桓温那样做是皇帝授权的。说桓温有篡逆之心，还有一个客观上的事实，就是后来桓玄真的反了。然而这事不能倒推，儿子反叛也不能算在当爹的头上，况且那时桓温已经死了30年了。

桓温路过王敦墓时，说了句："可人，可人！"这也被当成欲行篡逆的证据。其逻辑也很不讲理：因为王敦曾经作乱，桓温夸王敦，那一定是想效仿他。以桓温的实力，像当年王敦一样起兵折腾完全没有问题，可是他并没有。其实桓温心里并瞧不起王敦，他有自己的偶像，就是当年胡笳退兵的名将刘琨，和祖逖一起闻鸡起舞的那位，后来做到并州刺史，在北方对抗匈奴。但有人偏偏将桓温比作王敦，搞得桓温心里很不忿，这哪有硬贴偶像的啊。

有个例子很能说明问题，桓温北伐时，遇到一个跟随过刘琨的歌伎，对桓温说：先生长得忒像刘琨。桓温听后很受用，又进屋好好收拾了收拾，拢拢头发敷个面膜擦点粉啥的，回头再让那歌伎看，准备等着好一顿夸。不料那歌伎却说："面甚似，恨薄；眼甚似，恨小；须甚似，恨赤；形甚似，恨短；声甚似，恨雌。"合着哪哪都不太像，也不知是不是美颜美过头了。桓温大受刺激，为此闷闷不乐了好几天。

所有关于桓温谋篡的想法，都是别人嘴里或文字里的主观结论，这对桓温来说并不公平，疑罪从无嘛。唯一最有力的证据，是桓温自己说过的一句后世传为经典的话："既不能流芳后世，不足复遗臭万载邪！"然而，单凭一句有歧义的话，就说桓温蓄意谋反，结论有点过于草率。

这句话的重点应该是前一句的“流芳后世”，这才是桓温的本意。可以肯定，如果能流芳后世，桓温绝不会选择遗臭万载。也就是说，后者是为了强调前者的，并不是桓温想实现的终极目标。然而人们往往着眼于后者，这很容易形成一种自我暗示，即认为桓温想做遗臭万载的事。类似这种对比强烈的比较感性的说话方式其实很常见，比如“不自由，毋宁死”。强调的是“自由”，而不是真的想死。

这句话更像一种较为偏激的人生规划，是太想出人头地的锋芒毕露。只能说明桓温有很重的功利心，说明不了别的。功利心谁没有呢？当时的东晋朝臣，也没见谁去效仿陶渊明啊。

不同情境下的意思表达不一样，也会产生不同的效果。史书记载桓温这话时，并没交代清楚时间、背景和场景，都是在断定他有不臣之心后拿来做论据的。《资治通鉴》说他“尝抚枕叹曰”，《晋书》说他“既而抚枕起曰”。前因、语境模棱两可，摸摸枕头直接就说，很突兀，也不合理。而桓温二次北伐收复洛阳后，拜祭并修缮先帝皇陵的举动可是有确切的时间、地点和细节的。

即便遗臭万年是重点，是否就证明桓温要谋篡呢？也很难说。真想篡位的人嘴上是不会说出来的，那司马昭之心路人皆知了，人家也没说错话。桓温之后的刘裕也没大嚷小呵，却该做什么做什么。而历史的事实是：不管桓温地位多高，是否要求加九锡，他都没有再进一步、行篡位之举的实质行动，最多也就是个篡位嫌疑人。

5

长公主服输

女人的悍妒，大概是最让男人吃不消的。即便是对雄豪俊逸、文武全能的北伐名将桓温来说，也不例外。桓温的武功自是不必多说，西灭成汉，一举成名。而后三次北伐中原，虽然最后都以失败告终，却打出了东晋久违了的威风，同时也奠定了桓温乃至整个桓氏家族在南国的地位。就是这样一位冲杀疆场的大英雄，也是怕老婆的。不过想想也不奇怪，因为桓温的老婆不是普通人，是南康长公主，东晋明帝司马绍的女儿。皇帝的千金，桓温焉有不怕之理？况且这个南康长公主也不是什么省油的灯，这个咱们一会儿再说。

桓温努力打拼，却并不是工作狂。他有业余生活，也会时不时地给自己的生活增添点儿新色彩。这个不难理解，权力有了，地位有了，配得感也会同步跟上。

不过桓温对物质的兴趣不大，吃穿用度都不太讲究，甚至可以说是简朴。那只能配得精神了，于是得空儿给自己纳了个小妾。过去男人三妻四妾是允许的，对于一个位高权重的大将军来说，不纳妾反倒有些不正常。不过桓温纳的这个小妾也不是一般人，成汉末帝李势的妹妹，桓温灭成汉时相中的。成汉虽被灭国，但李氏的皇族身份是变不了的。由此，两个皇家女子相遇，共同谱写了一段剑拔弩张的悠悠往事。

事件发生的地点是桓温的书房。桓温很喜欢这个李妹妹，便在书房给她腾了个地方，方便随时亲近。书房需要静谧，是防打扰的地方，大概是桓温一片相对自由的空间。桓温以前爱不爱读书，在书房滞留的时间长不长，我们不得而知。不过可以肯定，他在得到李妹妹之后，泡书房的时间肯定要无限延长了。有事没事的还不去“翻翻书”啥的？从桓温此举，我们最少能得到两方面的信息：一是李妹妹长得一定很漂亮；二是桓温一定怕老婆。

李妹妹长得有多漂亮？《世说新语·贤媛》中有过描述，说她“发委藉地，肤色玉曜”，长发飘飘，皮肤洁白如玉。没给正脸，也没具体说怎么漂亮，眉毛眼儿的长啥样一概不知，但你就觉得她很漂亮，这就是文字的魅力。当然，能让桓温看上，还如此煞费苦心藏起来的，长相定然也错不了。鬼鬼祟祟的藏匿行为，也暴露了桓温怕老婆的本质。这样做自然是不想让南康长公主知道，否则敲锣打鼓地娶过来不就完了嘛。

凡事没有不透风的墙。书房再隐蔽，再私密，他也得有丫鬟给换壶开水沏壶茶递个热毛巾啥的吧？所以这事最后还是让南康长公主知道了。这还了得！好你个桓温，敢背着我养小三儿。于是南康长公主招呼了十几个贴身的丫鬟奴婢，抄家伙就奔书房去了。我们可以想象一下，十几个涂脂抹粉穿红戴绿的女人，手拿菜刀擀面杖等凶器，嘴里再吆喝吆喝地壮着胆儿烘托着气氛，场面定然既火爆又好笑。看出这位南康长公主不好惹了吧？脾气忒爆。

要说遇到这事有点儿过激反应也很正常，搁谁谁都受不了，都会吃劲儿。可南康长公主不一样啊，毕竟是有身份、有地位、受过良好教育的，不能等同于一般老百姓。像农村泼妇般去打架，就显得有失皇家体统了。

南康长公主杀过去时，李妹妹正在梳头。突然房门被踢开，张牙舞爪地进来一大帮人，换个人早就花容失色了，可李妹妹根本没害怕的意思。在搞清来人身份之后，李妹妹更加淡定，说我国破家亡，早就活着没意思了。这鬼地方你当我稀罕来呀。你们来得正好，杀了我正好了了我的心愿。摆出一副引颈就戮的架势。

李妹妹心静如水，面无惧色，其实也不是定力有多高。只是她抱有必死之心，便显得很坦然。死都不怕，还怕什么！这下倒把南康长公主给整懵了。哇，这主儿厉害，于是带着仆妇们撤了。

南康长公主为什么撤？《世说新语》中说她“惭而退”，就是对自己的行为感到惭愧，灰溜溜地走了。《世说新语》是记载魏晋时期人物言行的一本笔记体小说。虽是小说，却和后来的宋元话本、明清小说大不相同，具有很高的史料价值。不过这个解释还是有点牵强，情绪上也有些跳跃，似乎是为了突出李妹妹而有意做出对比。当时南康长公主义愤填膺，满脑子都是杀人的心思，不至于这么容易就泄气。这也就给后人留下了遐想的空间。

南朝刘宋时期的虞通之在《妒记》一书中，对此事有过进一步的描述。说当时南康长公主看到李妹妹气定神闲、语音凄婉，于是把刀一扔，说“阿子，我见汝亦怜，何况老奴”。我看见妹妹你都心疼，欢喜得紧，何况那老奴呢？说得直白点，南康长公主当时是被李妹妹的美貌给折服了。

老奴指的就是桓温。南康是长公主，桓温的官再大，他也是司马氏的家奴。不过这也可能是南康长公主对桓温的一种爱称，相当于农村老太太称呼自己的老头子为老不死的，其实并不是盼着他快点儿死。《射雕英雄传》里，梅超风管自己心仪的男人陈玄风叫老贼，也是一样的。

此事后来的结局，有些像喜剧电影的结尾。南康长公主从此善待李妹妹，二人由情敌变成了好闺蜜。这个杜撰的成分就很多了，欣赏归欣赏，再怎么着俩情敌也不可能好成那样啊！就是当下我见犹怜了，以后见桓温老奴老往她那儿跑，你南康长公主能无动于衷？这样记述，大概是作者出于善意的一厢情愿吧。

不过，南康长公主为李妹妹的美貌所折服，这倒是有可能的。“恻隐之心，人皆有之”。不管这人有多凶恶，对美好的事物，他一方面想占有，一方面又会自觉去维护。平静也会增加一个人的魅力指数，李妹妹的从容，让空气中弥漫的硝烟变得凝固，愈发地让人怜悯、爱惜。南康长公主不忍破坏这份美好，这在理论上还是有可能的。

6

张氏掌前凉

古代的劝谏与纳谏，说起来容易，实操起来却很难。人都有这样一个毛病：明知自己错了却不愿意承认，尤其是在公众场合，因为觉得很伤面子。这种情况有时与人的地位成正比，地位越高就越在乎面子。

位尊九五的皇帝就更不消说了，虎威龙颜，本就需要众生敬畏——当然有时为了某种需要，也会摆出一种姿态，做出亲民之举，但内心不一定以为然。所以，历史上那些真正能倾听意见、勇于自省的帝王，还是非常了不起的。

劝谏、纳谏一方面检验的是君主的心胸，另一方面检验的也是臣子的勇气。触碰皇帝的逆鳞，一不小心就会掉脑袋，所以那些仗义执言的人同样了不起。比如武陵人阎曾，为了劝谏前凉第三任国主张茂，甚至采取了夜间扮鬼的极端做法。

事件源起于张茂修建灵钧台，估计当时征用了不少基本农田，也征调了不少农民工，还是不发工资的那种，所以怨言就很多。有人也劝过张茂，但他听不进去。作为一个构想的设计者，期待的永远是结果，以及这个结果带来的诸多好处，而不会费心劳神地去考虑其他不好的后果。这种情况下，阎曾不得不下了一剂猛药。他的做法很雷人：半夜去敲张茂卧室的门，尖着嗓子发出鬼一样的声音，说我是先王张轨派来的，他让我给您捎个信，问您为何非要劳民伤财建这灵钧台。

要说阎曾这手法也够拙劣的，这要把张茂吓出个好歹，你不得吃不了兜着走啊。当然，张茂不一定被吓到，毕竟提到灵钧台这事过于明显，但害怕总是有的。夜深人静之时，突然有人吊这么一嗓子，搁谁都得一激灵。有这一嗓子垫底，估计张茂后半夜也别想睡了。

此事非同小可。主公睡觉，谁敢打扰啊，况且你还装神弄鬼，绝对要严肃处理。姑臧令辛岩站在大局全局的高度，坚决要求狠刹歪风，以妖言惑君之罪，判处阎曾极刑。这时，张茂回过神儿来了，说阎曾假借先王的命令，怎么能是妖言呢？细想想我确实做得有些过分。太府主簿马鲂趁机上谏，说现在国家根基还不稳，不应该大兴土木。张茂于是终止了圈地建台计划。

张茂在受到惊吓甚至是被愚弄的情况下，还能如此深明大义，这份心胸和气量不是随便哪一个人都能做到的。张茂能有如此胸怀，和他所受教育、家世传承都有关系。最重要的，是和整个张氏家族的政治抱负有关。

从张茂的父亲张轨开始，张氏家族便为最终坐镇凉州做着各种准备。在他们心中，这才是压倒一切的头等大事。凉州在晋末丧乱之时，并未受到太大冲击。当时长安有童谣说：“秦川中，血没腕，惟有凉州倚柱观。”那是一片相对宁静的世外桃源，是未被战火洗礼的处女地。而这片难得的治土，离不开前凉张氏一族的不懈努力。

前凉前几任君王的执政水平都很不错。张氏称霸凉州是从张轨开始的。张轨最初是西晋的护羌校尉、凉州刺史。西晋末年天下大乱，树倒猢狲散，有点儿实力的武装都纷纷割据自立，不再拿晋室当回事。可人家张轨不这样，每年都派使者进贡，一年不落，依然把晋室当主子孝敬。人在失意的时候最容易被感动，国家也不例外。张轨如此不离不弃，朝廷自是感激，于是乐得做个顺水人情，多次下诏慰劳张轨，张轨的威信也随之水涨船高。

这种日积月累的效果在张轨临终前集中体现出来。地方官本是流动的，如果有人在任上病了，其位置就会有好多人盯着。张轨晚年中风，不能说话，凉州刺史一职便出现了多人争抢。其中盯得最紧的是秦州刺史贾龛。贾龛在朝中有人，下面还有一帮兄弟为其摇旗呐喊，酒泉太守张镇就是其中之一。张镇悄悄派人上书朝廷，举荐贾龛，开始实际运作。张轨的别驾麹晁也派人到长安拜访南阳王司马模，让他保举贾龛。如此，贾龛便成了凉州刺史的热门人选，整天上蹿下跳。最后还是贾龛的哥哥说了句明白话，给他浇了盆冷水：张家在凉州精耕多年，根基深厚，你何德何能？还是别蹚这浑水了。

后来司马模又保举侍中爰瑜为凉州刺史，张轨的助理、治中杨澹听说后，快马飞奔长安，"割耳盘上"，力保张氏。把自己的耳朵割下来盛在盘子里，有点儿死士侠客的味道，也有点儿像青皮无赖。搞得血呼啦的，司马模只好作罢。凉州这次人事风波，最终也没能撼动张氏集团。张轨死后，其子张寔继任凉州刺史一职。

张寔也是位明察秋毫、礼贤下士的明君。最可贵的是，他也很善于纳谏。高昌人隗瑾曾高调上书，反对张蹇一言堂。让他凡事不要想当然地自己做决定，应该广泛听取大家的意见。对于一个君王来说，这话其实很刺耳也很伤面子。而张蹇却能欣然接受，还重赏了隗瑾。

7

厨子弑帝

或许前凉国主张祚到死也没整明白，自己怎么就沦落到如此不堪的地步。连给自己做饭的厨子徐黑，都敢把自己当成砧板上的肉，用那把平时切肉剁骨、鼓捣各种宫廷美食的玄铁菜刀，毫不留情地向自己狂砍。有些事就是这样意外，假如没有那次兵变，谁也不会留意一个做菜的厨子，更不会想到一个厨子能做出如此“大逆不道”的事情。

君主的非正常死亡，本也不算什么新鲜事，在多国林立、帝王更替的十六国时期，更显得稀松平常。在一次次突如其来的夺宫杀戮、政权更迭中，好多君主都还没来得及感受那种王者之尊的荣耀，便稀里糊涂地见了阎王。而张祚被自己的厨子砍死，则显得尤为可笑和窝囊。

凉州，因“地处西方，常寒凉也”而得名。相对中原，它是一个偏远清冷的地方，也是一个相对安宁的边缘地带。然而自从少数民族蜂拥而入之后，这个地处西陲的偏僻之所，也因各方势力的争夺而不断升温。自凉州刺史张轨独霸河西、割据凉州以来，这里先后建立了前凉、后凉、南凉、北凉和西凉五个大小不等的政权。十六国独占其五，在数量上差不多三分之一。

前凉和慕容氏最初建立的前燕一样，名义上奉晋室正朔，实际上却自有一套官阶制度，俨然一个独立王国。前凉的继任者中，成王张茂一度归顺前赵，文王张骏也曾对蜀地的成汉称臣。但这些都不过是寻求自保的权宜之策。到了张祚这辈时，便僭称帝号，置百官、立宗庙、舞八佾，风风光光地做起了皇帝。

张祚是前凉第四任君主张骏的庶长子，与前凉第五任君主、桓王张重华是同父异母的兄弟。张重华死后，传位给年仅10岁的太子张曜灵，张祚便在张重华老妈马氏的帮助下，废张曜灵上位。说起来张重华的老妈不帮孙子却帮张祚，也是有原因的。张重华在位时，张祚便与马氏有一腿。张重华死后，与张祚结拜的张重华宠臣赵长等人趁机撺掇马氏，说现在国家不太平，应该立年长者为君。马氏也就顺水推舟，成全了老情人。

本来张祚就不是省油的灯，大权在握之后就更加不节制。这次他不但把张重华的老婆给收了，就连自己异母的妹妹、侄女们也没放过。好家伙，就没他不敢下手的。朝中上下无不瞠目，“咸赋《墙茨》之诗”。《墙茨》诗就是《墙有茨》，《诗经·鄘风》里的一篇，说的是卫宣公的夫人宣姜，和卫宣公的儿子公子顽私通（当然二人并非母子关系）。国人厌恶，于是作诗讽刺她：“墙有茨，不可扫也。中冓之言，不可道也。所可道也，言之丑也。”“墙有茨”就是墙上有蒺藜，不能扫，一扫就伤墙。“中冓之言”就是宫里的传言，不能说，说出来实在难听。总之“咸赋《墙茨》之诗”是隐喻张祚干的这些事有悖人伦道德。

不说不等于心里没数，这一点在张祚穷途末路、最后疯狂时得到了验证。张祚得位不光彩，便常生猜忌之心。他的族人、河州刺史张瓘镇守枹罕（今甘肃省临夏市境内），兵强马壮，张祚很忌惮，便派出一万三千步骑去袭击他。结果反被张瓘打败，并一直追击到姑臧（前凉都城，今甘肃省武威市）。

张瓘的弟弟张琚以及儿子张嵩得到消息后，匆忙中组织了几百个百姓杀入王城，攻进大殿。张祚惊慌失措，叫嚷着让护卫们全力奋战。结果咋呼半天，左右没人上前，谁也不肯替他卖命。此时张祚上位刚两年，支持率已然为零，真难想象此公是如何让大家不爽的。

张祚被厨子徐黑砍死，此事《晋书》中未予详细记载，《资治通鉴》上说其"为兵人所杀"，未提及人名。只有《魏书》注明了具体操刀者，也只简单的一句话："祚奔入，为厨士徐黑所杀。"当时不是没人替张祚卖命了吗？张祚慌不择路地往大殿里面跑，估计跑的是厨房方向，结果巧遇厨子徐黑，被徐黑一菜刀拿下。

徐黑为什么要杀张祚，我们无从得知。他不过是前凉王宫里一个普通得不能再普通的大师傅，一个幸运地在王宫内找到一份高薪工作的普通蓝领。他整天跟锅碗瓢盆打交道，按说跟张祚没什么交集。结果就这么菜刀一挥，死了一个皇帝，火了一个厨子。给前凉这段血腥的历史增加了几分蹊跷，也平添了些许偶然和幽默的元素。

·第四部· 转折篇

——淝水之战前后，后燕、后秦与后凉

上篇

壮志未酬

——前秦崛起与淝水之战

1

苻洪左右逢源

投降，在词典中并不是一个可爱的词汇。它往往喻示着软弱与失败。然而对于政客而言，投降则往往是以守为攻、以退为进的手段，也不失为一种策略。政治与战争一样只论输赢，成者王败者寇，讲的是终极结果。十六国时期的前秦王苻洪的经历便印证了这一点。

苻洪有生之年只做了个“三秦王”，称“天王”继而称帝并定国号为“秦”的，是他的儿子苻健。苻洪靠着三次投降，在乱世中左右逢源，从一个占山为王的草寇，一跃而成为风云际会的强者，完成了苻氏家族的原始积累。前秦帝国最终扫六合而定中原，谱写了氐族历史上最为辉煌的一页。

苻洪是略阳临渭（今甘肃省秦安县）人，氐族。其祖先世代为部落酋长，也算出身权贵。没发迹之前，他的名字并不叫苻洪，而是叫蒲洪。名字来历很有意思，邻居见他家中池塘生有大量蒲草，便称他们为蒲家，于是便成了姓氏。苻洪降生时赶上连雨天，当时有民谣流传：“雨若不止，洪水必起。”于是名字也有了。蒲洪改姓苻，是他靠着三次投降羽翼渐丰、有了称霸野心之后，应谶文“草付应王”之意而改的。其实这不过是一种噱头，和刘邦“斩白蛇”、大泽乡“陈胜王”一样，为自己称王称帝做些舆论上的准备罢了。

生逢乱世，让苻洪练就了灵活的处世之道。苻洪的灵活，在他一生三次投降的经历中表现得淋漓尽致。三次投降，背景不同，效果如一。从第一次不情愿到第二次尝甜头，再到第三次驾轻就熟的演进，也清晰地勾勒出苻洪草根逆袭的主线。三次投降，每次都让他在关键时刻转危为安、化险为夷。每次的结果都是平步青云、再创新高。从中我们也不难看出苻洪的灵活与机敏、隐忍与大度，以及他对理想的坚持、对未来大业的执着。

苻洪精骑善射，尤擅权谋。氐族部众对他都很信服，其威望也越来越高。机会总是眷顾有准备的强者。西晋末年丧乱，群豪并起。头脑敏锐而又不甘平庸的苻洪（其实这时候他还叫蒲洪，为了叙述方便统一写作苻洪）散尽家财，招贤纳士，拉起了一支队伍。他在族人蒲光、蒲突的追捧下成为部队首领，让从未显山露水的略阳氐人初登逐鹿中原的历史舞台。

然而苻洪的队伍终究只是草莽，并无多大实力，在弱肉强食的大环境中蹒跚起步是很艰难的。310 年，前赵第二任皇帝刘聪派使者向苻洪下诏，封苻洪为平远将军。苻洪没有接受，反而自称护氐校尉、秦州刺史、略阳公。319 年，刘曜在长安称帝，此时北方成气候的国家已仅剩前赵，于是在皇帝刘曜横扫陇右时，苻洪率部归降。这是他第一次投降，也是极不情愿的一次。他最初拒绝了刘曜的封官并准备顽抗，但拥戴他的蒲光、蒲突认为这是以卵击石，在劝说无果的情况下逼他归顺。随后，履职前赵国宁西将军、率义侯的苻洪，率部内迁至京兆尹。在完成从草头王到正规军的华丽转身的同时，苻洪也悟出了乱世生存之道。接下来的两次投降，苻洪便像吃到了甜头一般，做到得心应手了。

后赵灭前赵时，苻洪一度西保陇山。但见石虎来势汹汹，苻洪不等人劝便主动归降。这次投降，苻洪受到了极高礼遇。石虎不但亲自出迎，还封他为冠军将军，让他全权处理西陲事务。苻洪能在后赵立足，并深得石虎器重，这都得益于他敏锐的政治头脑。他曾向石虎建议，迁徙关中一带的豪杰和羌人、氐人充实邺都。这样一来有两个好处：一则可以网罗人才，稳固京师，壮大后赵实力；二则可以削弱关中及边疆的羌胡力量，解决令石虎头疼的西部边防问题。简单的一句话，却能看出苻洪目光如炬，对时局把握非常精准。石虎由此晋升他为龙骧将军、流人都督，让他移镇邺都的南大门枋头，具体督办此事。后来苻洪因为战功，又晋升为西平郡公，他的部下被赐封关内侯爵位的有两千来人。苻洪成了关内领侯将，就此进入了后赵权力中枢。

苻洪一时风光无两，自然也会引来猜忌。先是游击将军冉闵建议石虎除掉苻洪，结果石虎没听。等石虎死后石遵即位，冉闵又鼓动石遵。石遵惹不起冉闵，便免了苻洪的都督职务。苻洪见势不妙，在后赵也没什么混头了，便退据枋头并遣使投降了东晋。这是苻洪第三次投降。求之不得的东晋朝廷闻讯，立刻委任苻洪征北大将军、都督河北诸军事、冀州刺史等职务，并册封为广川郡公，让他专事北伐事宜。

东晋显然有利用苻洪之嫌，想让他以胡制胡，自己作壁上观，求渔翁利。而苻洪降晋也不过是权宜之策，依靠大树好乘凉。事实上，苻洪在枋头站住脚后，便开始培植发展自己的势力。靠着昔日的威望，一些流民相继前来投靠，队伍很快达到十几万人，苻洪也渐成割据一方的实力派。

这次投降不同以往，拥兵10万的苻洪早已瞧不上日薄西山的后赵，以及偏安江南的东晋了，他有了夺取关中、独立发展的更为深远的谋划。所以当后赵再次易主，石鉴取代石遵后，又以都督关中诸军事、征西大将军、雍州牧、领秦州刺史等一揽子头衔向他抛来橄榄枝时，他的态度来了个180度大转弯，一脸不屑地回应："吾不堪为天子邪！"那意思是，光兴你们当皇帝，我就不能过过瘾吗！羽翼既丰的苻洪，再也不想看别人的脸色了。

苻洪也瞧不上东晋，投降不过是相互借力。他不久后就自称大将军、大单于和三秦王，完成了苻氏称霸的前期准备。可惜人算不如天算，靠三次投降而无往不利的苻洪，最终死于同样靠投降晋升的后赵将军麻秋之手，不能不说是命运给他开了一个天大的玩笑。

麻秋本是后赵的将领，冉闵火并后赵时，麻秋被苻洪俘获，任命为军师。这个麻秋还是很有军事头脑的，苻洪夺取关中的战略构想便出自麻秋之手。但是麻秋这人的野心也很大，一直想取代苻洪，自己说了算，于是设宴毒杀了苻洪。

苻洪临死前，对儿子苻健交代遗言：速速夺取关中！随后苻健继承苻洪遗志，打败了竞争对手羌军，剿灭了割据势力杜洪，最终独占关中，建立起一个全新的、如日方升的前秦帝国。后来苻坚又灭掉前凉和代国，攻取东晋的梁、益二州，在与慕容前燕的对峙中强势胜出，完成了十六国时期北方唯一的一次统一。

2

苻健貌是情非

前秦明帝苻健，不像后来的宣昭帝苻坚那么著名，也不像厉王苻生那般残忍。他不遑多让的，或许就是继承了父亲苻洪的机智，以及聪明过头后的虚伪。

论处世之道，苻健和他父亲苻洪非常相像：他们都很乐善好施，也很善于笼络人心。论行事谨慎，二人则如出一辙：他们都有着十分清醒的头脑，有着迅速认知周边的敏感。论帝王之术，二人更可谓一脉相承：苻洪靠着三次投降初试锋芒，成为前秦帝国的奠基人；苻健也倚仗委曲求全、以退为进之法，顺利夺取了关中，让前秦帝国从此叱咤中原。

也正因如此，在后赵军中效力时，苻健特别受到皇帝石虎的欣赏。石虎对苻氏一族的态度是矛盾的，一方面十分倚重，一方面却又不完全放心。毕竟对于石虎来说，苻氏属于外族，权势太大了就会不好驾驭。后来为了防止苻氏尾大不掉，石虎借各种因由除掉了苻健的几个兄弟，但唯独不忍对苻健下手，可见苻健确实深得其心。

苻洪临死前，苻氏一族方兴未艾，他的既定目标就是三秦大地，就是要夺取关中——他当时自称三秦王，心迹早已昭然若揭。可惜苻洪壮志未酬、功亏一篑，鸿鹄之志还没来得及实现，便被军师麻秋毒杀。这副千钧重担自然便落在了苻健的肩上。实现目标要远比规划复杂，因为存在着变量。苻氏实力有了，客观条件也具备了，但形势依然不容乐观。作为一支军事力量，依附其他政权不会太引人注目，但乱世称王就十分敏感，会成为各方势力攻击和防备的对象。苻健觉察到了这个弊端，又恢复了苻洪三次投降时的隐忍策略，先是去掉秦王称号并接受东晋封爵，而后又假意接受后赵新兴王石祗的封官，对东晋和后赵同时示弱。

这样做至少有两个好处：一则宣示苻氏不再是一个独立政权，苻健也不再是大王，而只是一个小小的地方官，中原各势力包括南方的东晋都会放松警惕；二则同时有了两个靠山，而且还可以互相利用，因为二者都怕失去苻氏的支持。这就让苻健处于十分安全的地带，从而可以伺机发展势力。苻健开始在枋头修建官邸，督促种麦，摆出一副与世无争的态势。

这个以屈为伸的策略很有效，甚至迷惑了当时占据关中的雍州刺史杜洪。然而就在杜洪麻痹大意之时，苻健却突然挥师西进，直取关中，打了杜洪一个措手不及。

所谓物极必反，一个人聪明过了头，其表现有时反而很弱智。就在苻健功德圆满之时，却做了一件让人忍俊不禁的事。军师将军贾玄硕适时上表，要求苻健再称大单于、秦王。苻健内心欢喜得紧，表情却很愤怒，说我知道自己的斤两，用不着你们操心。然后拂袖而去。

老贾一看，得嘞，敢情我是咸吃萝卜淡操心。其实苻健当时不过是想做一番姿态，并不是真拒绝。古代劝进，总要礼貌性地推辞一下，然后群臣再请，再推辞，三次之后才能勉为其难地答应，共同完成一个伟大的面子工程。一推你就答应，显得忒猴急，既不稳重也不谦虚。缺乏王者之风，大家反而会小看你。苻健的可笑之处在于：他戏演得有点过，结果让老贾信以为真。

要说这老贾也够实诚的，碰了一鼻子灰后就再也不提这事了。这下轮到苻健着急了，没人说这事了，总不能自己提出来吧。万般无奈之下，他只好悄悄派亲信去暗示贾玄硕，让他再提称王事宜。老贾一听，哇，原来如此，老臣糊涂啊，于是煞有介事、诚惶诚恐地冒着再次“被训斥”的危险重新上表。这次苻健可不敢拒绝了，这老贾忒不识闹着玩，回头真不开口了那不麻烦嘛。于是苻健兴高采烈地即位天王、大单于，又是置百官又是修宗庙的，整得很热闹。就这还不过瘾，第二年苻健干脆称帝，当皇上了。你说这老贾差点耽误多大的事啊。

苻健心思智虑高人一筹，却单单在这件事上表现得虚伪可笑。人都有不为人知的一面，即便叱咤风云的帝王也不例外。他们往往因为耀眼光环的加持而被世人神化，却恰恰忽略了他们作为人的基本秉性。其实，他们一样有普通人的喜怒哀乐，一样会患得患失，自然也一样会有类似苻健的虚伪。

3

苻生暴虐无道

说起前秦厉王苻生，就不能不说他的残忍。这个把杀人当成行为艺术来修炼的昏庸帝王，仅用丧心病狂、令人发指几个词形容还远远不够。他如野兽般演绎的那一幕幕近乎疯狂变态的血腥影像，无时无刻不在挑战着人们承受的极限，也最大限度地冲击着人们脆弱的神经。

不用亲见，仅仅是史籍留下的简约记载，读来都会心惊肉跳。“生剥牛羊马，活焰鸡豚鹅”是这位昏君最喜欢玩的把戏。看着那些被剥了皮的牲畜、被点着火的家禽声嘶力竭地垂死哀鸣，在空旷的大殿之上挣扎狂奔，直至耗尽最后一丝气力、抽搐而死，苻生端坐一旁拍手称快，意犹未尽。也许只有这种感官上的强烈刺激，才能给他带来心理上的极大满足。更为惊悚骇人的是，他还“剥人面皮，使之歌舞”。我们可以想象，一群被活生生剥了面皮的人，在大殿之中跳舞唱歌，该是怎样一幕让人心惊胆寒的恐怖场景啊。

十六国时期前秦风光一时，让氐族以强势之姿见诸史端。然而期间却出现了苻生这样一个空前狠绝的角色，差点没让帝国惨遭夭折。苻生是前秦的第二任帝王，开国皇帝苻健之子，奠基者苻洪之孙，后来一统北方的前秦大帝苻坚的上一任。厉王是苻生被废杀之后的谥号，谥法解中说："杀戮无辜曰厉。"当是对苻生残忍暴虐一生的最好概括。

死后谥号为"厉王"的还有一位，就是国人暴动中被轰出镐京的周厉王。周厉王滥杀止谤，不让人们议论是非，不一定就对杀人真的感兴趣。而厉王苻生则是在杀人中寻求快活，并已痴迷到自备工具亲自动手的地步。

我们先来看看苻生上朝时的场景。他见文武大臣，身边必备弓箭、尖刀以及锤、钳、锯、凿等工具。不是搞装修，而是看谁不顺眼，顺手抄家伙就招呼，杀人跟玩儿似的。这哪是上朝啊，分明就是进了狩猎场或者屠宰场，小命随时可能玩儿完。而且苻生的手段残忍至极，方式不一而足，令臣子们仿佛进了外科手术室：有截肢的，有取肋骨的，有锯脖子的，还有被剖腹的。关键是这些"手术"不打麻药，直接硬干，分分钟将人打残致死。苻生即位没多久，就杀了公卿大臣以及宫女奴仆五百多人。

苻生喜怒无常、思维怪异，谁也无法揣测。比如他问：自朕统治天下以来，你们在外面都听到些什么？你夸他，说陛下圣明，他说你谄媚，杀。你说觉得刑罚稍重了些，他说你诽谤，也杀。你不知道怎么着就送了命。一次苻生大宴群臣，让尚书令辛牢做酒监，招呼大家喝酒。按说这是好事啊，结果苻生看众人推杯换盏一通喝，居然还有没醉的，二话不说，弯弓搭箭就把辛牢射死了。那意思就是，你怎么劝的酒啊，怎么还有站着的呀。这下众人不等劝，铆着劲儿自己灌自己，喝趴了把帽子甩出去老远。最后横七竖八一塌糊涂，苻生这才高兴。

某天苻生吃多了枣，第二天胃不舒服。太医令程延号诊，说陛下没毛病，就是枣儿吃多了。苻生说你又不是圣人，怎么知道我吃枣了，随手抄起家伙，把他杀了。苻生晚上梦到大鱼吃蒲草（苻姓原本姓蒲，后来蒲洪以谶文“草付应王”改姓苻），便把太师鱼遵全家都杀了，敢情这姓鱼也有罪了。左光禄大夫强平壮着胆子劝苻生要缓刑崇德，苻生用凿子把他脑袋凿开，杀了他。然后专门下诏解释，说我现在杀人还不满一千就嚷嚷着要缓刑，没看见大街上人还摩肩接踵呢吗？现在正是应该用重刑的时候，谁又能把朕怎样！——还有谁！

由于苻生嗜杀成瘾，朝中上下惶恐不安，每天都不是度日如年，而是如度十年。你就想想当时有多恐怖吧。金紫光禄大夫牛夷实在受不了恐惧压抑的紧张气氛，上奏请求调到地方上工作，好躲苻生远点。苻生说你是不是嫌官小啊，要不你坐鱼遵的位置吧。牛夷吓坏了，回家后竟自杀了。

说到朝政大事，那就更荒诞了。喝酒是苻生的第二大爱好，不分昼夜地喝，经常一个月不上朝。上朝也是醉醺醺地杀人，还不如不上呢。长安城外有虎狼吃人，为患百姓，群臣上奏请求政府设祭禳灾，以稳民心。苻生说：野兽饿了当然要吃人，吃饱了就没事了。这是老天看见犯罪的人多，在帮朕杀人呢。敢情没吃他。论荒淫无耻，也是无人能出其右。他经常让宫女和男子在殿前裸交，通过窥淫寻求刺激。更有一次，他路遇兄妹二人，强迫他们交合，二人不从，便怒而杀之。

天欲其亡，必令其狂。苻生如此暴虐昏庸，自是天下离心，离灭亡也就不远了。一次醉酒后，苻生扬言要杀掉他的堂弟苻坚，终于逼得苻坚发动云龙门（长安宫城正南门）之变，废杀了这个史上少有的暴君。苻坚就此上位，也挽救了业已偏离正轨的前秦帝国。

苻生极其不讲理而又极度缺乏安全感的暴虐倾向，可能和他的生理缺陷有关。他自小瞎了一只眼，生理上的自卑极易导致心灵上的扭曲，也会影响性格的形成和发展。也许正因如此，才有了他顽皮赖骨的荒唐行径。而苻氏家训既没正确引导，也没正确示范。

小时候爷爷苻洪嫌苻生顽皮，有次故意当着苻生的面问侍者：我听说瞎儿只有一只眼流泪，是这样吗？侍者也挺配合，说是。要说这个擅长见风使舵的爷爷脑子也是进水了，为老不尊，拿孙子的痛处开玩笑，还一个捧一个逗，玩呢？人都有自尊，小孩也不例外，生理有缺陷的小孩会更加敏感，苻生急眼也在情理之中。不过苻生的急眼有些震撼，他拿起刀子就往脸上划，血滴噼里啪啦往下掉，说这只眼也流泪。

长大后的苻生体格健壮，雄勇好杀，早早便有了亡命徒的影子。东晋桓温北伐，他单枪匹马杀入敌军阵地，连斩数十人。或许只有在这种凶残的杀戮之中，他才有满足感和存在感。

瞎眼给苻生带来的唯一好处，可能就是帮他上了位。苻生是苻健的第三子，本不是前秦接班人选。结果太子苻苌于头年病死，又因为谶文中有“三羊五眼”字样，苻健便传位给了苻生。三只羊五只眼，从苻洪、苻健到苻生，正好缺个独眼。然而苻健临终遗言，不是教苻生该信任谁，依靠谁去治国兴邦，而是告诉他，将帅大臣们谁敢不听你的命令，就做掉他们。你说这能有好吗！司马光先生写到这儿都感慨了，说顾命大臣是庇护皇帝的羽翼，自剪羽翼，无异于自取灭亡。

4

关中良相王猛

“关中良相惟王猛，天下苍生望谢安”。这两句话中，提到了并世而立的两位风云人物：王猛和谢安。把两人同放一起，也道出了一段戏剧性的历史往昔。淝水之战，谢安创造了以少胜多、以弱胜强的战争神话，成就了济世苍生的美名，也换来了东晋几十年的政权延续。与之相反，淝水之战也成为埋葬前秦帝国的坟墓，成为王猛九泉之下的遗恨。

前秦扫六合而定中原，凝聚着王猛毕生的智慧和心血。然而，就在王猛死后八年，他与苻坚辛苦构建的帝国大厦便轰然倒塌，破败到无法收拾的境地。也许，早在苻坚将王猛“勿以晋为图”的政治遗言抛到脑后之日起，前秦便已种下了亡国的祸根。

王猛个性张扬，天生卓尔不群，自带一股英气、一股锐气。他不关心琐碎，做事不温不火，独往独来。甚至他对别人的看法也不在乎，在拜见东晋大将桓温时，王猛旁若无人，边说话边捉虱子，够强吧。但凡个性极强之人，必有其独特之处。王猛的独特，体现在他的理想和抱负、才华与睿智上。王猛小时候家里穷，靠卖簸箕为生，却能在艰苦的环境中勤奋好学，博览群书。

王猛曾两次拒绝出仕，从中我们不难看出他志存高远的理想抱负：一次是被后赵的司隶校尉徐统看中，要招募他为功曹，王猛隐匿华阴山，没去应聘；另一次是桓温北伐时力邀王猛南下，王猛权衡再三，最后还是婉言谢绝。坚辞徐统、婉拒桓温，不仅是王猛深藏不露的内敛、蓄势待发的淡定，更是他心怀壮志、等待明主的耐心与坚持。

苻坚的出现，让王猛终于找到了一展才华的舞台。二人一见如故，便若平生相交已久。谈论时事，往往契合。正因如此，苻坚将二人的相见比作刘备遇到了诸葛亮。这绝非客套，而是惺惺相惜的内心独白。苻坚的赏识让王猛有了用武之地，也就有了后来叱咤风云的传奇故事。

前秦的强盛始于苻坚，苻坚的韬略则得益于王猛。对于前秦乃至整个北方的政局而言，王猛都是一个不可或缺的人物。前秦在与慕容前燕对峙中强势胜出，之后横扫中原，完成十六国时期北方唯一的一次统一，王猛居功至伟。王猛还是位定国安邦的治世能臣，让前秦进入了高速发展的快车道。

苻坚于淝水惨败，给世人留下刚愎自用、莽撞武断的印象。其实不然，单就知人善任、以德治政这两方面讲，苻坚堪称一代明君。他与王猛最初的治政理念并不相同，是经过时间的磨合才有了后来的默契。苻坚提倡德化为先，讲究以礼服人；王猛倡导隆刑峻法，主张乱世当用重典。

王猛做始平令时，上任没几天便鞭杀一吏。结果又被百姓上告，又被有司弹劾，最后下了大狱。苻坚亲自审问，说你应该施行德政，上任没几天就杀人，也太严厉了。王猛说，我的任务就是替你铲除身边奸邪之徒。我这才杀了一个，还多着呢。正是这次对话，让苻坚和王猛之间做了一次彻底的心灵交流。苻坚盛赞王猛是管仲、公孙侨式的人物，从此对他放权放心，政务上一揽子的事全交给王猛打理。

王猛自此平步青云，一年内数次易职、连升五级——从尚书左丞、咸阳内史、京兆尹，到吏部尚书、太子詹事，到尚书左仆射、辅国将军、司隶校尉，再到加骑都尉，最后履职居中宿卫。他的崛起创造了政坛升迁的神话，给他本就极富传奇的一生又添写了浓重一笔。

王猛依法治国的思路是对的。那时的前秦刚刚立国不久，实力尚不强大，加上苻坚的上任苻生残酷暴虐，国势一路下滑，濒临破败边缘。周边强敌环伺，局势也不容乐观：东有慕容氏的前燕，西有前凉、仇池、吐谷浑，南有东晋，北有拓跋氏初建的代国以及匈奴铁弗部。特别是当时风头正健的慕容氏，一直虎视眈眈，大兵随时压境。当此情形，也只有隆刑峻法才能迅速提高国力，扭转被动局面。苻坚以德为先、视夷狄为赤子的做法也不错，彰显着帝王胸襟四海、高瞻远瞩的大气魄，但它的前提是需要一个稳定的大环境，否则就会暗潮汹涌。

事实上，苻坚的德治让前秦的统一变得松散和不牢靠，这种隐患在淝水之战中集中凸显出来。靠道义维系并搭建起来的王国架构，没能禁得起大风大浪的极限考验，让他在淝水留下了千古遗恨。也许王猛早已看出这种潜在的危机，所以对苻坚临终遗言：一是让他不要图谋东晋；二是提防归顺的鲜卑、西羌，应该逐步肃清，以免酿成大祸。

王猛劝告苻坚不要图谋东晋，可能也有他自己的想法。一方面，王猛作为一个汉族人，可以摒弃民族界限去辅佐一个少数民族帝王，也可以帮助他打败其他割据势力，但在感情上可能最不愿意看到火拼东晋的局面；另一方面，前秦尚未完全统一北方，加上东晋有长江天险，前秦实力还不足以灭晋。

这两条遗言苻坚后来全部抛到了脑后。八年后，他率领百万之众，以投鞭断流的大气魄，威风凛凛地挥师南下，最后在淝水之战中惨败。前秦帝国的命运由此逆转，终于走向分崩离析的境地。

5

淝水之战探微

八万将士击溃百万之众，以少胜多、以一当十的威风总是让人追想神往。淝水之战也因此闻名于世。可怜一世英明的秦王苻坚，就只剩下风声鹤唳、草木皆兵的慌张与胆怯了。这有些像文学作品中的帮衬，或是影视剧里的配角，好就好得彻底，坏就坏得没边，过于脸谱化和概念化。正如人的复杂内心，战场上的短兵相接，也并不就是漫画中的定格画面，总是一副表情、一个动作。传奇和真实总是存在差距的。

淝水之战的著名，并不仅仅在于东晋以少胜多、以弱胜强。更重要的是，它对当时的政治格局产生了很大影响：一方面，它让东晋度过了一次亡国危机，得以再存续半个世纪；另一方面，它也让刚刚趋于统一的北方再次陷入列强纷争的境地，让强极一时的前秦帝国走向了败亡，成为北方政治重新洗牌的催化剂。甚至可以说，淝水之战让中国南北朝对峙的局面姗姗来迟，意义着实不小。然而就战争本身而言，却并没有人们想象得那么夸张。

此战双方的力量对比，并非就是 8 万对 100 万那么简单。这是评书喜欢的数字，说起来顺口、有劲儿、感染力强。实际上，这场战争并没有全面铺开，真正一线作战——或者说短兵相接的人数并不多。

前秦当时动员的军力实际上还超过了100万，其中包括征南将军苻融率领的25万前锋军——此数据记载于《晋书·苻坚载记》,《晋书·朱序传》中为30万——以及苻坚殿后的60万步兵和27万骑兵。这110多万大军的构成十分复杂，包括了苻坚统一北方降服的各方势力，比如前燕的慕容暐和慕容垂、前凉后主张天锡，以及东晋的降兵降将——比如在襄阳俘虏的朱序和此前攻取寿春俘虏的徐元喜，此外还有临时招募拼凑的“良家子”组成的队伍。

需要说明的是，如此庞杂的队伍，战斗力和军事调度都存在硬伤。就拿行军来说，不是人齐了列队统一开拔，而是从各地分头集结。有行动迅速的，也有刚吹起床号的。比如苻坚殿后的60万大军就止步于项城（今河南省沈丘县），只有8000人跟他上了前线。而此时凉州征调的部队才刚出发，还没走出关中呢。

真正与东晋军直接接触的，也就是苻融和慕容垂的先遣军。而先遣军当时又分成三个部分：卫军将军梁成率领5万兵（《晋书·刘牢之传》中为2万）在淝水支流洛涧沿河布防，被刘牢之的5000兵牵制。慕容垂的3万兵占领着郧城（今湖北省安陆市），淝水战后各路人马全线溃败，只有慕容垂一支军队保全，说明他的部队没上一线，剩下的由苻融率领围攻寿阳。这部分也是淝水之战的主力，多说也就20万，和东晋对比远没有10倍的悬殊。

东晋方面虽然只有8万人，主力却是北府兵，都是能征惯战的骁勇之士。不过东晋的8万兵也没全用上，直接上手的就8000

人，则与前秦兵力对比又差了不止10倍。其实淝水之战前秦属于不战而溃，东晋是冲击式追杀，军队数量的作用并不明显。加上东晋将士抱有死战之心，就像两个人打架，一方急了眼，另一方尽管身高力壮，也决然占不到太大便宜。并且东晋方面是主场作战，占尽了地利优势。

双方隔淝水列阵后，谢玄派人跟苻坚商量，让秦军后撤以便留出空地交战。苻坚爽快答应了。当时双方谁都没安好心，苻坚想效仿当年韩信"半渡而击"之法，趁晋军过河时突袭；谢玄想行"浑水摸鱼"之策，趁秦军后退时掩杀。结果谢玄的目的达到了。

淝水之战还有一个关键的细节，就是双方列阵之后，前秦队伍中有人喊了一嗓子，说秦军败了，造成大军骚乱，就此不可收拾。这里面其实有个逻辑问题，即不是有人大喊"秦军败了"前秦军才溃散的，而是队伍出现混乱才有人趁乱喊了一嗓子，从而让混乱更为彻底。其实早在交战前，这支军队的信心已经开始动摇，连之前信心满满的苻坚看到八公山上的草木都眼晕了，从而留下"草木皆兵"的成语。也就是说，那一嗓子纯属机缘巧合。

喊一嗓子的是东晋投降将领朱序，淝水开打前苻坚派他去劝降。结果他把前秦老底儿一股脑儿透露给了谢石、谢玄，并提议趁前秦大军未到之前先挫败其前锋锐气。这实则也是在给东晋鼓劲儿，让东晋打起精神来硬碰硬，并不是什么具体战术，跟后来那一嗓子也没多大关系。

前秦20万大军乌泱泱地，整体移动本来就很难保持秩序，再加上有人捣乱，指挥起来就更不灵了。随着朱序等人恐慌式的叫喊，嘈杂且不明就里的队伍彻底失控，四散奔逃以致互相踩踏，就连总指挥苻融的马都被绊倒了。这时候东晋再派出 8000 精锐过去“切瓜”就容易多了，已经丧失战斗力的前秦军也只剩下挨打的份儿了。

前秦溃散其实出乎所有人的预料。谢玄让秦军后退，有乘虚而入的小心思，但不会想到对方会如此杂乱——如果前秦方面指挥得当，完全可以避免。前锋总指挥苻融既然想半渡而击，自然也不会想到。朱序就更不能指望这份偶然了，他可能只想阵前反戈，却意外抓住了浑水摸鱼的好时机，那一嗓子起到了推波助澜的作用。总之这事随机性很大，还上升不到战术高度。

6

淝水之战误区

淝水之战，人们讨论最多的，还是苻坚该不该出兵的问题。好多人把苻坚说成军事冒险主义，认为他不该贸然出兵，理由是前秦统一的条件和时机尚未成熟。其实，苻坚出兵并不贸然，这场仗不但该打，而且必须得打，这是由当时的形势决定的。

十六国时期，在前秦出兵之前的南北战事，基本上都是南方占据主动。东晋还进行过几次大规模的北伐，先有祖逖，后有殷浩、桓温。就在淝水决战半年前，从大军南下之时算起是三个月前，车骑将军桓冲还率领十万大军讨伐前秦。他自己率主力攻打襄阳，派前将军刘波攻打沔北，鹰扬将军郭铨攻打武当，辅国将军杨亮连下蜀地五城之后进军涪城，可以说西线全面开花。淝水之战正是在这样的背景下进行的，换句话说，它是前秦的一次反击战，而非有意为之，当时前秦的先遣军慕容垂部，其实就是之前驰援襄阳的部队。

宰相王猛临终留下遗言，劝苻坚不要轻易领兵南下。而苻坚没听，也似乎成了他冒险激进的又一佐证。这种结论是建立在淝水失败的结果之上的，是事后诸葛亮。如果淝水之战前秦赢了呢？王猛的话又该怎样理解？其实苻坚也不是没听王猛的话。王猛死于375年，苻坚出兵是383年。期间相隔了整整八年，可见王猛的话苻坚还是听了。然而时过境迁，八年的时间足以发生任何不可想象的巨变。

当时南北双方的军事实力对比已悄然变化，逐渐向有利于北方的方向发展。更为重要的是，前秦的国力也空前强盛，疆域达到自群雄逐鹿以来的最大范围。苻坚拔剑四顾，目标也只剩东晋了。这块膏药不除，苻坚会留有遗憾的。他也多次就此事征求群臣的意见。

其实不光是王猛，当时前秦朝中多数人都反对苻坚攻晋。理由大概有这么几个：一是东晋虽然稍弱，但也不是四肢无力一推就倒。况且在传统上东晋属于中华正朔，现在君臣和睦、内外同心，还有谢安、桓冲等安邦之才，攻晋不占人和。二是北方军队不适应南方湿热的环境，而且东晋还有长江天险作为屏障，攻晋不占地利。三是前秦多年征战，将士疲敝，需要休养，攻晋不占时机。四是流年不利，命犯太岁，攻晋不占天时。最后这个虽然属于迷信说法，但是古人大多迷信，所以这个还算一个非常重要的反驳依据。

当然也有支持苻坚的，比如前燕降将慕容垂，就说强并弱、大并小是大势所趋、自然规律。不管慕容垂出于何种目的，他说的这些话是有道理的。如果有十足的把握，苻坚也不会和群臣商量了不是？战争的胜负本就具有偶然性。前秦富国强兵，有雄师百万，换成东晋早就北定中原了，就是没这实力，都还屡屡北伐呢。你可以打来，我为什么就不能打过去？东晋北伐每每铩羽而归，但雄心可鉴，也算是一种追求，体现的是政治活力，是一种希望所在。历来帝王没有不想江山一统的，苻坚夺取江南的信念萦绕心怀，以至于夜不能寐。都想成这样了，再畏首畏尾，这皇帝当着还有啥意思。

事实上，淝水之战的另一方东晋，对前秦的这次大规模进攻也完全没有必胜的把握，甚至都没有准备好信心。苻坚来攻，朝野震恐，就连大将军桓冲都发出“吾其左衽矣”的慨叹。能够泰然处之的，貌似也只有宰相谢安一人。其淡定的雅量，也被世人传为美谈。“天下苍生望谢安”的至高美誉，更增添了他的传奇色彩。

等待前线消息时谢安不是不紧张，也不是不在乎。但作为大都督，他不能传递和转嫁任何负面情绪，除了淡定，他别无选择。在做出对抗前秦的兵力部署之前，谢安安排了一天的郊外游。先是呼朋引伴去山间别墅对弈，而后又独自畅游到深夜。任性而为的背后是不间断地思考，之后他才能波澜不惊、指挥若定。

得到胜利消息后的谢安是激动的，这个结果好得出乎意料。他看完书信后，仍不露声色地继续下棋，问他也只轻描淡写地说了句：孩子们打赢了。谢安下棋，可以说是镇定，也可以说是让自己镇定的一种方式，更是内心交战的一种外在表现。下棋能让自己静心，也能稳定军心，是双赢的最好载体。一个喜欢谈玄论道的名士，总不能表现出火急火燎的样子吧！可下完棋回房间就不一样了，谢安因大喜过望，以至于形体动作跟不上欢畅的节奏，过门槛时把屐齿磕断了都浑然不觉。这个结局的意外反转，也意味着之前的一切过程都有了表演的痕迹，延迟满足中或多或少存在一些刻意的矫情。

历史没有假设，只有历史发生后的理性思考。我们不能一厢情愿地设想苻坚当时应该怎样怎样，今人论断本就是替古人担忧，当事的双方永远不会站到第三方的角度去思考问题。苻坚出兵时也并没有后人的分析结论，他觉得这件事该做，就做了。不留遗憾，总好过墨守成规。

7

苻坚千古遗恨

秦王苻坚的遗憾，不仅仅来源于淝水之战的落败，更多的则是来自他内心的纠结。他万万没有想到，对他顶礼膜拜的臣子，他真诚善待的朋友，在他最落拓的时候纷纷离他而去。昔日如手足般的兄弟，而今却成了两军对垒的另一方。这般结局，是苻坚始料不及的，也是他最不愿意看到的。仁行天下的苻坚，最终被他最为宠信的部将姚苌杀死。那一刻除了愤怒，他也许还感受到了一生中从未有过的纠结和心痛。

苻坚一生极富传奇而又极具悲情，他前期的风光和晚景的凄凉形成强烈反差，彰显了英雄未竟的无奈，也折射出壮志未酬的遗憾。苻坚东亡前燕，西并前凉、仇池，北吞代国，南定益州，完成了十六国时期北方唯一的一次统一。单凭这一点，苻坚便无愧神武的称号。然而，战败之后的前秦有如定时爆破的大厦，立刻变得四分五裂。苻坚辛苦聚拢的四方之众，也像潮水一样奔泻而去。曾经风光无限的帝国落到这般田地，不能不说是个天大的遗憾。

其实，战场上的失败，并没有对前秦的灭亡起到决定性的作用。或者说，东晋的一击还不足以彻底打垮前秦。然而，前秦靠武力征伐搭建起来的帝国，就像没来得及夯实的防洪堤，在苻坚“仁义”的修缮下愈加华而不实，终因淝水战败的口子而决堤。而墙倒众人推，则给了帝国致命一击。

苻坚是一位极特殊的帝王。说他特殊，是因为在铁血征伐的十六国乱世，他坚持了“为政之体，德化为先”的治国理念，而且成效显著。思想如此开化，胸襟如此宽广，这对一个少数民族帝王来说是非常难能可贵的。苻坚从小就有爱心、守规矩，长大后浸染儒风，颇具儒家风范。这也是他以仁治政、以德治国的基础所在。留心儒学、一化齐俗，是苻坚一生一以贯之的坚持。

苻坚的儒家风范首先体现在纳谏上。一次他去邺城西山游猎，被伶人王洛拦住马头一顿数落，说你身为天子，是老百姓的衣食父母，怎么可以整天打猎玩呢？如果国家突发变故，你对得起祖宗留下的这份基业吗？别玩了，您老还是多想想正事吧。这要搁别人，还不当下砍了王洛的脑袋啊。可苻坚不但没难为他，自此以后还真就再也没打过猎。一个戏子的话都能听进去，这点不逊于后世以纳谏闻名的唐太宗。也许正是这种宽宏大量的霁月胸怀，才让苻坚拥有了包容天下的大智慧。也就有了他仁行天下、德化为先的种种做派。

以仁德治军，让苻坚赢得了支持。比如匈奴的左贤王刘卫辰遣使来降，云中护军贾雍却派人半路劫掠。苻坚不但命令贾雍将所获资产悉数归还，还罢了他的官。不以小利忘大信的坦荡，不但让刘卫辰诚心归附，而且乌丸和鲜卑的一些部落听说后，也纷纷来投。

以仁德治政，让苻坚获得了人气。前秦帝国扩张迅速，靠征服得来的政权不会一下子变牢靠，尚需时间维护和保养。而苻坚假借的就是仁德。他给予被征服者足够的尊重和包容，以期让他们心悦诚服。慕容垂来投时，苻坚亲自到郊外迎接，拉着慕容垂的手，给予他最高规格的礼仪。灭掉前燕后，苻坚对前燕皇族一样礼遇隆重，分别封慕容暐为新兴侯、慕容冲为平阳太守、慕容泓为北地长史。对待羌酉姚苌，苻坚更是高看一眼，将意义非同寻常的龙骧将军的称号给了他。

十六国时期的帝王多以武力征服，以杀立威，苻坚却以仁德立身，可谓一枝独秀。不管后来结果如何，能让桀骜不驯的五族势力尽为前秦效命，他已经成功了。事实上，苻坚的仁德也让慕容垂和姚苌感动不已，他们也确实为帝国的兴盛立下了不朽功勋。一个幅员辽阔的大帝国也开始骄傲地矗立北方。

苻坚的仁德不只体现在武功上，他还以仁德教民，开创出十六国时期少有的治世景象。《晋书·苻坚载记》中忍不住用文学性的语言来描绘当时的社会风貌，读来清新隽永，有如小品文：

> 关陇清晏，百姓丰乐。自长安至于诸州，皆夹路树槐柳。二十里一亭，四十里一驿。旅行者取给于途，工商贸贩于道。百姓歌之曰："长安大街，夹树杨槐。下走朱轮，上有鸾栖。英彦云集，诲我萌黎。"

盛世繁荣莫过于此。在十六国乱世，这简直就是人间天堂了。

遗憾的是，苻坚的仁政、德政，也最终让他栽了跟头。苻坚优待鲜卑、西羌等族的同时，不可避免地轻视、弱化了本族力量。

他曾一次性迁徙15万户氐族出守四方，致使关中守备空虚，皇族力量分散。苻坚沉浸于万里长堤的喜悦，却无视暗潮汹涌。作为补充而迁入关中的外族多数没有感恩之心，他们没有因为胡萝卜的香甜而忘记大棒挥舞的痛。

乱世的机遇让这些人始终坚信，天命轮回终究会有自己一席之地。淝水败战让他们的野心苏醒，毫不犹豫地选择了抛弃苻坚。慕容宝劝父亲慕容垂借机杀了他，慕容暐则在长安谋刺未果。鲜卑乞伏部首领乞伏国仁早已借着陇西平叛的机会建立西秦，羌酋姚苌建立后秦，拓跋珪重建代国。心怀旧燕的慕容垂重回故地建立后燕，慕容泓和慕容冲先后起兵并建立西燕。北方重又陷入四分五裂的境地。尾大不掉的慕容鲜卑终成大患，在慕容冲的率领下攻破长安。而苻坚最终被自己最宠信的爱将姚苌给勒死。

人非草木，孰能无情。以仁治之，以德化之，当然会收到不错的效果。比如矢忠不二的王猛，到死都在为帝国谋划。远征西域的大将吕光听说苻坚被害，下令三军缟素，官员披麻戴孝三个月。然而，施以仁德，需要对象同步才行。也就是说，仁德应该成为对方履职尽责的动力，而不是恣意妄为的借口。如果所有人都像王猛、吕光那样赤诚，即便淝水落败了，前秦也不至于一下子破败到无法收拾的境地。

下篇

人性真伪

——前燕得与失，后秦、前秦与后凉

1

前燕手足相残

慕容皝的霸业，是踩着亲兄弟的鲜血和尸体建立起来的。

慕容帝国的实际奠基人，是慕容皝的父亲慕容廆。在他统治时期，鲜卑慕容部以大棘城（今辽宁省北票市境内）为中心，开始在辽西兴起。由一个典型的游牧部落变成一个初具政权规模的割据势力。但慕容廆始终没有称帝，一直遥奉晋室正朔，后来被册封为辽东郡公。从一方割据势力到建立实际意义上的国家，是由慕容皝来完成的。

与慕容氏争锋的，是两个西部近邻：西南的段部和西北的宇文部。慕容廆虽然打败了二部，在三方对峙中稍稍胜出，但并没有完全消除二部的隐患。最后给二部以毁灭性打击的，也是慕容皝。特别是他剿灭段氏之举，为慕容氏最终入据中原奠定了坚实的基础。然而让人遗憾的是，这个壮怀激烈的风光进程，却无奈地和手足相残联系在了一起。

对权力的争夺，始终是一个政权祸起萧墙之滥觞，慕容氏也不例外。慕容廆死后，这个悲剧开始轮番上演。作为一个父亲，一个部族的首领，慕容廆可以让他的儿子们冲杀疆场、合作立功，却不能左右身后之事。当慕容氏的权力重心转向慕容皝后，慕容廆之前建立的权力均衡也逐渐被打破。作为世子，慕容皝是父亲指定的合法接班人。不过这也只是慕容廆的一厢情愿，慕容皝甫一即位，兄弟们便四分五裂，部族也一分为二了。

慕容皝被父亲选中，嫡长子身份是其中一个很重要的原因。但慕容皝并不能服众，因为他有个致命的弱点，就是妒忌心强。慕容廆的庶长子慕容翰骁勇善战、威名远播，被父亲委以大任，便遭到慕容皝的猜忌。不过这种猜忌还能理解，毕竟不是一个娘生的。而慕容皝一奶同胞的另外两个弟弟——慕容仁和慕容昭，也深得父亲喜爱。慕容仁有勇有谋，慕容昭才艺双全，都有一定的拥趸，慕容皝也很不舒服。

所以，慕容皝继位后，便引起慕容氏内部的恐慌。这哥儿仨一琢磨，让小心眼儿来领导咱们，将来肯定没好果子吃。于是纷纷琢磨后路，很快形成两股势力，并采取了两种截然相反的策略：慕容翰独挑大梁，与儿子一起投奔了慕容氏的宿敌段氏鲜卑。来了个走为上，躲得远远的。慕容仁和慕容昭则合兵一处，准备谋叛慕容皝。

慕容仁和慕容昭背叛，理由似乎比慕容翰要多。最理直气壮的理由是，他们都是慕容廆的嫡传。就像慕容昭说的，大家都是正宗嫡系，理应人人有份。对慕容皝的接班很不服气。特别是慕容仁，当时镇守辽东，执掌着慕容氏的半壁江山，这种想法会更强烈。

担心慕容皝报复也是原因之一。慕容仁的一句话道破了兄弟阋墙的另外一面：我们平时恃宠而骄，从来没把这个哥哥放在眼里。还有就是慕容皝的手段让他们感到害怕。慕容皝即位后刑法严苛，朝中上下很是恐慌。不犯事都没安全感，要真犯点什么事还不得往死里整咱们啊。慕容仁的担心也在情理之中。

哥儿俩一合计，准备来个先下手为强，把慕容皝给做了。于是慕容仁回辽东举事，慕容昭在朝中做内应。结果事情败露，慕容昭被慕容皝赐死。慕容仁也就一不做二不休，割据辽东，举起反叛的大旗。接下来，慕容仁多次打退慕容皝的进剿，而辽东诸郡响应的人很多，宇文部、段部及其他鲜卑部族也出兵增援。于是慕容仁干脆自称车骑将军、平州刺史、辽东公，慕容氏自此一分为二。

如此一来，形势急转直下。慕容仁与慕容皝两军对峙，段部鲜卑则趁机抄断后路。慕容皝不得不东、西两线作战，疲于应付。若不是慕容翰仁义，慕容皝还险些被段氏所灭。柳城一役，慕容皝被杀得大败，段部首领段辽想乘胜追击，一举剿灭慕容皝。结果慕容翰怕慕容氏政权就此毁灭，带着自己的军队先撤了。段辽也只好作罢，由此失去了一个剿灭慕容皝的最好机会。

两线作战，必须先突破一方。段氏鲜卑一直是劲敌，慕容皝没有必胜把握，所以他将目标锁定在慕容仁身上。336年对于慕容皝来说，是一个值得永远铭记的特殊年份。这一年，海水结冰，慕容皝大军踏冰而进，从海路奇袭辽东。慕容仁猝不及防，被杀得大败，后被俘杀，辽东一地尽属慕容皝。去了慕容仁这个大敌，慕容皝备感轻松，从此也掌握了战场的主动权。欣喜之下，慕容皝于第二年自称燕王，以独立王国的姿态雄起辽东。

解决内部问题后，慕容皝将目光转向了段部。段氏鲜卑南接后赵，双方也有积怨。慕容皝充分利用这一矛盾，假意对后赵称臣，请后赵皇帝石虎出兵，一起剿灭段氏。当时的后赵已成中原霸主，向北扩张本就是战略目标之一。于是双方一拍即合，各怀鬼胎地开始了剿灭段氏的行动。藉着后赵强大的军事力量，慕容皝终于去除了段氏这个心头大患。

宇文部是慕容皝称霸路上的另一个绊脚石，其中却又开始了他和庶兄慕容翰的另一段渊源。慕容皝最终能剿灭宇文部，说起来还是靠了慕容翰的帮忙。段部灭亡后，慕容翰又投奔了宇文部。然而这次他并没受到像在段部一样的礼遇，相反还引起了宇文部首领宇文逸豆归的猜疑，搞得慕容翰不得不装疯卖傻地躲避监视。比如假装喝醉后耍酒疯，比如披头散发地唱歌，比如跪在地上乞讨，等等，不一而足。不过慕容翰是个聪明人，表演归表演，大脑却没闲着。他默默记住了宇文部的山川形便，之后逃归慕容氏领地。

这次慕容皝对慕容翰礼遇有加，慕容翰也没让慕容皝失望。他不但冲杀疆场、屡立战功，还提出了欲灭宇文氏先灭高句丽的合理化建议。慕容皝也由此拓土增民，终成霸主。然而，慕容兄弟的冰释前嫌，不过是一致对外的暂时缓解，隔阂并未从根本上消除。在征伐宇文部时，慕容翰为流矢所伤，卧病在床了很长时间。后来伤势渐好，弓马善射的慕容翰忍不住在家中骑了一圈儿马，结果被人污蔑又想逃跑。慕容皝猜忌之心再起，终于赐死了慕容翰。

其实，除了容不下兄弟，慕容皝还算一位仁主。他曾宣示内外，不管何人何种身份，谁都可以直接向他提意见，只要说得对他就听。他还巡视郡县，指导生产，还将皇家苑囿腾出来让老百姓耕种。对那些真正的贫困户，慕容皝让官府分给他们耕牛，收入八二分账。爱民如子却容不下兄弟，只能说权力会让人迷失。

2

慕容双雄

南慕容、北乔峰，是金庸小说《天龙八部》中，武林人士经常挂在嘴边的一句话。书中演义的南慕容，又称姑苏慕容氏，居住在今天的苏州。他们的原型——或者说他们念兹在兹的先祖，便是十六国时期兴起于辽东，之后又问鼎中原的鲜卑慕容氏。慕容博、慕容复父子二人，毕生都在为光复祖宗大业而奔波。这种祖上情结是可以理解的，因为慕容氏在历史中的确显赫一时。

慕容氏在中原先后建立了两个大的政权，即前燕和后燕——后燕后来分割成北燕和南燕。此外还有一个相对较弱的西燕，被后燕灭国。前燕、后燕虽间隔 14 年，却是慕容氏大燕政权的一脉相承。慕容父子要光复的，便是这个引以为傲的大燕国。他们心心念念的楷模、复国兴邦的原动力，是慕容氏家族中两个最为杰出的人物：慕容恪和慕容垂。

这两个人，一个一度在前燕总摄朝政，完成了慕容氏由弱到强的原始积累，实现中原称霸的梦想；一个是后燕的开国皇帝，在慕容氏屈辱之时强势复兴，再次成为中原新宠。慕容氏从辽东得以顺利入主中原，并开创前燕帝国的盛世伟业，慕容恪和慕容垂居功至伟，他们堪称慕容家族的顶梁柱。二人在前燕帝国的兴盛和衰败中举足轻重，随着他们的过世和叛离，帝国大厦有如失去了根基，很快便轰然倒塌。

慕容氏入据中原是从慕容儁开始的。慕容儁是前燕国奠基人慕容皝的第二子，也是前燕国第一任皇帝。他能够成为中原霸主，傲视群雄，很大程度上得益于他的两个弟弟——慕容恪和慕容垂。如果没有他们，慕容儁称霸中原的帝王之梦不会实现得这么快。

慕容恪是慕容皝的第三子，因为其生母不得恩宠，所以一开始并没引起慕容皝的过多注意。所幸，人才是不会被埋没的，特别是在强者为王的乱世。慕容恪长到 15 岁，便已是一表人才，而且谈吐不凡，对时事的见解尤为精辟。这很快引起了父亲的关注，并对他委以重任。慕容恪似乎天生属于战场，他不但能随机应变，还每每有奇思妙想。其超强的军事才能，也在辽东战场上得偿所愿。

慕容氏雄起辽东，说起来也并非一帆风顺。它最初不过是遥奉晋室的一个实力并不突出的小部落，而且周边强敌环伺：西有宇文部，西南有段部，东北则有高句丽和夫余，而此时的中原正值后赵鼎盛之时。慕容氏在夹缝中生存，并最终脱颖而出，慕容恪可以说功不可没。他辉煌的战绩，几乎创造了东北地区的战争神话。

先是后赵皇帝石虎发兵 10 万征燕，并围攻国都大棘城。慕容恪出奇兵，只带了两千人，便斩获赵军三万多人，颇有当年霍去病北逐匈奴的风姿。慕容恪镇守辽东时，屡次打败高句丽，以至于高句丽不得不远避锋芒。慕容恪打仗非常勇敢，在征伐夫余时，他每每身先士卒，深入敌阵，不但打出了慕容氏的威风，还彻底解决了东北边防问题，从而让慕容氏有了一个稳固的大后方。之后慕容氏打败段部、攻灭宇文部，慕容恪都是当之无愧的主力之师——段部残余后来也在慕容恪的强势追剿下宣告终结。

慕容皝曾盛赞慕容恪是智勇兼姿的虎将，评价一点不为过。正是慕容恪东征西讨、无往不胜，才让慕容氏迅速在东北崛起，完成了进取中原的原始积累。进军中原最关键的一场硬仗，是与以骁勇善战著称的冉魏国皇帝冉闵之间展开的。此役成为十六国时期中原纷争的一个军事转折点，也是慕容氏得以名扬天下的契机。而它的导演者便是慕容恪。

面对来势汹汹的冉闵，慕容恪分兵三路，互为犄角。中路挑选神射手 5000 人，然后用铁锁连接马匹，形成一个铁桶般的方阵——这大概就是传说中的连环马了，以做诱敌之用。另外两路则在敌军深入之后负责掩杀。在此役中，慕容恪最终战胜并俘获冉闵，从而让中原战局彻底逆转。

慕容恪彼时的军事能力绝对名列前茅，威名远扬，就连南方的东晋都忌惮三分。慕容儁死后，东晋朝中有人建议趁机光复中原。以北伐扬名、威震关中的大将桓温主动劝阻，说慕容儁死了不算什么，慕容恪活着我们就没戏。能让同样以神武著称的桓温折服，足见慕容恪威名之盛。不光东晋，就连当时风头正健的前秦，也对慕容恪颇为畏惧。慕容恪攻取洛阳后，大军西指关中，导致八百里秦川震恐。秦王苻坚不得不亲自备战潼关，不敢有丝毫的懈怠，一直等到慕容恪撤军。

慕容恪无往不胜，治兵韬略也不同于常人。他不以严苛立威，而以恩信服人，是个极具人格魅力和亲和力的统帅。也正因如此，慕容皝临终前嘱咐慕容儁，要多多仰仗慕容恪。而慕容儁死后，其子慕容暐年幼。慕容皝又让慕容恪辅政，成为前燕实际意义上的主人。

慕容恪并不是没有当皇帝的机会。慕容儁死后，群臣就想推举他上位，但被他拒绝了，说国有储君，我不干这种有损节操的事。可谓光明磊落、一身正气。慕容恪辅政的这段岁月，是前燕由弱渐强的一个关键时期。而前燕的衰败，也是从慕容恪死后开始的。慕容恪死后，帝国内部出现分裂。慕容垂最终叛降前秦，让前燕与前秦势均力敌的对峙，变成了秦强燕弱的一边倒。

慕容垂是慕容皝的第五子，原名慕容霸。名字的由来很有意思，慕容皝见其长相阔达，说这孩子将来要么能败家，要么能兴家。这不是两种可能，而是两种极限。亦即不是高起就是大落，没有中间状态。用老百姓的话说就是命硬，东北人讲话，老霸道了。慕容皝的话最终得到了应验：慕容垂叛离前燕，让帝国很快遭受了亡国的厄运；而前秦衰败后慕容垂又趁机复国，再次续演了慕容氏的辉煌。当年兴家败家的玩笑话，被他用血淋淋的事实进行了演练。

其实，慕容垂"败家"的危机，早在辽东之时便已种下祸根。慕容垂和慕容恪一样，也堪称军事奇才，在征伐高句丽和宇文部时屡立奇功。入主中原后，就是他跟随慕容恪一起攻取了洛阳，让苻坚大为恐惧。才能出众的慕容垂赢得了父亲慕容皝的青睐，恩遇甚至超过了世子慕容儁，作为法定接班人的慕容儁心里自然很不舒服。这就造成了慕容儁和慕容垂之间的矛盾，随着矛盾的公开和白热化的加剧，也种下了慕容氏日后"败家"的祸根。

就才能而言，慕容垂跟哥哥慕容恪相比毫不逊色。当时如果在慕容家族选一个人接替慕容恪的话，则非慕容垂莫属。事实上，慕容恪也曾多次举荐慕容垂，说慕容垂的将相之才胜他十倍。这当然有慕容恪自谦和夸大的成分，但他对慕容垂的认可是毋庸置疑的。可惜的是，慕容垂的显赫战功和将相才能却给他带来了生死危机。

慕容恪死后，太傅慕容评辅政。慕容垂功高盖主，自然也就威胁到了慕容评的权威。后来慕容垂又在枋头之战中大败桓温，威名日盛的同时，也使得二人矛盾愈发不可调和。尤其是慕容评，心里不舒服到了极点。而慕容儁的老婆，亦即太后可足浑氏也一向讨厌慕容垂，处处与他作对——估计和慕容儁的影响熏陶有关，不愧是两口子。慕容评于是联合可足浑氏，想对慕容垂下黑手。慕容垂没办法，只得远走前秦，投靠了苻坚。

慕容垂的叛离，让前秦与前燕的对峙发生逆转。本来慕容恪死后，苻坚忌惮的只有慕容垂一人。这下慕容垂主动来投，对于前秦来说无异于如虎添翼。而对于前燕来说，则犹如断折一翼。中原军事格局由此也发生了戏剧性的变化。也难怪当时苻坚亲自跑到郊外迎接，美得屁颠屁颠的。

就在慕容垂叛离前燕的第二年，亦即 370 年，前秦大军势如破竹，一举灭亡了前燕。四万多户鲜卑平民，以及包括皇帝慕容暐在内的前燕皇亲国戚、王公贵族被迁往长安。浩浩荡荡的押解队伍沉闷而压抑，弥漫着慕容氏无尽的遗憾和屈辱。

3

姚苌噩梦惊魂

睡觉时被噩梦困扰，想起来如骨鲠在喉，这大概是做过坏事人的一般通病。后秦国主姚苌也是这样，他因为杀死了曾经的主子——也就是前秦大帝苻坚，自己当了皇帝后，就再也没过过一天踏实的日子。这件事几乎成了挥之不去的心病，一直困扰、侵蚀着他越来越脆弱的神经。

月盈则亏，水满则溢。当一个人心里的不安积蓄到了一定程度时，便会集中爆发出来，转向另一个极端。姚苌的噩梦，最终让他落得个发疯发狂、惊惧而死的悲惨结局。如此死法，发生在一个万人敬仰的一国之君身上，听起来有些魔幻的味道。

姚苌是后秦的开国皇帝。后秦是十六国时期羌族建立的唯一一个割据政权。羌人立国可谓几经周折，经历了漫长的等待。从这方面讲，姚苌是幸运的，他圆了羌人君临天下的梦想，在羌族历史上写下极其辉煌的一页。姚苌开创的后秦帝国，是十六国后期一个十分重要的、不可忽视的政权。它一度以关中为中心，雄踞中原。在北方，它曾与慕容氏的后燕二分天下，称霸一时。

姚苌能当上皇帝，也是姚氏一族不懈努力的结果，凝聚着父子两辈人的心血。姚苌的父亲姚弋仲是个非常了不起的人物，很有政治头脑，也很有领导才干。他组建的羌军转战东西、纵横南北，成为中原争霸一支不可小觑的中坚力量。

后赵灭亡后，姚弋仲投靠了东晋，获授车骑大将军、仪同三司、大单于，封高陵郡公。姚弋仲死后，儿子姚襄继任，开始有了占据关中进而称霸中原的想法。未想却遇到了悄然崛起、有着同样想法的前秦。在与氐族势力的对峙中，姚襄连连败北，最后战死疆场。姚襄的弟弟姚苌万般无奈之下，率军投降了前秦，自此也开始了他和苻坚之间的一段恩怨情仇。

前秦帝国可以说是成也羌军，败也羌军。打败姚氏羌军，让前秦扫除了威胁关中的劲敌，继而鲸吞蚕食，构建起强盛的帝国大厦；而前秦政权濒临崩溃之时，又是羌军的致命一击让帝国最终趋于灭亡。这其中一个关键人物便是姚苌。

那么，姚苌为什么那么害怕苻坚呢？一句话，苻坚曾有恩于他，而且礼遇甚重。前文说过，苻坚是十六国时期罕有的一位开明帝王，讲究仁行天下、德化为先。比如对待慕容氏，慕容垂被排挤前来投奔时，苻坚力排众议、委以重任；灭掉前燕后，又妥善安置了慕容氏皇族，展现出海纳百川的宽阔胸怀。

苻坚对姚苌则更加高看一眼，甚至授予他龙骧将军的称号。龙骧将军倒也不是什么大官，品级也不是很高，但它是苻坚未称帝之前担任过的职位。苻坚嗣位后，龙骧将军的称号从未授予过别人，却偏偏给了姚苌，这就有些意味深长了。苻坚这样做，不仅仅因为姚苌是一位有头脑的可用之才，也不完全出于笼络羌族势力的目的。更重要的是，它体现了苻坚对姚苌的一种偏爱和信任。也正因如此，姚苌背离之后心存的愧疚才会如此深重。

历史和现实有时就是这样残酷：一个大的事件能够改写历史的走向，而一个不起眼的小事也会改变人物的命运。苻坚没有想到，维系两人稳固关系的，是帝国估值不断上升的红火局面，而不是他的仁德之政。前秦扫六合而定中原，北方战场无不留下姚氏羌军的征伐印记。就像苻坚之于宰相王猛，苻坚和姚苌之间一样谱写了一段为人称道的君臣佳话。然而淝水之战惨败，前秦帝国这支绩优股突然爆冷，跌跌撞撞一路向下。仁德这项类似市盈率的衡量指标完全失灵，苻坚也迅速走到了穷途末路的绝境。

苻坚更没想到，他和姚苌之间看似牢不可破的关系，会因为一件偶然的小事反目成仇。前秦淝水兵败后，北地长史慕容泓起兵反叛，驻屯华阴。苻坚派姚苌和儿子苻叡前去围剿，结果苻叡不听姚苌劝告孤军深入，遭遇伏兵而死。苻坚痛失爱子，一怒之下杀了姚苌派来谢罪的龙骧长史赵都。姚苌一害怕，慌不择路地逃到渭水以北。附近五万多家豪族大户，以及北地、新平、安定三郡十几万户羌胡纷纷慕名投奔。姚苌于是自称大将军、大单于、万年秦王，彻底与苻坚决裂。

杀死苻坚，成为姚苌难以释怀的心病，也成为他屡做噩梦的诱因。面对苻坚与慕容氏的火拼，姚苌厉兵秣马，想得渔翁之利。在平阳起兵的慕容冲最终攻入长安，苻坚逃奔五将山（今陕西省麟游县境内）时被姚苌俘获。姚苌向苻坚索要传国玉玺，苻坚怒不可遏，说："五胡次序，无汝羌名。"你不过是个恩将仇报的叛贼，还轮不到你做皇帝。姚苌也瞬间怒目切齿，派人把苻坚吊死在一处佛寺内。

姚苌自立是政治的重新洗牌，杀死苻坚可能是给哥哥姚襄报仇，之后给他定谥号“壮烈天王”是想含混历史、淡化渊源。这些做法放在弱肉强食、适者生存的十六国乱世，一点也不惊讶。然而说到姚苌后来的做法，则实在骇人听闻。他与前秦余部对决，连吃败仗，气急败坏之下又把苻坚的尸体挖出来鞭挞了一通。然后扒光衣服、铺上荆棘草草埋了，如此辱尸的行径，就是下三滥了。别说苻坚对你有恩，就是有仇也不至于此。

姚苌做贼心虚，也就十分怕鬼。他总是做着同一种噩梦，梦里苻坚带着一帮鬼兵收拾他。姚苌一次次惊醒，一次次失眠，惊惧和不安积聚到了极点，最后终于崩溃。他跪地磕头，不断求饶，说我是您的臣子姚苌啊，要杀你的人是我的哥哥姚襄，不是臣的错——以此推断，姚苌杀苻坚确有为兄报仇之意。继而姚苌开始在皇宫乱跑，大声嚷嚷着让宫人帮他刺鬼。结果鬼没刺着，却误中姚苌下体，血流一地——估计是刺中动脉了。姚苌连伤带吓，就此一命呜呼。

4

前秦虎狼之师

一个帝国，犹如一座高塔，筑到顶峰绝非朝夕之力。它需要夯实基础，然后逐级累加，一点一点地直通云霄。前秦也是一样，经过苻洪的奠基、苻生的疯狂、苻坚的修缮，这座帝国之塔最终屹立于云端。塔越高，就越雄壮巍峨，也就越脆弱松动。淝水之战犹如一场强劲的飓风，让它轰然倒塌，破砖碎瓦布满了北方大地。

然而，参天之木必有其根，即使风暴再强烈，它也绝不会连根拔起、瞬间消失。苻坚死后，在苻坚后世子孙的维系下，前秦帝国仍坚持了将近 10 年之久。这个功劳应该记在苻登身上，他率领那支以人肉当军粮的悲悯之师，为维护帝国的荣耀，做了最后的艰苦努力。

苻登是苻坚的族孙，不是皇脉正统。如果不是苻坚于淝水落败，也许他一辈子都不会跟皇位沾上边。可以说，前秦帝国的四分五裂，也给苻登创造了千载难逢的机会。苻坚死后，各族势力纷纷割据，北方再次进入乱世。战场主要有两个：关中和冀州一带。也就是羌族和慕容氏最为活跃的两个地区。苻坚的庶长子苻丕在晋阳（今山西省太原市）即位后，与慕容氏展开生死对决，仅一年便战败被杀。而与此同时，远在凉州征战的苻登，却接连挫败姚氏羌军，再次打出了前秦的威风。

就性格来讲，苻登是个性鲜明的性情中人。年轻时血气方刚、大大咧咧，不拘泥于小节。长大后则谨慎笃厚、喜读诗书，能文又善武。苻登最初在前秦任羽林监、扬武将军、长安令，后来因为犯事被降为狄道长。狄道一地，大致就是现在的甘肃省临洮县，狄道长也就是临洮县的县长。苻登当时犯的什么事，我们无从考证。但从长安到狄道，从中央到地方，也算是流放式贬黜了。

苻登做事极有原则，他不但有自己的想法，还能坚持自己的想法。更难能可贵的是，他有着自己做人的标准，从不用一时的恩怨得失，去影响一以贯之的行为准则。他被苻坚降职，却没因此而怨恨苻坚。相反，在他当上皇帝后，却立誓要为苻坚报仇。单这一点就很值得钦佩。

有的人天生只适合当一把手，辅助别人反而表现并不突出，苻登便是如此。关中大乱后，苻登在哥哥苻同成的介绍下，投奔镇守枹罕的镇西将军、河州刺史毛兴，担任司马一职。毛兴其实是赏识苻登的，每次有事让苻登拿意见，苻登都说得头头是道。可赏识归赏识，毛兴却一直敬而远之，也没委以重任。为什么呢？皆因苻登不大合群，思路也和别人不一样。你的想法再有价值，总跟多数人抵触，自然就会遭到排斥，领导也不敢重用。苻同成也曾劝诫苻登，说等将来你自己说了算了，再去实现你的想法吧，现在最好还是随大流。苻登不听，干脆独来独往，落得清闲。

苻登执掌兵权是在毛兴死后。姚苌的弟弟姚硕德一直进逼枹罕，搞得毛兴焦头烂额。毛兴临死前告诉长史苻同成，让苻登统帅军队。说能消灭姚硕德的，只有苻登了。苻登果然没令毛兴失望，不但大败姚硕德，还杀退了赶来救援的姚苌。其部将啖青更是一箭射伤了姚苌。

苻登为什么能打败勇猛善战的羌军呢？除了苻登异于常人的谋略，很重要的一点，是他训练了一支嗷嗷叫的虎狼之师。与姚硕德交战时，正赶上年景不好，天旱饥馑、饿殍遍野，军粮供给不上。将士们吃不饱，自然无力作战，苻登于是又发奇想，用杀死的敌兵当军粮，名为熟食。在动员三军英勇杀敌的讲话中，苻登说，你们早上杀死敌人，晚上就可以吃他们的肉，怎么会挨饿呢！三军将士此后再无后顾之忧，而且吃完人肉后气力更大，杀敌更多。姚苌听闻，连连叫苦，天下居然还有这样的军队！急忙召回姚硕德，说哥们儿赶紧回来吧，否则部队全被苻登吃光了。足见当时苻登这支军队之恐怖。

苻登敢让士兵吃死人肉，一方面是粮草不济的无奈之举，另一方面也饱含着苻登对羌军的刻骨仇恨。姚苌作为苻坚最为信任的部将，不但背叛了前秦，还杀死了昔日的恩公兼主子。这份仇恨是属于整个苻氏家族的，对于疾恶如仇的苻登来说，更加不能容忍。可以说，苻登上战场，是带着国恨家仇的信念去的，那是杀红了眼的节奏。

而苻登为苻坚正名的做法，则感情色彩更加强烈，甚至有些偏激。苻丕死后，苻登被拥立为前秦第五任皇帝。随即他在军中设立苻坚的神位，“羽葆青盖，车建黄旗”，很是庄严肃穆。羽葆青盖，就是用鸟羽连缀的车篷，再用绿叶覆盖。是古代帝王葬礼的一种形式，相当于现在的鲜花翠柏。然后用车子拉着一同行军，车的周边插满黄旗，还派了三百个勇士护卫。

每次决战前，苻登都要先向苻坚的灵位行礼祷告。在慷慨激昂和唏嘘流涕中，三军将士也开始群情激愤，纷纷在兵器铠甲上刻下“死休”二字。意思是死战到底、至死方休。所谓哀兵必胜，又抱有必死之心，还敢吃人肉，这样的军队自然所向披靡。苻登靠着这支军队收复了前秦许多失地。姚苌见这事管用，也在军中立了苻坚的神位，也祷告了一番。然而，并没有什么卵用。

轻敌，向来是兵家之大忌。苻登怒火中烧、咆哮中原，最终却马失前蹄，败在了轻敌上。姚苌死后，其子姚兴继位。苻登被一连串的胜利蒙住了愤怒而锐利的双眼，根本没把姚兴当回事。傲慢地称其为小儿，还要折根树枝鞭打他。遗憾的是，苻登最终败给了这个不起眼的小娃娃。

苻登动员所有的力量，浩浩荡荡杀向后秦，却走上了一条不归路。就像武器先进的拿破仑也会败走滑铁卢一样，这支以人肉当军粮的无往不胜的虎狼之师，这次也未能挽回败局。因为这次他们缺的不是粮，而是水。

在马嵬堡，后秦始平太守姚祥严阵以待。大将尹纬则据守废桥，控制了水源——马嵬堡和废桥均在今天的陕西省兴平市境内。苻登大军渴死了十分之二三，剩下的也是饥渴难当，人肉也咽不下去了。这种情况下，后秦再集中优势兵力狙击，苻登溃败就成定局了。后来苻登带着残部逃到马毛山，被姚兴大军围剿，苻登也在山南的战斗中被杀。

苻登死后，前秦再也没有了抵抗能力。苻登的儿子苻崇也仅当了两个月的皇帝，便走投无路，最后被西秦攻杀。苻氏一族筑造的帝国之塔，从此物换星移，消失得无影无踪。

5

后凉吕光仗义

知人善任，是一个政治家所应具备的基本素养。在这方面，前秦皇帝苻坚有欣喜，也有悔恨。他将“善任”做到了极致，一生惜才、爱才，坚持仁行天下、德化为先。从而笼络各方豪杰，让那些种族不尽相同、层次参差不齐的头面人物，一起向他顶礼膜拜。能做到这种极致的，在整个十六国时期，只有苻坚一人。

可惜的是，苻坚却没能做到“知人”。这位前秦帝国一度最为风光的皇帝，结局凄惨到让人不忍卒读。淝水兵败后，那些帐前听命的亲信旧臣纷纷反叛，苻坚也最终死在自己最信任的人手里，不能不说是个遗憾。只有一人，也就是后凉的建立者吕光，对苻坚始终追随，不离不弃。用他的真诚忠孝辉映着苻坚的人格魅力。这或许是苻坚死后，灵魂上能够得到的最大慰藉。

对于吕光的忠孝，苻坚是深以为许的。吕光最初是豫州刺史苻重手下的长史，后来苻重谋反，苻坚极为肯定地说，吕光为人忠孝耿直，一定不会与苻重同谋。然后派使者传令吕光，让他秘捕苻重，押解长安。吕光果然不负重托，出色地完成了任务，并因此升任太子右卫率。当然，苻坚对吕光这么有把握，也是基于对吕光父亲的了解和信任。吕光的父亲吕婆楼，当年曾协助苻坚发动云龙门之变、废杀厉王苻生。那是有拥立之功，绝对的忠心耿耿。

苻坚被姚苌杀害时，吕光正以都督西讨诸军事的身份西征西域，得到消息已是来年九月。那时吕光已平服西域，东归凉州。惊闻噩耗的吕光哀伤欲绝，差点没哭死过去。随后他下令三军缟素、举城哭悼，场面壮观前所未见。这既是吕光对昔日君主和恩人的真情流露，也是内心情感的完全释放。

前文说过，苻坚“善任”却不“知人”。其实这事也不能全怪在他头上，人性本来就是复杂的。特别是在兵戈铁马的乱世，人性就更难判断。尔虞我诈是家常便饭，有时连自己都不能左右。所以苻坚在“知人”上存有偏差，实属正常现象。就像一个心地善良的人，总不忍心把别人想得太坏一样。苻坚是仁义之君，包纳百川，对谁都不抱有偏见。但是当仁义成为标识和标签之后，他也会不可避免地为名所累。导致“善任”的范围越来越广，而“知人”的标准越来越低。比如前来投奔的前燕大将慕容垂，王猛说他是蛟龙猛兽，要尽早除掉。苻坚说，我以仁义接纳四方，现在有人投奔我却要害他，人家会怎么看我呢！考虑更多的是仁义的效果，以及仁义的社会认知。

苻坚最为窘迫的时候，慕容垂找理由向苻坚请假，想借机回前燕故地，另起炉灶。苻坚对他依旧深信不疑，还搞了个很隆重的欢送仪式。慕容垂最终反叛，既验证了王猛生前的判断，也验证了苻坚在“知人”问题上的宽泛和局限。还有他最信任的姚苌，最后却成了他的掘墓人。所以苻坚说吕光忠孝，并不能证明苻坚的洞察力有多强，而只能说吕光自身素质过硬，经得起考验。

吕光与苻坚同为略阳氐人，但同种同源并不是他忠孝的根本所在。上面提到的苻重，以及后来的苻柳、苻双、苻庾、苻武、苻洛都是苻坚的血脉宗亲，比起吕光来要近得多，不照样背叛了苻坚吗！潮水退后才知道谁在裸泳，当然也会知道谁在正常游泳。吕光的忠孝轨迹，可以说是仰角向上的一条直线，从未做过波浪式的反复。而这条直线，是由他为苻坚、为前秦帝国转战征伐的无数个点组成的。苻坚统一北方之路，无不活跃着吕光的身影。

吕光堪称一位足智多谋的神勇将军。他的名字得来很有意思，出生时因为出现“夜有神光”的怪象，所以取名为光——不知道当时是打了一道闪电，划过了一颗流星，还是出现了夜光云。十来岁时，吕光和小朋友们一块玩耍，喜欢排兵布阵的游戏。群童都很服吕光，一致推举他做孩子王。不难看出，吕光从小就是个有头脑的人。长大后吕光深沉稳重，喜怒不形于色。吕光和个性极强的王猛有些相像，也遭遇过不被人知的尴尬。也许正是彼此趋同，王猛才惺惺相惜，并向苻坚大力举荐吕光。而吕光也确实不负所望，为苻坚帝国的稳固和扩张，立下了汗马功勋。

攻灭前燕，王猛是功不可没的关键人物，而吕光也在此战中开始崭露头角。因为战功显赫，他被晋升为都亭侯。让吕光名声大振、最后奠定他朝中地位的，则是平定前秦的内部祸乱。380年，征北将军、幽州刺史苻洛自恃灭代国有功，向苻坚要求开府仪同三司的待遇。苻坚没有答应，只给他安排了个征南大将军、益州牧，差不多属于同级调动。苻洛对这次人事安排很不满，加上治中平规等人的鼓动，便在和龙（今吉林省和龙市）举旗反叛，自称大将军、大都督、秦王，领兵七万南下。

而先前谋反不成后被苻坚赦免的苻重，此时正镇守蓟城（今北京市境内）。一看苻洛起兵，也急忙发动蓟城所有军队响应苻洛。反叛大军的人数一度达到了十万之众。时任步兵校尉的吕光主动请缨，率领步骑兵四万征讨。最后吕光大获全胜，生擒苻洛，追斩苻重，迅速平息了这次叛乱。

不过要说吕光最威风的，还是后来的远征西域。苻坚平定中原后，军事上达到鼎盛。他志在统一中国，南下灭晋是其毕生心愿，而西进西域则是他宏伟蓝图的一个关键部分。苻坚的想法是，打通西域，宣示国威并教以仁德，恢复当年的汉武雄风。环顾麾下，便将这个重任交给了吕光。

彼时的苻坚可能还没有攻晋的打算，或者说在思想上还没有最后确定南下。所以西征西域就是当时一项重大决策，也是一次十分重要的军事行动。把这个重担交给吕光，充分体现了苻坚对吕光的信任，以及吕光在苻坚心中的位置。于是，吕光领精兵七万、铁骑五千，开始了漫漫的西征之旅。他降焉耆、破龟兹，慑服西域三十六国，所获珍宝无数。帝国威风雄镇边陲，极大地扩张了前秦的帝国版图。

西部节节胜利的同时，苻坚开始实现他的另一个宏伟目标：南下攻晋。然而，这次他却没有那么幸运。随着淝水之战的落败，也让吕光在西部的胜利变得毫无意义。于是吕光打消了原想留在西域的想法，在高僧鸠摩罗什的建议下领兵东归。他先是击败了阻拦大军东进的凉州刺史梁熙，进驻姑臧城，而后又打败了想趁机复国的前凉王族势力。随着周边胡夷纷纷归附，吕光基本统一了凉州全境。

哭悼完苻坚，吕光自称大将军、凉州牧、酒泉公，定年号为太安，正式割据凉州。三年后，亦即389年，吕光称三河王，置百官，改年号麟嘉，成为西部绝对的老大。十年后，亦即396年，吕光即天王位，改年号为龙飞，完成了从地方军阀到独立王国的华丽转身。吕光建立的政权，史称后凉。

征讨西秦，是后凉对外用兵的开始，也是后凉由盛至衰的转机。一开始，西秦迫于后凉的强大，国主乞伏乾归不得不向吕光称臣。后来西秦渐强，就不再听命于吕光。397年，志得意满的吕光亲自率军征讨西秦，不想却惹出来一场变故，让后凉进入分崩离析的境地。

事情缘起于吕光的弟弟吕延，他因中了乞伏乾归的埋伏而被俘杀。结果吕光听信谗言，将吕延的死怪罪到跟随吕延的尚书沮渠罗仇头上。吕光以败军之罪斩杀沮渠罗仇，终于将他的侄子沮渠蒙逊逼反，拥立段业建立了北凉政权。而一向对吕光不服气的地方势力秃发乌孤，也趁机割据，建立南凉政权。一时间，强敌环伺，战事不断。一向平静的凉州进入群雄争抢、战火纷飞的乱世。吕光苦心经营起来的后凉政权，也处在了生死存亡的边缘。

6

姚兴以孝为先

后秦将帝国最辉煌的一段时光，留给了第二任皇帝姚兴。

从某种意义上讲，自姚兴当上皇帝之后，后秦才总算有了个帝国的模样。开国皇帝姚苌虽然扛起了大旗，也登基称了帝。但一则帝国草创，各种配套不可能一下子完善；二则彼时前秦并未灭亡，他的主要精力都放在了与前秦的征战上。再就是姚苌死后，前秦的残余势力仍很活跃，苻登统帅的那支以人肉做军粮的虎狼之师，让后秦颇为头疼。所以，最初的后秦更像是一支忙于四处征战的流动大军，还顾不上经营一个实际意义的国家。姚兴嗣位后，彻底剿灭了前秦残余，自此以关中为中心的后秦，才得以腾出手来收拾山河，以一个大国的姿态睥睨天下。

姚兴是姚苌的长子，堪称姚氏一族出类拔萃的人物。他也是后秦仅有的三任帝王中，在位时间最长、成效最卓著的一位。这个最初被前秦王苻登蔑视的年轻帝王，最终让前秦大吃苦头。马毛山一役，苻登残军覆没，姚兴成了前秦帝国事实上的掘墓人。

在关中站稳后的姚兴，并没有停止他的征战脚步。向西，他马鞭直指凉州，先后降服了后凉、后仇池、西秦等政权。南凉秃发氏迫于高压，也对姚兴俯首称臣。后秦一度控制了凉州大部分领土。向南，后秦蚕食东晋，镇东将军杨佛嵩攻陷洛阳后，淮河、汉水以北的多个城池请送降书。自此，后秦帝国的军事达到了鼎盛。可以说，姚兴在十六国时期，掀开了羌族史上最为辉煌的一页。

细节决定成败。除了极少数天赋异禀的天才，好多做出轰轰烈烈大事的人，其实也并不见得有多特殊，有多么异于常人。只不过，他们能将大家都能做的最普通的事情，做到极致。从这点上讲，姚兴的成功绝不是偶然的。他有两个最突出的特点：好学和孝道。按说这俩事儿也没啥与众不同的，好多普通人也都具备。只不过不像姚兴那样，能把二者发挥到极致。

姚兴自小就很好学，父亲姚苌对外征战时，让姚兴留守长安，他便经常和人讲论经籍。而且不受外界的干扰，从未有过片刻的荒废。姚兴勤学好学的这个习惯，就是在他当了皇帝之后仍能始终如一，并转化为对国家教育的重视，在长安掀起了一阵读书的热潮。因为自己爱学习，姚兴对那些有学问的人就特别青睐。比如姜龛、淳于岐、冯翊、郭高等经学大家在长安开班讲学，吸引了近两万学生听课，比百家讲坛还热闹。姚兴便经常在工作之余和他们一起谈经论道，相互切磋。皇帝如此重视而又谦虚，这些人的劲头就更足了。

凉州一地有个叫胡辩的大儒，很有学问。他在洛阳设坛讲学，弟子有一千多人，关中一带慕名前往的人也很多。那时为了防止人口和人才流失，人口流动是严加管控的。关中又是四塞之地，出入更为严格，要有证件才行，很不方便。于是姚兴专门下了一道敕令，对这些求学的人大开绿灯，全部放行。政策如此宽松，一时间，后秦国内儒风兴盛，好学不倦。一派执着向上的景象。

姚兴的孝道，是他另一个值得称赞的特点。他的孝道甚至有些偏执，母亲死后，姚兴悲伤哀痛，好长时间不上朝，已经到了影响工作的严重地步。你也许会说，成大事者不在意儿女情长，姚兴这样是没有帝王的气魄和胸怀，是不以国家大计为重。再列举一些楷模，因为工作繁忙，父母过世都没时间去吊唁的鲜活例子。

其实这两者并不矛盾，只是侧重点不同而已。姚兴注重孝，楷模们看重忠。忠、孝发生冲突，本就难以两全。姚兴的情感来得质朴、纯粹。安葬了母亲之后，姚兴素服临朝，昭示天下，毫不掩饰自己作为常人的一面。这也不是随便哪一个人都能做到的，很值得敬佩。

姚兴以孝为先，也引导了当时的国家风气，让魏晋以降的玄学之风得以降温。当时长安有个叫韦高的，性格狂放不羁，把同样以狂放不羁著称于世的阮籍当成偶像。母亲死了，他在那弹琴饮酒，诠释魏晋风流。给事黄门侍郎古成诜听说后，扬言要亲手宰了这个不孝之人，提着宝剑到处找韦高。韦高一看这架势，瞬间忘了阮籍，抱头鼠窜躲了起来。有生之年再也没敢与古成诜照面。

姚兴的这两个特点，其实可以归纳总结为一点，就是媒体常说的一句话：率先垂范。率先垂范说起来轻松，真正做到并不容易，多数会流于面子工程。其关键在于，你是真心地想做，而不是想做给别人看。姚兴将这两件事做成了习惯，即便他是一个普通人也会如此。事实上，作为皇帝的姚兴很多时候都把自己当成普通人。他生活非常简朴，所乘车马没有金玉之饰，就是个代步工具。皇上率先垂范，朝中上下无不效仿。怕责怪也好，拍马屁也好，总之结果是积极的。

姚兴治理国家也是把好手，他广开言路，并不闭塞视听。对提出好的建议的人，哪怕只有一句话，他也会反馈最大的诚意和尊重。姚兴哪点都好，就有一个毛病，喜欢骑马游猎。游牧民族的秉性犹存，可能也是保持战斗力的需要。不管什么原因，都难免践踏祸害到老百姓的庄稼。因此有人作了《丰草诗》和《德猎赋》进行讽谏。姚兴看后表示虚心接受。

可令人遗憾的是，姚兴以人为本、以孝为先的种种表现，能打动国人，却无法打动儿子们的心。在他晚年一病不起之后，夺宫之变还是发生了。虽然叛乱最终被镇压下去，但病入膏肓的姚兴经此折腾，连气带吓，最后气绝身亡。

·第五部· 火并篇

——慕容氏冲突与凉州争霸

上篇

家族之叹

——慕容氏群像，西燕、后燕与南燕

1

慕容氏群像缩影

金庸先生在小说《天龙八部》中，塑造了一对为达目的不择手段的父子慕容博和慕容复。为了再现慕容氏祖上的辉煌，二人可谓处心积虑。当然，这是武侠小说，将虚构的人物放在了武林世界里。用成人童话演绎人性的善恶，也可说是社会现实的一个缩影。

历史上真实的慕容氏，为了实现其称霸中原的夙愿，也是费尽了心机。他们和慕容父子几乎如出一辙。换言之，慕容博和慕容复的人物形象，在历史上是能找到原型——或者说相似身影的。

那么，父子二人到底像谁呢？其实他们并不就是哪一个具体的人物，而更像是慕容氏整个家族群体的一个缩影，是金庸先生对慕容家族性情的高度凝练和概括。比如他们的武功和名气，“南慕容、北乔峰”的名头之响，可以远及千里之外，武林中人无不折服。威风如此，很像当年为前燕建国立下汗马功劳的慕容恪。慕容恪在辽东的辉煌战绩，几乎创造了当时东北地区的战争神话，入据中原后，他又打败了冉闵，让中原的战局彻底发生了逆转，连当时东晋朝的大将桓温和前秦大帝苻坚都忌惮三分。

以慕容博的隐忍，居然可以不顾武林宗师的身份而装死，这在性格上，有点像西燕的皇帝慕容冲。前燕灭国，年仅 12 岁的慕容冲不但成了俘虏，还因生得眉清目秀，成了苻坚的男宠。苻坚喜爱归喜爱，但对于慕容冲来说，却无疑是一段难以启齿的羞辱。不过慕容冲没有办法，一个 12 岁的孩子能有什么办法啊，所以他只能忍受。但慕容冲也就此种下了对苻坚的刻骨仇恨，这种仇恨在心里一憋就是 13 年。这份隐忍，犹在慕容博的装死之上。

苻坚淝水战败后，慕容冲举兵反叛，兵临长安城，与苻坚展开生死对决。杀入城中后，慕容冲心中积蓄多年的愤恨，化作了对这座城市的毁灭性报复。一如慕容博在少室山上的狂笑，或许这也是慕容冲一朝扬眉后的宣泄吧。

慕容复有着作为一个皇族后裔特有的冷漠和高傲，他总是自认高人一等，虽四处碰壁，落拓江湖，在心理上和态度上对别人还是不屑一顾。这一点很像前燕的末帝慕容暐。慕容暐被前秦军队俘获后，大将巨武要捆绑他。慕容暐皇帝劲头拿捏十足，痛斥说，你是哪里的下人奴才，也敢绑皇上！满脸地瞧不起，全然忘了自己已然成了阶下囚。

不过苻坚对慕容暐还是不错的。苻坚坚持以德治国、仁行天下的执政理念，将慕容暐押解到长安后，不但没有杀他，还委任他为新兴侯，礼遇甚重。对其他的慕容氏皇族，苻坚也一一进行了妥善安排。比如慕容暐的弟弟慕容泓被封为北地长史，慕容冲被封为平阳太守，等等。而对慕容暐，苻坚则更是高看一眼，在征寿春时，甚至让慕容暐担任平南将军、别部都督，对其可谓充分信任。

然而苻坚于淝水落败后，慕容泓和慕容冲相继起兵反叛。慕容暐于是看到了希望的曙光，派人秘密联络他的两个弟弟和慕容氏的宗亲，开始里里外外地忙乎起来。苻坚就责备慕容暐，说我刚刚经历小小失败，你们就这样迫不及待地背叛我，像话吗？你要真想走，我不拦你，还会给你盘缠。慕容暐听后，吓得叩头流血，哭天抹泪地连连道歉。

后来局势恶化，苻坚让慕容暐给慕容泓和慕容冲二人写招降书。慕容暐再一次逮着机会，悄悄写信给慕容泓，大概意思是说，前秦气数已尽，长安城出现很多异象，证明前秦支撑不了多久了，你们千万别泄劲儿，加油。你说你不写就算了，还拉偏套，做得有些不地道。最后慕容暐还想谋杀苻坚作为内应，结果阴谋败露，被苻坚处死。

兴复大燕的想法，本也不能说错，毕竟这属于政治的范畴。然而像慕容暐这样，利用苻坚对自己的信任，做出背信弃义的事，从人性的角度上讲，就着实不怎么样了。当然，政治是很难用人性去衡量的。也许政治的成功，与人性向善本来就成反比。这或许也是苻坚以德治国最终落败的原因之一。

慕容复父子擅长“斗转星移”的武功绝学，讲究“以彼之道还施彼身”。虽说是武功的一种，但金庸老先生是将它赋予了生命的。它更像是慕容复父子为人的写照。他们不但擅长“以彼之道还施彼身”，更擅长“以己之道还施彼身”。一如他们的先祖慕容暐。

书中慕容博为了达到目的，挑拨中原武林与契丹发生冲突，以便浑水摸鱼得渔翁之利。这点很像后燕的开国皇帝慕容垂。

前秦南下伐晋，苻坚也是经过一番讨论和论证的，并非就是一时的头脑发热。在征求群臣意见时，几乎所有的人都反对出兵，只有慕容垂等少数几人坚决支持。幕容垂并极尽煽风点火之能事，说陛下德行堪比黄帝、唐尧，功劳盖过商汤和周武王。恩泽雨露更是泽被四方，就连那些遥远的部落都前来归顺，威望没得说。而且现在帝国有百万雄兵，怕他个鸟甚。大拍苻坚马屁。为彻底打消苻坚的顾虑，幕容垂最后还用激将法直戳苻坚的软肋，说你要听那些老朽们的话，还怎么成就千秋伟业啊！搞得苻坚连夸慕容垂不算，还重赏了他。

然而淝水战败，各路人马都被打散了，只有慕容垂一支部队毫发无损，这就很蹊跷了。当然，慕容垂当时驻扎郧城，没在淝水前线，但迟迟不去增援，恐怕也不能排除作壁上观、盼着苻坚被打败的可能性。慕容垂因为被挤对，叛离前燕投降前秦，应该说并非出于他的本心。对于慕容氏的帝业，他还是无限留恋的，所以他要伺机复国，也就埋下了第二次叛离的伏笔。

正如《天龙八部》中的少室山之战，慕容复站到了星宿老怪一边，让局势一下子复杂起来一样。慕容垂的前后两次叛离，对当时的局势都产生了很重大的影响。第一次叛离前燕，让前燕与前秦势均力敌的对峙，变成了秦强燕弱的一边倒，前燕很快被前秦灭国；第二次叛离前秦，牵扯住了前秦大半的精力，也让前秦迅速走向了无法收拾的败境。

世事总是这样的无奈，一些人的落拓，也许正是另一些人的机会所在。苻坚于淝水惨败，却让慕容垂看到了复国的希望。他忘掉了昔日苻坚对他的好，在苻坚最困苦的时候，决然离开，以帮助苻坚平定北部叛乱和祭祖为名，重回旧燕故地。慕容垂很快便竖起了自己的旗帜，自称大将军、大都督、燕王，不久又称帝。

可叹的是，苻坚当时还派了人护送他。

《天龙八部》一书中写慕容复为了光复大燕，不惜认四大恶人之首的恶贯满盈段延庆为父，并不顾江湖道义，亲手杀害与他情同手足的包不同和风波恶。而慕容垂后来剿灭西燕，杀害慕容氏的血脉宗亲，似也堪能与之媲美。

慕容复住的地方叫“参合庄”，使用的一种武功绝学叫“参合指”，其实也是有来头的，名目来自那场改变后燕历史的战争——参合陂之役。

后燕立国后不断开疆拓土，并与北魏连年征战。结果参合陂一役遭北魏逆袭，慕容宝（慕容垂之子）的征魏大军几乎全军覆没，后燕由此元气大伤。396 年，慕容垂亲率大军再次攻魏。走到参合陂时，见古战场积骸如山，于是设坛吊祭。三军将士想到死去的父兄，一起恸哭不止，场面煞是凄凉。当此情形，一贯霸气外露的慕容垂也是悲从中来，一口鲜血喷出，就此卧病不起，在退兵途中饮恨而终。

英雄一世的慕容垂，有过风光，也有过憋屈。正如壮志难酬的慕容复终至疯癫一样，慕容垂为了完成大业费尽了心机，虽然得到很多，却也有着内心无法完结的遗恨。个中滋味如何，或许只有他自己才能明白。

2

慕容冲受辱雪耻

慕容氏的复国行动，曾经在历史上真实上演过。

慕容氏兴起于辽东，入主中原后进入全盛，建立了前燕割据政权，一度在北方与前秦分庭抗礼。这个时期也是慕容氏最为风光、最值得炫耀的时期。同时也是慕容家族英雄辈出的时期。慕容家族的历代英雄们，共同谱写了慕容氏问鼎中原的无限风光。然而部族的兴衰就像他们的国家一样，达到鼎盛之日，便也是衰败之始。

随着前燕的灭亡，慕容家族也步入了一个最屈辱最晦暗的时期。末帝慕容暐，连同慕容氏庞大的皇族，全部做了前秦的俘虏。在回望昔日辉煌的叹息中，无奈地踏上了被集体押解至长安之路。庆幸的是，苻坚以武力征服四方，却并不以杀戮统治民众。对于慕容家族，前秦仍待之以贵族之遇。之前投靠的慕容垂，苻坚委以重任；后来俘获的慕容暐，封任新兴侯。就连前燕遗臣也都封了官。

然而，对于那些曾经享受过皇族尊贵的人，绝不会仅仅满足于衣食的丰腴和无忧的生活。他们真正需要的是权力，是显贵的荣耀，是别人对他们的臣服和膜拜。苻坚以德治国指导下的仁义安排，对于曾经贵为王胄的慕容氏来说，却无疑是最大的耻辱。他们所怀念的，是慕容皝雄霸辽东的昔日辉煌，是慕容儁策马中原的英雄霸气，是慕容恪威震晋室的绝世武功，更是慕容垂足智多谋的大将风范。而此时此刻，所有这些都已似过眼烟云般荡然无存。剩下的只有寄人篱下、任人驱策的羞辱与怨愤。

亡国的现实与家族的高贵形成鲜明对比。可以想见，这种强烈的反差，是怎样痛击着慕容家族每一个成员的心灵。可以肯定的是，在他们内心深处，没有一天不想复国，没有一天不在想念那曾经的荣耀。他们那种自认为高贵的皇族血脉，一刻也没有停止过沸腾。

对于后来举兵叛秦者之一、西燕的第二任国主慕容冲来说，屈辱则不仅仅来自亡国之痛，更兼有肉体和心灵上的双重创伤。慕容冲是和他姐姐清河公主同时被苻坚看中的。清河公主时年 14 岁，长得清秀可人。于是苻坚将她纳入宫中，宠冠后庭。慕容冲时年 12 岁，也已出落成眉清目秀的美少年，深得苻坚喜爱——要说这苻坚取向也够广泛的，男女通吃。以至于前秦后宫出现姐弟二人专宠的奇异景象。

当时长安一地曾有歌谣唱道：“一雌复一雄，双飞入紫宫。”苻坚对慕容冲的情感，甚至尤胜于清河公主。后来苻坚在大臣王猛的力谏下，万难才将慕容冲安排到地方上任职。但在苻坚情感上对慕容冲仍是依依不舍，于是在阿房城种植了几十万株桐竹，希望有一天能召回这只人中凤凰——慕容冲小字凤凰。虽说是不为常人理解的畸形之恋，但苻坚这份真情，读来仍能令人动容。

人在幼年时所经历的创伤，是很难弥补和愈合的。这段畸形之恋，双方的想法并不相同。苻坚对慕容冲也许是一往情深，但对于慕容冲来说，却是难以启齿的羞辱。慕容冲身上同样流淌着慕容家族高贵的血液，时刻燃烧着复仇的火焰。

机会来自那场著名的战役。淝水之战可以说是苻坚最大的败笔。前秦落败之后，墙倒众人推，国家分崩离析，走到了无法收拾的境地。就在淝水之战后的两年内，曾在前秦治下的五族豪强，就先后建立了后燕、西燕、后秦和西秦等几个割据政权。这其中的始作俑者便是慕容氏。先是慕容垂重回前燕故地，举兵反叛；随后北地长史慕容泓在关东、平阳太守慕容冲在平阳起兵响应。

历史就是这样让人叹息，曾经被苻坚宠爱的慕容冲，再次回到长安之时，已不再是苻坚想象中的凤栖梧桐，而是兵临城下的生死较量。

慕容冲的屈辱，从他与苻坚的两段对话中，便可见一斑。慕容冲兵临长安城下，苻坚虽是英雄末路，却依然不失皇帝威严，当着众人质问慕容冲：小奴何必前来送死呢？慕容冲答道：我正是讨厌做奴仆，所以才要取代你。这应该是慕容冲心中积蓄很久的话。我们可以想象，曾经为奴的愤懑，被逼做男宠的羞辱，到此刻已是全然迸发。

苻坚仍想动之以情，不再称呼慕容冲为奴——估计刚才也不是真心，而是在意面子。说爱卿远道而来一定累了，送你一件袍子以表心意。朕对爱卿是何等恩情，怎么说翻脸就翻脸啊！然而慕容冲并不买账，说我现在想的是天下，岂会在乎一件小小的袍子。断然拒绝，让苻坚碰了一鼻子灰。

说苻坚仍念及旧情，理论上是成立的。赠袍也应该并无羞辱慕容冲的意思。然而今非昔比，对于慕容冲来说，这无异于火上浇油，勾起他对那段羞愧往事的痛苦回忆。

严格说，西燕的第一任帝王应该是慕容冲。慕容泓当时只称济北王，不到一年便被部下杀死，没来得及称帝。慕容冲则于385年正式称帝，如愿以偿地坐上了龙椅。随后他向前秦发动猛烈进攻，终于将苻坚逼得逃离长安。慕容冲杀入长安城，积蓄多年的愤恨化作疯狂，在抢劫和屠杀之中寻找失去的平衡。

苻坚生活上的另类爱好，我们先不去讨论。单就一任帝王而论，他无疑是成功的。在他的努力下，前秦一度统一北方，达到空前鼎盛。就统一的难度系数上讲，前秦与后来拓跋魏统一北方是不一样的。拓跋魏兴起之时，五族已成末势，这无疑是顺利实现统一的绝好前提。而苻坚统一北方正值五族昌盛之时，则更为艰难——当然在客观上也造成了这种统一并不牢固的隐患。

苻坚在决策上的失误有两个：一是贸然进攻东晋；再就是对慕容氏的宽容。关于慕容氏，当时的太史令张孟就曾劝谏苻坚，说慕容氏一向是我们的仇敌，陛下却安排他们在朝中做官，还委以重任。臣对此有些担心，应该慢慢削弱除掉他们，以防生出变故。苻坚的弟弟苻融也持这种观点。苻坚都没听取。苻坚一生最为依赖的宰相王猛死时留下遗言，让苻坚早做了断。苻坚又没采纳。只有走到穷途末路之时，苻坚才幡然醒悟，慨叹后悔没听王猛和苻融的话，导致枝强本弱。然而，一切都为时已晚。

历史过去了1600多年。时至今日，我们很难用简单的好与坏、对与错去评价一个历史人物。慕容氏复国，站在慕容家族角度来讲，或有难言之隐。然而站在苻坚的角度来说，则就是背信弃义了。正如苻坚宠幸慕容冲，或许出于一片真情。但对于慕容冲来说，却无疑是一生中最大的耻辱。

3

西燕皇族血拼

慕容氏崛起的过程，也是其家族内部不断争斗的过程。早在慕容氏政权的奠基人慕容廆时，就与其庶兄慕容吐谷浑构隙，迫使慕容吐谷浑远走边陲；前燕政权建立后，慕容皝又与慕容翰、慕容仁兄弟相攻；入据中原后，慕容垂遭太傅慕容评的猜忌，愤而投降前秦，等等。但要说到慕容氏家族最惨烈的一次火并，则是后燕灭西燕的战争。至此，慕容氏的内部争斗也达到了沸点。面对皇位的诱惑，后燕皇帝慕容垂毫不犹豫地向同种同族的西燕频出重手。

西燕政权是在苻坚淝水兵败后建立起来的。淝水之战后，慕容垂回到前燕旧地起兵反叛，在中山建立后燕政权。几乎与此同时，北地长史慕容泓也在关东（函谷关以东）起兵，自称济北王，建立西燕政权。随后平阳太守慕容冲起兵响应，在被前秦军打败后与慕容泓汇合，致使西燕兵力增至10万，成为一支不可小觑的军事力量。慕容冲攻入长安，让一息尚存的前秦失去了最后的根本。

后燕和西燕打出的都是光复大燕的旗号，都是为了慕容氏的荣誉而战。但严格地说，二燕哪个都不算前燕的正统谱系，因为谁也不是前燕的嫡系传承。两国初立时，前燕末帝慕容暐还活着呢，还在前秦当着他的新兴侯，而且他至少还有两个儿子。后燕立国者慕容垂是前燕开国皇帝慕容儁的弟弟、慕容暐的叔叔，虽然血缘亲密却在传承之外，而且还被挤对得投了前秦。西燕立国者慕容泓是慕容暐的弟弟，也不在传承之列。

也正因如此，慕容泓才只称济北王而没有称帝，慕容冲在慕容泓被杀后执政，称皇太弟，依旧认可慕容暐的地位。慕容垂称燕王时丁零人翟斌劝他称帝，慕容垂拒绝说："新兴侯，国之正统，孤之君。"也承认慕容暐的正统地位。慕容冲称帝后，有人也劝慕容垂上尊号，慕容垂就以慕容冲已经在关中称帝为由，没有答应。他对自己的合法性也很心虚，后来实力强了才称帝。

就合法性来说，西燕其实比后燕更占优势。慕容泓起兵后，慕容暐打算刺杀苻坚作为内应，结果事情败露反被苻坚处死。行动之前，慕容暐曾以前燕国主的名义致信慕容泓，委任他为大将军、慕容垂为相国，并明确表态，如果他死了慕容泓可以"即尊位"。这等于慕容泓有了皇权授命，而慕容垂的定位依旧是臣子。

慕容垂的优势是占据了前燕故地，有着形式上的传承，就像慕容德说的，"燕、赵之士乐为燕臣"，有着广泛的群众基础。慕容垂的一世英名也足以号召鲜卑民众。西燕则更像个流亡政府，民众多是被前秦迁去关中的，心都飘着，缺乏归属感。而且西燕传承太过混乱，靠杀戮更替，没有一定之规，甚至右将军段随都过了一把大王瘾。

西燕末帝慕容永和慕容垂是一个曾祖父，跟前燕皇室离得更远。他最初惧怕慕容垂，只自称河东王，并向后燕称藩，等于承认了西燕的附属地位，这或许也是西燕不被重视的一个原因。不过几个月后，慕容永在长子（今山西省长子县）站稳脚跟，也就不理慕容垂那一套了。

二燕之间其实不存在法统之争，即便有，也是试图消灭对方的说辞。慕容垂出兵西燕的目的，《晋书》中说得很直白："不复留逆贼以累子孙。"为的是给后世铺路。当时的意见并不统一，多数人觉得理由并不充分，因为慕容永并未挑衅。最后还是弟弟慕容德的话让他坚定了信心，说西燕的存在会扰乱视听，让鲜卑民众难以选择，应该尽早消灭。这其中很关键的一点，是西燕与后燕国土相连。

西燕与后燕本来并不挨着，其主战场最初在关中，一直在跟前秦作战。慕容冲夺取长安后，又畏惧慕容垂军威，还打算扎根呢。但是西燕的鲜卑人是前燕灭国时被前秦迁去关中的，都想回家乡，最后矛盾激化还杀了慕容冲。西燕东迁期间经历了几轮杀篡，到慕容永掌舵时传来慕容垂称帝的消息，东进计划随之终止。慕容永建都长子后，就与同宗同源的后燕成了地街坊。

慕容垂要做中原老大，自然容不下西燕，攻灭西燕是迟早的事。翟魏国主翟钊的出逃则给了他尽早出兵的理由。

翟魏也是前秦溃败后建立起来的政权，肇始者是丁零族首领翟辽。丁零翟氏一族最早居于西域，西晋末年内迁至中原，先依附后赵，后归于前秦，秦王苻坚迁徙人口充实关中时，翟氏一族被安置在今天的河南省新安县和渑池县一带。前秦淝水战败后，族首翟斌率丁零部众反叛，慕容垂的侄子慕容凤归附翟斌并劝说他推举慕容垂为反秦盟主。慕容垂称燕王后，任命翟斌为建义大将军、封河南王，翟斌嫌官儿小，要求出任尚书令，被慕容垂婉拒。翟斌谋叛慕容垂，结果事发被杀，翟斌的侄子翟真带领儿子翟辽以及一部分丁零人出逃。翟真死后翟辽夺取黎阳郡（治所在今河南省浚县），在经历降燕、叛燕的反复后，索性置百官、改年号、自称魏天王，建立了翟魏政权。

翟魏自立国之始就与后燕为敌。翟辽死后，其子翟钊继位，也给后燕制造过不小的麻烦。后来翟钊被慕容垂第三子、后燕名将慕容农打败，投奔了西燕，慕容永还给他封了官。如此，战争便如箭在弦了。慕容氏又上演了一次手足相残——慕容永是慕容觥的堂侄，和慕容垂本是堂兄弟。

慕容永有过赶跑苻坚、打败苻丕的不错战绩，但这次的对手是打败过桓温的老将慕容垂，十六国时期排得上号的军事家，所以败下阵来也属正常。而且慕容垂并未轻敌，其排兵布阵和兵法运用甚至可以当教材。他先是分兵两路：一路夺取重镇晋阳；一路进逼西燕国都长子。而长子方向又分三路：北路由慕容恪之子、慕容垂之侄慕容楷出滏口（今河北省邯郸市峰峰矿区境内），中路慕容农指壶关，南路慕容垂屯兵邺城西南。

慕容垂屯兵，是为了制造出大军欲南下轵关（今河南省济源市境内）的假象。慕容永果然被调虎离山，率大部队南下。结果慕容垂突然从天井关（今山西省晋城市境内）北上台壁（今山西省黎城县境内）。慕容永闻讯，慌忙中只带了5万人回防。

潞川（浊漳河）对决时，慕容垂让慕容国埋下伏兵后假装撤退，慕容永率孤军深入，被两翼的慕容楷和慕容农率军包抄，之后慕容垂回师、慕容国截击，慕容永大军就被装了口袋。逃回长子后，部将贾韬又反水，慕容永城破被杀。这时晋阳也传来捷报，西燕就此国灭。火并西燕，后燕既扩大了疆域，也使得国力大增，为慕容氏再次称霸中原奠定了坚实基础。

西燕败给慕容垂其实是迟早的事。可以说，西燕的灭亡，早从其立国之初就已经注定了。在被后燕火并之前，西燕内部的自相残杀就早已激烈上演。西燕总共存国 10 年，却有过 7 任帝王，而末帝慕容永自己在位时间就达 8 年之久。386 年的上半年，是西燕的多事之秋，篡杀成了家常便饭。在短短的半年时间里，西燕国就换了四位皇帝。在这半年里，慕容氏同宗同源的亲情，已经变得尤为淡薄。

西燕的内部厮杀，和他们草创起来的班子有关。慕容泓仓促起兵、仓促建立政权，又只顾打仗和自保，并没有形成一套很严密的管理机制。慕容冲的队伍与之会合后，力量虽增强了，然而结构却更加松散了。慕容氏内部人心不稳也是个重要原因，他们中的大多数人，只想尽快东归，回到前燕故地。因为他们的故土在东方，他们最初的政权也在东方。来到关中是赶鸭子上架，是被逼的。这种想法很普遍，就与西燕统治者的思想发生了偏离，特别是慕容冲。

事实上，西燕的内部厮杀，也是从慕容冲被杀开始变得白热化的。慕容泓建立西燕三个月后便被部下杀死，皇太弟慕容冲继任。慕容冲占据长安后，找回了昔日的尊严，通过血腥屠城也得到了心灵的释放。但他又迷恋关中肥沃之地，想长期扎根，不想东归故土。以至于鲜卑部众怨声载道，情绪很不稳定。其实慕容冲不想东归还有一个原因，就是惧怕慕容垂。慕容垂此时已在中山（今河北省定州市）称帝。其在慕容氏家族中的威名，远非慕容冲可比。况且西燕在实力上，也和后燕差着好大一截。

矛盾积聚到一定程度就会爆发，最突出的体现就是杀戮。左将军韩延和前将军段随攻入皇宫，将慕容冲乱刀砍死，拥立段随为燕王。西燕政权改姓，慕容家族肯定不答应。于是，过了不到一个月，大将慕容永和慕容恒又攻杀段随，拥立慕容觊为帝。慕容觊和段随一样，也只当了一个月皇帝，便被护军将军慕容韬刺杀。慕容永又杀慕容韬，立慕容冲的儿子慕容瑶为帝。之后，慕容永和慕容恒又起纷争，慕容永攻击慕容恒，顺便将慕容瑶也收拾了，拥立慕容泓的儿子慕容忠为帝。但慕容忠也只是个傀儡，不久部将刁云反叛，杀死慕容忠，拥立慕容永。

从中我们不难看出，在这场厮杀中，有一个很活跃的人物——慕容永。其实自段随被杀后，西燕政权就一直处在慕容永的掌控之下，段随之后立的几位，不过都是摆摆样子的傀儡而已。严格说，西燕也是从慕容永开始，才有了些政权模样。之前的西燕，更像是一支临时拼凑起来的游击队伍。慕容永最初对慕容垂称臣，没有即刻称帝。攻下长子后，西燕政权得到暂时稳固，慕容永也随即称帝。这让慕容垂最终下了剿灭西燕的决心。

4

慕容垂反客为主

论性格复杂，后燕的开国皇帝慕容垂无疑是其中的佼佼者。作为惯战疆场的猛将，他的两次叛离，无一不对当时的中原格局造成了巨大影响：第一次叛离前燕，让前燕与前秦制衡的天平出现倾斜，强弱立现；第二次叛离前秦，让苻坚如断一臂，也让前秦迅速走向土崩瓦解的败境。而实现了大燕复兴后的慕容垂，北伐拓跋魏，最终让鼎盛的帝国走向了败亡。他自己也落了个悲情愤懑、吐血而死的凄惨结局。细数慕容垂的一生，竟然直接或间接地断送了三个强盛的帝国。这在整个中国历史上，也算是极其特殊了。而这些，都与他复杂的性格有关系。

历史上的人物，其实很难用简单的好坏或是简单的善恶，来作为最终的评判标准。站在不同的立场，从不同的角度看问题，你会得出不同的结论。特别是从事政治的、那些在夹缝中生存的人，就更难凭表象作出判断。政治本就是胜利者的政治，一如战场上对阵的双方，为了取得胜利，可以采取任何非常规的手段。

淝水之战，谢玄让秦军后退，以便腾出地方交战，却又趁乱攻打，你能说是言而无信吗？慕容垂也是一样，若单纯从人性的角度去看，两次叛离，自然有些背信弃义让人不齿。然而，十六国纷争是政权的争夺，是政治的争斗。动的是心机，讲的是成败，不看道德。从这方面讲，慕容垂的行径，似乎又可以理解。不管怎样说，有一点是可以肯定的，那就是慕容垂当时的内心是非常复杂的。

历史时过境迁，昔人早已作古。我们无从得知慕容垂彼时的真实想法，只能从点点滴滴之中，去尽量还原他当时的复杂心态。慕容垂第一次叛离，可以说并非他的主观意愿，在很大程度上是被叛离。他受到太傅慕容评和太后可足浑氏的排挤，不得不投奔前秦。那黯然离去的背影，包藏着多少委屈和无奈！承载着多少愤怒和怨恨！这种心境，旁人是很难体会得到的。

慕容垂是个有真本事的人，能征善战，最著名的就是在枋头之战中大败桓温。当时辅政前燕的慕容恪，就曾向皇帝慕容暐多次举荐慕容垂，还说其才能胜过自己十倍。这当然是自谦的话，但也足以说明慕容垂的分量。慕容恪死后，苻坚多次想出兵前燕，都因忌惮慕容垂而作罢。就是这样一位冲杀疆场、威风不可一世的大英雄，却被挤对得没有立锥之地。这种强烈的反差，更增添了几分悲剧成色，其心中的愤懑可想而知。

慕容垂内心更为强烈的冲突，来自他叛离前燕后的第二年。前燕国灭，苻坚将慕容氏皇族、王公大臣及鲜卑百姓四万多户迁到长安。看到家族凄惨到这般田地，慕容垂悲从中来。他从中找到了自己的孩子，跟他们一起抱头痛哭。然而令他最为伤心的，应该还是慕容帝国的垮塌。因为那里凝聚着他的心血，是他依依不舍的情结所在。而对那些前燕旧臣，慕容垂当时并不十分感冒，甚至露出不悦的表情。那些曾经排挤过他的同僚或下属，让他想起了悠悠往事，悟到了人心险恶。几多辛酸涌上心头，自然也就没有什么好脸子。

对国家的哀悼，对往事的回忆，对诸子的爱怜，对故吏的冷漠，以及愤懑已久的宣泄，种种情感交融，慕容垂心中可谓五味杂陈。而这些情结复杂的内心情绪最终汇聚起来，笃定了他复国的信念。慕容垂投靠前秦，是出于无奈也好，气愤也罢，总之都不是出于本心，所以也就有了他的第二次叛离。

应该说，慕容垂复国的念头，是有着很长的心路历程的。开始投降前秦时，并不一定就存有这个念头。然而前燕国灭，也就在客观上激发了他复国思想的复活。这可从他与郎中令高弼的对话中得到答案。高弼劝慕容垂，让他不要对那些前燕旧臣过于冷漠，应该善待他们，作为将来起事的筹码。慕容垂深以为许，这话是说到他心坎里去了。也许就在那时，慕容垂就已经开始寻找复国的时机了。

慕容垂的第二次叛离，是在苻坚淝水落败之后。这次叛离，应该是有预谋有准备的，绝不等同于第一次的叛离。苻坚打算南下攻晋，于是就和群臣商量。众人多数反对，或不置可否，唯有慕容垂一人力挺。这自然很对苻坚的心思，所以苻坚才赞叹说："与吾共定天下者，独卿而已。"淝水之战已是不可更改的历史事实，然而当时前秦也不是没有获胜的机会，苻坚也不会冒失到发动一场完全没有把握的战争，所以他才会听从慕容垂的意见。

但是，南下攻晋，并不同于征战北方，它有着很多的客观因素。比如大臣们说的，南方地湿，环境不利，这是气候原因；长江天险，固若金汤，这是地理原因；还有东晋是正统，民心所向，这是政治原因。等等。而这些因素，作为一个曾经征战辽东、又驰骋中原的大将，一个曾让苻坚为之发怵的军事家来说，应该是了如指掌的。然而慕容垂还要鼓动苻坚伐晋，这就难免让人怀疑有私心了。

慕容垂叛离苻坚，内心也很纠结。虽说他早有此意，但毕竟苻坚对他礼遇有加、信任有加，从感情上还是有所考虑的。淝水战败，苻坚带着残兵败将逃到慕容垂军中，慕容垂的儿子慕容宝怂恿父亲杀死苻坚，趁机复国，还用“立大功者不顾小节，行大仁者不念小惠”的庙堂哲学进行劝说。慕容垂的弟弟慕容德也直言不讳，用的则是江湖哲学，说秦国强大时吞并了燕国，现在秦国疲弱了咱们自然要找对回来。二人一个大处入手，一个小处着眼，可谓煞费苦心。

就是这样，慕容垂还是没有忍心对苻坚下手，而是对慕容德和慕容宝说，他落难时毫不怀疑地把性命托付给咱们，如果害了他，会遭天谴的。一方面可见慕容垂虽想复国，但也不想落得背信弃义的名声。另一方面，也说明慕容垂还是念旧情的，有恻隐之心。当然，他也有既不想失信天下，又想趁机复国的心机在里面。

情分归情分，慕容垂当皇帝的念头还是最终战胜了一切。后燕帝国的建立，也实现了慕容氏的复兴。但他随后又面临着一个很大的抉择。慕容泓和慕容冲也起兵反秦，建立了西燕政权，并遥封他为大将军。所谓一山不容二虎，慕容垂要想成为大燕国的唯一代言人，就必须要剿灭西燕。为了皇权和地位，这一次慕容垂便毫不客气地出手了。

当慕容垂坐热后燕皇帝的宝座时，他似乎已经忘了被他抛弃的苻坚，还有被他屠杀的血脉宗亲。看着日益壮大的慕容帝国，慕容垂有的只是一个风光帝王的满足与惬意。

然而，就像马尔克斯在《百年孤独》中说的，生命中所有的灿烂，终究都会用寂寞来偿还。一个人可以承受从逆境到顺境的艰难，却不能接受从风光到落拓的现实。后燕立国后，与北魏连年征战，参合陂一役，后燕大军几乎全军覆没，由此也元气大伤。年届七十、垂垂老矣的慕容垂再次征魏，走到参合陂时，见到战场积骸如山，羞愤吐血。

退兵途中，慕容垂寂寞而孤独地死去，偿还了他生命中的所有风光和灿烂。也许慕容垂当时所承受的，不仅仅是参合陂的惨败，还有帝王未竟的遗憾，以及他这一生中长久积蓄的郁闷和忧愁。

5

后燕折戟沉沙

就像无往不利的拿破仑也会遭遇滑铁卢一样，慕容氏家族也曾经历过一场极其窝囊的战役。这场战役，犹如世界杯的爆冷，奥运会的逆袭。国力强劲处于巅峰的后燕帝国，竟然被刚刚兴起还稍显稚嫩的北魏打败。后燕帝国也由此急转直下、迅速败落。慕容氏家族从此也一蹶不振，渐渐退出了历史的舞台。这便是历史上著名的参合陂（今山西省阳高县境内）之战。

在十六国的历史舞台上，慕容氏表现得尤为活跃。自辽东兴起后，他们在军事上的行动就一刻没有停止过。他们不断拼杀，也付出了艰苦的努力。这些战事，有的是为了自保，比如最初与宇文部和段部的纷争，前燕抵御东晋桓温北伐的枋头之战；有的是为了扩张，如慕容儁挥师南下问鼎中原的邺城之战；还有的属于自相残杀，比如慕容皝与兄弟构隙、手足相残，以及后燕剿灭西燕，等等。这些战争，无不用铁和血记录着慕容氏的成长历程。无数次的征战积累，最终也成就了慕容氏家族的辉煌。

然而，花无百日红，慕容氏也有过惨痛的失败。这样的失败，甚至一次就能致命。如果说前燕的灭亡是遭遇了更为强大的前秦的话，那么后燕的灭亡则完全来自这场本来占据主动胜算很大的败仗。后燕开国皇帝慕容垂，堪称慕容氏复兴的功臣。不管采用怎样的手段，他最终实现了整个慕容氏家族的夙愿，让大燕的旗号在他手里得以延续。遗憾的是，仅仅因为这次轻敌冒进，慕容垂便提前给自己挖好了坟墓，也将先前的累累硕果付之一炬。参合陂的惨败，奏响了慕容氏败亡的哀乐。随着慕容垂的阖然而逝，后燕帝国随即垮塌，慕容家族犹如无源之水，最终趋于干涸。

论实力，当时的后燕要比北魏强出许多。后燕是在前燕故地上复国的，二者相隔时间并不长，有着雄厚的基础。慕容垂又灭掉了西燕，将慕容氏的两股势力合二为一。可以说，无论在地域上，还是在军事实力上，后燕当时都达到了巅峰。而北魏和后燕唯一相同的，就是它也是在前秦衰败后复国的。更多时候，它则像一个刚出生的婴儿，还处处透着稚嫩。国小力弱，强敌环伺。如同当年的代国一般，北魏在当时并不起眼。

北魏最初的实力确实没法和后燕比。作为后燕的近邻，北魏还曾多次求助于后燕，拓跋珪还是靠着慕容垂的帮忙才打败了刘显和跟他争王位的拓跋窟咄。所以北魏前期一直跟后燕交好，也不得不向后燕朝贡。慕容垂还曾下诏，封拓跋珪为西单于、上谷王，北魏无异于后燕的附庸。可以说，强大的后燕根本没把北魏放在眼里。不过接下来的几年却此消彼长，后燕平翟魏、灭西燕的威风时刻，正是北魏野蛮生长的黄金时期。

看看《魏书》的记载，就知道拓跋珪当时有多疯狂了：北征库莫奚，虏获四部杂畜十多万头；西征解如部，虏获杂畜以及男女人口十多万；袭取高车袁纥部，虏获人口、马牛羊二十多万；

大破匈奴刘卫辰部，获得无数珍宝，以及名马三十多万匹，牛羊四百多万头。此外拓跋珪还打败了柔然，兼并了贺兰、纥突邻、纥奚等部。北魏人口和财产暴增，早已是名副其实的土豪了。

尽管北魏发展迅猛，但仍不能和老牌帝国慕容氏相抗衡。魏燕的强弱转换，完成于参合陂之战。当时后燕声势威壮，慕容垂的儿子慕容宝和赵王慕容麟率大军八万先行，慕容德和慕容绍率步骑一万八千为后继。总计将近十万的后燕精锐。征魏大军浩浩荡荡，势在必得，结果却几乎全军覆没。

此役之后，后燕在中原的大部分领土沦丧，昔日强盛的帝国也被北魏腰斩为两截。皇族退保老巢龙城后又传了几任，之后改头换面成了北燕，支撑了 20 多年才被北魏灭掉。不过从地理角度上说，北魏攻取后燕国都中山城并占领山西、河北广大地区后，后燕也基本上是苟延残喘了。倒是慕容德建立了的南燕政权，让慕容氏又延续了十年之久，客观上给慕容氏找回了些许颜面。但那也只不过是慕容氏灭亡前的昙花一现，犹如临死之人的回光返照。

后燕是主动征伐北魏的。之所以出兵，大概出于两方面的考虑：一是后燕不愿意看到自己的周边再出现一个强大的政权，不如趁早解决，以绝后患；二是拓跋珪实力渐强后，也在不断骚扰后燕边境。与其被动地周旋或防御，还不如灭之而后快。而就当时双方的形势来讲，后燕的胜算还是很大的，所以后燕会毫不犹豫地出兵。

北魏最终取得胜利，原因也是多方面的。后燕进入北魏腹地，本就不占地利。北魏虽有部落性质，但也同时兼具部落的灵活和彪悍。没有不动产的战士在战场上表现疯狂，而战利品的瓜分又刺激疯狂，让北魏的军事打击能力极强。参合陂一役便体现了这一特质，面对来势汹汹的后燕大军，拓跋珪并不硬拼，而是带着部众、赶着牛羊迁往河西，看似被后燕大军吓到，其实也等于给慕容宝来了个坚壁清野，拖着燕军走。而燕军则由于战线拉得太长，将士疲敝，粮草也供给不上，拓跋珪又向后秦借来救兵，最后出其不意地咬了慕容宝一口。

当然，参合陂的胜利，最主要还是赢在了心理上。慕容宝出兵时，慕容垂已是染病在身。北魏充分利用这一信息大造舆论，通过放回燕国的俘虏，让他们散布慕容垂病故的消息，以搅乱后燕军心。此招十分管用，就连慕容宝本人都半信半疑，分不清到底是真是假。甚至军中还出现了内部骚乱，赵王慕容麟和慕容宝互相猜忌，提前谋划皇位之争。慕容麟的部将慕舆嵩更是阴谋叛乱，将这种争斗引向白热化。这些，都让后燕军队的士气锐减，无心作战。

主帅无能，也是后燕惨败的原因之一。慕容宝这人不但没什么真本事，还很刚愎自用。他从小就喜欢巧言善辩，长大后更是夸夸其谈，嘴上功夫十分了得。慕容宝能攫取高位，皆因他有一个特殊本事：会来事儿。他不惜降低身段儿，曲意逢迎慕容垂身边的权臣近侍，让他们在恰当的时候替他美言。此招非常管用，没过多久，慕容垂周边就此起彼伏地一阵阵响起赞许声，大家都说慕容宝好。一世英明的慕容垂最终看走了眼，认为慕容宝是慕容氏家族的未来。于是立他为太子，作为法定接班人进行重点培养。

然而，这样的人可以在和平时获得高官，却不能在战场上有所建树。正如当年赵括的纸上谈兵一样，参合陂一战也试出了慕容宝的深浅。当时北魏西渡黄河以避锋芒，慕容宝不敢过河，便回师参合陂。正好赶上大风沙尘天气，沙门支昙猛怕魏军趁机来袭，劝慕容宝提前做好防御准备，结果慕容宝不以为然。最后经支昙猛再三请求，慕容宝才勉强派慕容麟率骑兵三万殿后。可巧这个慕容麟也是个拿事儿不当事儿的主，领着大军策马游猎，边走边射鹿逮兔子，郊游般地在后面玩上了。

事情正如支昙猛的预料。当天夜里黄沙四起、遮天蔽月，北魏大军从天而降。慕容宝几乎全军覆没，有幸生还的还不到十分之二。后燕精锐差不多全让慕容宝给玩进去了，自此走上了衰亡之路。

6

慕容熙痴云腻雨

亲人离世，悲伤是不可避免的。然而，即便是凡夫俗子，出殡时也不一定能做到被发徒跣，更何况是皇帝。后燕国昭文帝慕容熙，在自己宠爱的苻皇后去世后，就是披头散发，赤脚步行。痴情得如此酣畅淋漓，的确不是哪一个帝王，甚至是哪一个人所能做到的。然而，更让人惊悚的是，苻氏大殓之后，慕容熙竟然再次启棺与之亲近。这就不是痴情，而是疯狂了。

情，虽然无形，却可爆发出无穷的能量。它可以让人疯狂，也可以让人毁灭。问世间，情为何物！从古到今，情，让多少痴男怨女为之困扰、为之生死相许。而皇帝痴情，在历史上也不乏其人。比如因董鄂妃病逝而为情所困的清世祖顺治。不过顺治还算冷静，虽心灰意冷，但并无失态的行径，直至几个月后自己也病逝。慕容熙的痴情则失去了理智，最终还为此失了皇位、丢了性命。

痴情，当然是爱之极深，慕容熙对苻氏也是如此。然而痴情并非就一定专情。就像贾宝玉，对林黛玉痴情，对薛宝钗、史湘云也同样痴情，同样牵挂。慕容熙痴情，也并非就只爱苻皇后一人。苻皇后之前，慕容熙也有过一段情。甚至他能够顺利当上皇帝，都是得益于此。

慕容熙的侄子，也就是后燕国第三任国君慕容盛死后，本该由其子慕容定即位。但慕容熙与慕容盛的母亲丁太后相好。丁太后于是废掉慕容定，力挺慕容熙为帝。丁太后是慕容熙的嫂子，也就是说，这是一段不伦之恋。

虽说是不正常的恋情，但丁太后为此废黜自己的亲孙子，也足见其情到深处。然而深情并未做到痴情，甚至也没做到纯情。慕容熙当上皇帝之后，转而宠爱苻氏姐妹。丁太后大吃其醋，恼羞成怒之后又想废掉慕容熙。结果事情败露，反被慕容熙赐死。足见二人的情里，还是掺杂了太多“欲”的成分。

慕容熙真正痴情的，当属苻氏姐妹。苻氏姐妹是中山太守苻谟的两个女儿，姐姐叫娀娥，封为昭仪；妹妹叫训英，后来成了皇后。二苻堪称艳绝后宫的姐妹花。慕容熙对这姐儿俩一样地宠爱，但比较而言，还是更喜欢妹妹训英一些，也就是后来他披发赤脚跟着发丧的苻皇后。

痴情的外在表现便是付出。慕容熙对二苻，可谓无所不用其极。所谓美女祸国，主角应该是皇帝。他们或沉浸于床笫之欢而荒于政务；或劳民伤财以取悦女色；更有滥杀无辜来博佳人一笑的。凡此种种，必然招致国家的败亡。后燕自参合陂一役败给北魏后便一蹶不振，到慕容熙这任，开国皇帝慕容垂策马中原的昔日风采早已荡然无存。慕容氏家族再也没有当初问鼎天下的凛然霸气，不过是在奄奄一息中苟延残喘罢了，毫无生机可言。

慕容熙是个能折腾的主儿。为修龙腾苑，一次就征调了两万人做劳役；建逍遥宫、甘露殿时，为了引水入宫，还专门开凿了一条天河渠。如此滥用民力，却丝毫没有考虑民众。为了讨姐姐娀娥欢心，慕容熙营造曲光海、清凉池。当时正赶上三伏天，士兵们无法休息，中暑晒死的有一多半。娀娥生病，龙城人王温号称能医治，结果给治死了。慕容熙心疼啊，把气全撒到了王温身上，肢解了他仍不解气，还要烧成灰。这王温也是，吹牛也不分个地方。

慕容熙对苻皇后——妹妹训英的付出，就更超出了一般的限度。为她修建承华殿，让人们从北门把土运来，致使土与谷物同价，够下本的吧。苻妹妹喜欢旅游，慕容熙便全程陪护来了个燕国全境游。又是北上白鹿山，又是东过青岭，又是南观沧海的，风景名胜走了个遍，一点也不嫌累。西边没去，估计是没什么好玩的，要不准没跑儿。这次出游兴师动众，所到之处百姓无不叫苦。跟随的士兵被豺狼吃掉以及冻死的有五千多人。大概没少去那些尚未开发的原生态地区，老山林子什么的，少不了与狼共舞。

慕容熙简直须臾不能离开苻妹妹，比如攻打高句丽，也带着她去看热闹，够腻乎的吧？打契丹时，看到对方兵强马壮，慕容熙没敢动地儿，又想班师回去。结果苻妹妹不听，说还没玩够，不想回去。于是慕容熙捡了个软柿子，转身又去打高句丽。来回折腾了三千里地，一路上冻死人马不计其数，最后还没打赢。

过分痴情，就会产生感情上的盲从。苻妹妹好美食，追求食材与味蕾之间的微妙平衡。她三伏天要吃冻鱼，三九天要吃鲜地黄，钟情错季蔬菜和反季食品。那时候也没冰箱暖棚什么的，哪去搞这些东西？这比后来的杨贵妃难伺候多了，人家杨贵妃也就想吃个荔枝啥的鲜果，还是正常季节，都还被后世一个劲儿地骂呢。不过皇后想吃，再不好搞也得搞。慕容熙就吩咐下去，找不来就杀头。朕不管你们想什么办法，朕只要结果。

可以说，慕容熙对苻妹妹的痴情，已经到了过分依赖甚至失去理智的地步。苻妹妹的死对他来说无异于天塌地陷，所以才会捶胸哀号，如丧考妣——估计死了亲爹亲妈都不会这样伤心，哭得死去活来的。

从痴情到失情，能够让人做出任何不可思议的事情。慕容熙接下来一系列类似神经病的行为，也进一步验证了这一点。他下令在宫殿内设灵堂，满朝文武都得哭。他挨个儿检查，发现光出声儿没眼泪，如农村老娘儿们那样干号的，严肃处理。你说你和苻妹妹有感情，一起玩一起乐的，别人一点光儿没沾上不算，还净跟着倒霉了，哪来真情实感啊。不过满朝文武也真不是吃素的，嘴里提前含了姜或蒜在那儿催泪。

修陵就更热闹了，动员全国。公卿以下全部出工出力，慕容熙亲自监工，特别交代工头儿，修好点，我将来还得进去呢。那钱花得海了去了，最后国库都见底儿了。这还不行，还得找人陪葬。见嫂子长得不错，脑瓜儿也算灵活。好，你就随她去吧，做个伴儿。吓得一些近臣侍一大早起来就沐浴更衣，收拾得干干净净的。每天都当最后一天来过，就怕慕容熙不小心触动了哪根神经，让他们也跟着去殉葬。

一个人痴情到了极限，会否产生离奇的举动，这有待那些情感专家以及心理专家去研究。情是美好的，它会激发出潜在的能量，完成不可能完成的任务。但它又是可怕的，蕴涵着摧毁一切的危机，能让一个正常人做出任何非常规的动作，甚至令人惊悚的行为。《晋书》中说，苻妹妹都装棺材里了，慕容熙仍不舍，又开启棺木与之交接，足以让人暴跌眼镜。也无怪乎后来冯梦龙将其收入《古今笑史》，引为奇谈。

7

南燕多直士

十六国时期的北方大地上，犹如世界杯期间的激烈角逐般，也成为一个偌大的赛场。各路人马纷纷亮相，汇聚于此。他们在不断的拼杀中晋级，或是惨遭淘汰。其中最为抢眼的一匹黑马，当属慕容家族。虽然他们最终出局，未能折桂，但他们的坚韧和努力，以及频频爆冷的出色战绩，却给后世留下了深刻印象。

北魏崔鸿在《十六国春秋》中所列举出的十六个国家中，慕容氏就占了三个：前燕、后燕和南燕。用世界杯术语表述就是：慕容氏在这一时期上演了一场世人瞩目的“帽子戏法”。这还不算没有统计在内的西燕，以及继承慕容氏衣钵、与慕容氏有着极深渊源的北燕。

慕容氏能从鲜卑一个并不起眼的小部落，打败同种同族的段氏和宇文氏，自辽东强势兴起。之后又趁着邺城巨变、冉闵诛灭石氏之际问鼎中原，成为中原新的霸主。可以说，这个过程是幸运的，也是艰难的。他们最初建立的前燕帝国覆灭后，其家族成员无时无刻不在做着复国的梦。他们将屈辱憋在心里，不断寻找着复国的时机。前秦败落后，各族武装纷纷反叛，其中最活跃的也是慕容氏。先是慕容垂回到前燕故地，重整山河。随后北地长史慕容泓在关东、平阳太守慕容冲在平阳起兵响应，先后建立了后燕和西燕两个政权。

这个类似防守反击的过程，也让慕容氏饱受非议。给人们的印象，他们是为达目的而不择手段的。事实上，慕容氏家族从来不缺少政治家和野心家。慕容垂的背信弃义，慕容暐的出尔反尔。他们凡事以政治为出发点，以最后的成败论英雄，从不在乎这个过程是否和人性伦理相悖逆。他们用实际行动，一次次证明了政治的无情和战争的残酷。但要说到这方面的佼佼者，南燕开国皇帝慕容德则当之无愧。也正是他，让慕容氏家族上演了“帽子戏法”，完成了慕容氏的最后辉煌。

慕容德是前燕开国皇帝慕容皝的小儿子。他继承了游牧民族体貌雄伟的外形，却又博览群书、多才多艺，表现出温文尔雅的儒家气质。每次讨论军国大事，他不说是不说，一说就切中要害，抓住问题的牛鼻子。也就是说，慕容德不属于那种拼杀疆场的悍将，而是更像一个出谋划策的军师。

拓跋氏再兴后，慕容垂建立的后燕受到冲击，中原大部分领土沦丧，后燕被分割成两部分。汉人冯跋建立了北燕。慕容德则趁机建立南燕，从而让慕容氏的辉煌又延续了十年。

慕容德和哥哥慕容垂之间的渊源很深。慕容德一直追随慕容垂，慕容垂也非常赏识他。慕容德能建立南燕政权，其实也得益于慕容垂临终前对他的委任，这是后话。在慕容垂眼里，慕容德是个不可多得的人才，常把他比作当年东吴的吕蒙。枋头之战击败北伐的桓温，慕容垂是主角，但时任征南将军的慕容德也是功不可没。慕容垂遭到太傅慕容评的排挤，愤而投奔前秦。慕容德也因为和慕容垂交好，受到牵连被免了职。

慕容德是个出色的政治家，有着敏锐的政治头脑。前燕末帝慕容暐在位时，也是前燕与前秦对峙的时期，恰逢前秦内部叛乱，苻双和苻柳双双起兵反叛苻坚。于是慕容德上言慕容暐，让他抓住机会攻秦。结果慕容暐未予采纳，坐失了良机。

在慕容德的心中，政治是永远摆在第一位的。前燕败亡后，慕容德也和慕容氏家族一起，被押送长安，苻坚委任慕容德为张掖太守。南下攻晋时，又任命他为奋威将军，对他礼遇有加。然而，慕容德和慕容氏家族其他成员一样，都有着复国的愿望。如何实现慕容氏复兴，这是他首先考虑的，其他的都在其次。这点也和慕容暐、慕容垂稍有区别。此二位也想复兴慕容氏，但面对苻坚的善待，他们还稍稍体现出了良心上的不安。而慕容德，则只有政治上的冷酷。

有个例子很能说明这一点。苻坚淝水落败，与张夫人走失，慕容暐想护送张夫人去找苻坚。慕容德不让，还引用《左传》里的话，掩饰可能引起的道德怀疑，说："戎事不迩女器。"意思是打仗的时候不能接近女人用的东西。女人是祸水，战争让女人走开。你假装没看见就完了，干啥还护送她去找苻坚。慕容暐没听他的。回到荥阳，慕容德又劝慕容暐，让他趁前秦内乱，赶紧复国。慕容暐也没采纳。慕容德没办法，只得跟随慕容垂回到了前燕故地。

还有一个例子。淝水之战苻坚大军被打散后，逃到了慕容垂的军中。慕容垂的儿子慕容宝劝父亲杀了苻坚，慕容垂表现出恻隐之心。说苻坚对我有恩，咱不能乘人之危，也不能趁乱谋私。

慕容德则在一旁鼓动，说这不叫乘人之危，这是报仇雪辱。从中不难看出，慕容德心中只讲成败，不论是非。说这话时完全没闪念苻坚对他的礼遇善待之恩。

投降苻坚，是慕容德在前燕灭国后的无奈。他心里憎恨苻坚，想杀死苻坚，也还算是正常反应。而剿灭同是慕容氏宗族的西燕，则充分体现了他的冷血。慕容垂想攻灭西燕，这属于慕容氏内部的厮杀，群臣全都迟疑不决，不太支持。慕容德则不以为然，说西燕建立的是伪政权，应该尽快除掉，以正视听。这当然符合慕容垂的心思了。

也正因如此，慕容垂对慕容德更加器重。慕容垂临死时，专门敕令慕容宝，让他把邺城交给慕容德镇守。邺城是前燕故都，中原的重心所在，位置十分关键。慕容宝继位后，又任命慕容德为都督冀、兖、青、徐、荆、豫六州诸军事、车骑大将军、冀州牧。专门负责南方战事，防范东晋。

然而，拓跋氏的铁骑横扫中原，慕容德并没有恪尽职守、坚守邺城，而是见势不妙，率领治下四万多户、车辆二万七千乘，浩浩荡荡地从邺城迁到了滑台（今河南省滑县境内）。在那设置百官，自称燕王，另立了门户。但是滑台的城池和人口都不多，又地处四通八达的平原，还三面临敌：北边是大魏，西边是后秦，南边是东晋，不易防守还很容易受到攻击。于是慕容德又率众转而向东攻取青、兖二州，最后扎根广固（今山东省青州市）。400年，慕容德在广固称帝，史称南燕。

以人性而论，慕容德让人不敢恭维。但若以治政而论，慕容德的确算得上一把好手。慕容德熟悉政治，也深谙为政之道。他率部东迁青、兖二州时，一路上军纪严明，没有发生任何扰民行为。百姓有了安全感，纷纷摆出酒肉犒劳大军。慕容德治理下的南燕，百姓安居乐业，经济繁荣，在十六国后期也算独树一帜。

慕容德很重视教育，他建立学堂，让一些高官子弟入学，并亲自组织阶段性考试。他也很重视经济，并通过设置盐官来增加政府财政收入。由于战乱，当时南燕隐蔽户口的很多，慕容德严令清查，共清理出五万八千多隐瞒户口，极大地增加了税收来源。随着这些举措地实施，南燕的国力也得到了迅速提升。

慕容德在识人用人上也很有主见。一次大宴群臣，酒酣耳热之际，就问了一句话，说我能和过去哪位帝王相媲美呢？青州刺史鞠仲毫不吝惜溢美之词，说你是中兴之主，堪比夏朝的少康、东汉的刘秀。慕容德命人赏赐了他一千匹帛。鞠仲一看这赏得也太多了，我不就说了句好听的话嘛，推辞不敢要。慕容德说，你想得美，你要我也不给。你知道调侃朕，朕就不能调侃调侃你吗！

这时一旁的尚书令韩范说话了，君无戏言，他瞎掰不对，你说了不算也不对啊。慕容德一听这话在理，很高兴，赏了韩范五十匹帛——看来赏一千匹帛的确是在耍鞠仲，出手远没那么阔绰嘛。慕容德听得进忠言，也分得出马屁。此后南燕“朝多直士”，人人敢讲真话，营造出一个言论自由的良好氛围。

8

慕容超假痴不癫

这件事儿说起来颇有些传奇色彩，头绪也很多。如果非要捋一捋的话，那么，所有的一切，都要归结到那把金刀上。其实，那也不过是一把普通的金刀。最初，慕容超的叔父作为信物送给了他的父亲。只是后来发生了一系列变故，才赋予了它非比寻常的内涵。

这把金刀见证了慕容超一家惨遭灭门的全过程；见证了其年迈的奶奶和怀着身孕的母亲劫后余生的艰辛；同时也见证了慕容超的出生。也正是这把金刀，最终改变了慕容超的命运，让他从一个寄人篱下甚至不得不委曲求全假扮乞丐的“犀利哥”，一跃成为南燕国的第二任皇帝。

然而，金刀带来的好运并没能持续多久，慕容超很快便在另一把钢刀下送掉了性命。慕容超是南燕开国皇帝慕容德的侄子。因为膝下无子，慕容德行将就木之际，将他一手经营的、正在蒸蒸日上的南燕国托付给了慕容超。可惜他万万没想到，慕容超即位不久便不理朝政，一门心思地游猎游乐，很快将南燕的老本吃光耗净。曾经风光一时的南燕国，在慕容超手里仅仅勉强维持了5年，便被刘裕的北伐大军所灭，成为十六国中第一个被东晋灭掉的北方国家。

那么，一向精明的慕容德，为什么将皇位传给这么一个平庸之辈呢？膝下无子是原因之一。但慕容氏家族并不只慕容超一人，所以这只能算一个客观因素。此外还有几个很重要的因素是不可忽视的。正是这多种因素的汇集，才最终让慕容德下了决心。

慕容德和慕容超的父亲慕容纳是亲兄弟，而且二人关系非常要好，这是慕容德传位给慕容超的情感基础。那把金刀就是最好的证明。前燕灭亡后，慕容纳被苻坚委任为广武太守。几年后慕容纳辞职，举家迁往张掖，而当时的张掖太守正是慕容德。淝水之战时，慕容德奉旨随大军南下。在与哥哥道别时，留下了一把金刀。那时的慕容超还没有出生，这把金刀，最终成为他和叔父相见的最好信物。

这把金刀也像一个旁观者，几乎见证了慕容超的整个人生。慕容超出生时很凶险。淝水之战前秦落败，慕容氏纷纷反叛。慕容德和慕容纳的子女家眷，由此也惨遭灭门劫难。慕容纳一家只有两人幸免：一是慕容纳年迈的老母亲公孙氏，再就是正怀着慕容超的妻子段氏。

就像现在妊娠期的妇女不判死刑一样，被欺骗与背叛的前秦仍不失人道主义精神。所不同的是，彼时不能取保候审或保外就医，婆媳俩都被关进了监狱。说来也巧，看管她俩的狱官呼延平，当年曾犯下死罪，被慕容德援手搭救过。为报慕容氏的恩情，呼延平帮助婆媳二人逃出了监狱。三人最初在一个羌族部落里避难，段氏生下慕容超后，呼延平又带着他们投奔了后凉吕光。后凉投降后秦后，他们又一起搬到长安居住。

慕容超的奶奶是在慕容超 10 岁那年死的。临死前，公孙氏将金刀郑重其事地交给了慕容超，说你将来要是能回故土，可以将这把刀还给你叔叔。后来慕容超回到南燕，慕容德见到金刀，睹物思人，一边用手摩挲着一边大声痛哭。金刀犹在，物是人非。慕容德看着眼前已长大成人、英俊潇洒的慕容超，感情是极其复杂的。他让慕容德回想起了过去的点点滴滴，心中再次激荡那过往的兄弟情深。如果说，慕容德将这种再次泛起的思念之情，转而寄托在慕容超身上，也毫无违和感。

慕容超是个很机灵的人，这一点也是慕容德喜欢他的原因之一。东归，一直是慕容超母子的心愿。其实不光慕容超母子，这也是客居关中的所有慕容氏族人的愿望。因为他们昔日的帝国在东方，他们昔日的荣耀在东方。而那时，慕容垂复兴的后燕政权也正如日中天。作为慕容超母子，则东归之心更甚。因为那边有他们最亲的人——慕容超的叔父慕容德。

后秦占领关中后，许多慕容氏的皇族后裔都在后秦军中效力。慕容超长大成人后，也有人向当时的皇帝姚兴作了举荐。若在后秦为官，东归的希望就会很渺茫。于是慕容超开始装成乞丐沿街行乞，痴癫疯狂的样子很快便遭人嫌弃，也就没人让他当官了。慕容超凭借假痴不癫之计，最终逃离后秦，足见慕容超还是有心机有头脑的。

慕容德喜欢慕容超，还有个很重要的原因：慕容超长得漂亮，招人待见。他是个身材修长、长相俊美、人见人夸的花样美男，有着一头连女人都会嫉妒的乌黑亮丽的秀发。慕容德对慕容超礼遇甚重，不但委以重任，封他为北海王，还在离皇宫不远的地方给他建造了一座府邸，为的就是能够随时见到慕容超。就连慕容超的名字都是慕容德起的。“超”有卓然不群、超凡脱俗之意，足见慕容德对他喜爱的程度。慕容超也很会来事，在慕容德面前察言观色，小心侍奉。在外则谦虚谨慎、礼贤下士，得到朝中上下一致赞赏。这就更让慕容德乐得合不拢嘴。

然而，就是这样一个一表人才、被慕容德寄予无限厚望的人，嗣位后的表现却不尽人意，让九泉之下的慕容德很是失望。慕容超前后变化之大，简直让人不可思议。不过细想之下原因其实也很简单，这与慕容超当上皇帝有关。因为他并不具备治国安邦的大智慧。这从其亲小人、远忠良的行为做派中，就可窥见一斑。

所谓一朝天子一朝臣。慕容超将前朝重臣慕容钟逼反，最终使得南燕内部衅起萧墙。司徒慕容钟是慕容德的堂弟，一位智勇双全、有胆有识的难得将才。慕容德对他非常信任，委任其录尚书事兼都督中外诸军。南燕大小事全让他拿主意，属于南燕的实权派。然而慕容超即位后便感到很不舒服，他这么大权，那我算什么？况且，慕容超毕竟不是慕容德的亲生儿子，皇帝当得多少有些底气不足。这让他控权的思想变得尤为强烈。

慕容超宠信的武卫将军、内参政事公孙五楼，在慕容超上位后也想找找存在感，体会一下万人之上的感觉。于是向慕容超屡进谗言，诋毁慕容钟。慕容超便借坡下驴，找了个理由让慕容钟履职青州牧，从中央空降到地方。不但如此，在公孙五楼的挑唆下，慕容超还险些杀了慕容钟。慕容钟在南燕待着很没安全感，终于忍不住起兵反叛，投靠了后秦。与他同时举起大旗的，还有与慕容超久有怨隙，都督徐、兖、扬、南兖四州诸军事的征南将军慕容法，以及徐州刺史段宏。如此一来，南燕的军事实力大受影响，也造成了朝政和人心不稳。

逼走了慕容钟，慕容超也并没能如愿以偿，因为他很快就迎来了另一个专权擅政者。慕容钟反叛后，公孙五楼被委任侍中、尚书、领左卫将军。大权在握之后，公孙五楼大力提拔宗亲，培植死党，渐渐开始专断朝政。当时王公大臣无不忌惮公孙五楼，朝野还盛传一句人事升迁的流行语：“欲得侯，事五楼。”意思是说，你要想当官，就得巴结公孙五楼。公孙五楼志得意满，威风犹在皇帝慕容超之上。

这下慕容超弄了个鸡飞蛋打。毕竟慕容钟是慕容氏的血脉宗亲，况且一开始人家也没有反叛的想法，总揽朝政也是先皇的委任。而公孙五楼就不一样了，让一个外人吆五喝六地，慕容超更不舒服。早知如此，还不如信任慕容钟呢。这种权力争斗让慕容超感觉很没意思，满腔热情一下子被浇灭，自此也开始变得刚愎自用、猜疑和暴虐。

为了防止再次出现萧墙之祸，慕容超恢复了肉刑。用他的话说就是：“既不能导之以德，必须齐之以刑。”于是对前朝的刑法律令进行增删修改，制定成新的燕律，意图通过严刑酷法来实现统治。这就和当初慕容德以德治国的执政方略相悖逆了，由此又造成了许多新的不稳定因素，国力迅速江河日下。

慕容超属于那种聪明但不擅权谋的人，他能假痴不癫地骗过后秦国主姚兴，不可谓不聪明。然而这种聪明也只能算小聪明，谈不上什么大智慧。他后来挑衅东晋的行为则愈加证明了这一点。慕容超嫌南燕的歌舞伎乐水平太低，便派将领斛谷提、公孙归率骑兵南下突袭宿豫（今江苏省宿迁市境内），在东晋北境大肆劫掠了一番。之后在俘虏中挑选出男女青年两千五百人，交给太乐坊当练习生。之后慕容超又派公孙归率骑兵袭击济南，又抢来男女青年一千多人。

而与东晋作战时的幼稚想法，更是慕容超不懂谋略、缺乏大智的佐证。刘裕大军前来报复，他自以为兵强马壮，不听公孙五楼、贺赖卢、慕容镇等人据守大岘天险（今山东省沂水县穆陵关）、坚壁清野、以逸待劳的建议，想当然地认为不必固守岘关，把敌军引入平原会更容易歼灭。然而事与愿违，这不过又是一个夜郎自大的典型事例。刘裕大军越过天险后便一发而不可收，南燕很快走到了亡国的境地。

要说慕容超最值得称道的，当属他的刚烈和孝道。被刘裕大军俘虏后，慕容超神情自若，一副大义凛然的姿态。被斩首之前，他唯一的要求，就是把母亲托付给刘牢之的儿子刘敬宣。或许慕容超的帝王人生本就是个错误。他可能会是一个纯孝忠勇的好男儿，一个义薄云天的真汉子，甚至是一个冲锋陷阵的好将军，唯独不会是一个定国安邦的好皇帝。

那把金刀成就了他的辉煌，也断送了他的生命。

中篇

剑走偏锋

—— 南凉、北凉与西凉，大夏、西秦与北燕

1

南凉国主爱面子

面子往往代表着一个人的尊严，在某种程度上甚至也是能力和实力的反映。弱国无外交，实力体现魅力。有魅力自然很风光，有面子。人都爱面子，只是强弱不同。面子在比较中容易被凸显出来，比如先前风光后来落拓，便觉得抬不起头来；地位相当的人突然悬殊了，便添了尴尬；本不如自己的反做了上司，就表现得讳莫如深。

面子在熟识的人之间，所表现出的感情色彩尤为强烈，甚至会成为一种负担。南凉国的国主秃发乌孤便是个很好的例子。他因为总和后凉国主吕光较劲儿，在摔断肋骨的情况下依然想着保持风度，给人以冷幽默的即视感。

秃发乌孤是十六国时期南凉国的开创者。秃发是姓氏，也是鲜卑族一个分支部落的名称，不是秃头、秃顶的意思。这个姓氏的起源很有意思，《魏书》记载，秃发氏先祖匹孤的老婆怀孕，生孩子顺产，一觉醒来被窝里就多了个娃，感觉很新鲜。因为鲜卑人管“被”叫“秃发”，于是给娃取名为“秃发”，这个娃的后代便以秃发为姓氏。总之很随意，类似日本人的“桥下”“村上”“山本”“渡边”等姓氏由来。

此外还有一种说法：“其先与后魏同出。”后魏就是拓跋氏建立的北魏，意在说明秃发是拓跋鲜卑的一个分支。“秃发”与“拓拔”谐音相近，说二者同宗也有一定道理。《新唐书》记载，南凉末主秃发傉檀的儿子秃发贺投降北魏时，太武帝拓跋焘对他说：“与卿同源，可改为源氏。”于是秃发贺改为源姓，成了源贺。可见北魏官方也认可这种溯源。

秃发乌孤在意吕光的看法，皆因二人曾有过一段渊源。说到底，还是面子惹的祸。吕光本是前秦的大将，和苻氏皇族同属略阳氐人。苻坚平定中原后，让吕光去征讨西域。吕光降焉耆、破龟兹，一通收拾，最后一举雄镇边陲，打出了前秦的威风。前秦破败后，吕光便以凉州为根据地，自称三河王——后称天王，建立后凉割据政权。

凉州是西汉时设置的凉州刺史部，辖域大致包括今天的甘肃省大部，以及宁夏、内蒙古和青海一部分。凉州是中原与西域诸国的交通要冲，历来为兵家必争之地，情况一向复杂。并且在此地杂居的部族很多，要想做到政权稳固绝非易事。于是吕光就想先采取怀柔政策拉拢各部，再以武力大招发威收拾那些不听话的，也算先礼后兵。秃发部算是当地土著、地头蛇，自然不能忽视。吕光便派人去秃发部做招安工作，封部族首领秃发乌孤为冠军大将军、河西鲜卑大都统，晋位广武县侯。

然而就是这样一件小事，却深深刺痛了秃发乌孤。因为秃发部在凉州一地一向以主人自居，而且祖上也确实风光过。早在匈奴退出蒙古高原、鲜卑族大举西迁时，秃发部便在今天黄河以西的甘肃、青海交汇处落脚了。秃发氏部众分布很广，曾一度尽占凉州之地。秃发乌孤的先祖一直为部落统帅，但传至秃发乌孤这一辈时，部众已经分散衰落。不过这并不影响秃发乌孤的优越感。曾经风光过的人，在情感上会更加脆弱，易于敏感，经不得外界刺激。吕光本是后来入驻的，一个外来户却俨然一副凉州主事的派头，让秃发乌孤心里很不是滋味。

秃发乌孤是个很要强的人，也是个有雄心或者说有野心的人。他继任部族首领后，注重农业与外交，在治理上很下功夫，部族发展迅猛，大有中兴之势。但凡争强好胜之人，其自尊心也必然很强。吕光颐指气使、大模大样地要来指挥他，秃发乌孤自是很难接受。别说封个县侯，就是再大的官，你也得听人家的呀。自己部落再小，他也是一把手。谁不知道当老大舒服啊。

人都想做人上人，没有甘居人下的。随着部族的壮大，秃发乌孤的欲望也在增加，就有了重新聚拢部众、独霸凉州的念头。而恰恰吕光先他一步称霸，威风凛凛地当起了三河王。也就是说，吕光坐了本该属于他的位置——至少秃发乌孤是这么认为的。这就如同自己的东西被别人抢去，反拿出来向自己炫耀一样，所以秃发乌孤很生气。

也正因如此，面对吕光的招安委任，秃发乌孤的反应异常激烈。他对属下发牢骚，说咱们人马这么壮，凭什么要做他的附庸呢。但说归说，毕竟秃发部此时的实力尚不能与吕光抗衡。最后秃发乌孤不得不忍气吞声答应，按照属下韬光养晦、伺机而动的建议，慢慢培养和寻找时机。然而也就是从这个时候起，秃发乌孤对吕光甚至对整个吕氏家族产生了一种心理上的抗拒。

有了高度便有了差距，有了目标便有了动力。秃发乌孤自此以吕光为标靶，想着有朝一日取而代之，找回失去的尊严。他后来的一系列大政方针，与其说是在完成先祖的遗志，毋宁说是在和吕光暗地里较劲，是在赌一口气。对内，他广纳人才，重用汉族士族，提高执政能力；对外，他强力扩张，先征服了鲜卑乙弗、折掘二部，后又兼并意云鲜卑等几个小部落。就这样，秃发部基本上把河西陇右分散的鲜卑诸部重新统一起来，实力骤增。随后，秃发乌孤又兴建廉川堡（今青海省民和县境内），并以此为根据地，摆出一副独立王国的态势。

有了实力就有了底气，腰杆子就硬了，说话也就冲了。事实上，秃发乌孤也一直在等待着扬眉吐气的这一天。吕光改称大凉天王之后，已经形同皇上，也很有凉州当家人的感觉了。他再次派使者过来向秃发乌孤宣旨，晋封他为征南大将军、益州牧、左贤王。官虽然给得比之前大了，秃发乌孤却不吃他这一套了，而是冷笑一声，从牙缝里挤出一句话："帝王之起，岂有常哉！"这皇帝是你买下的呀，凭什么光让你当啊。发出当年陈胜"王侯将相宁有种乎"般的呐喊。由此也可以看出，秃发乌孤的心里一直都存有阴影，且面积还不小。

接着秃发乌孤进一步表明心迹："吾将顺天人之望，为天下主。""顺天人之望"不过是冠冕堂皇的话，"为天下主"才是他内心一直的渴望。总之是爷不伺候了，爷要自己当皇上。于是在397年，亦即吕光称天王的第二年，秃发乌孤自称大都督、大将军、大单于、西平王，并定年号为太初，正式建立割据政权，史称南凉。终于和后凉吕光平起平坐了。

可是光平起平坐还不行，对于秃发乌孤这样自尊心极强的人，只有超过吕光，才能洗刷曾为臣下的耻辱。只有看到昔日在自己面前耀武扬威的人倒下了，才更解气、更高兴。秃发乌孤先生要强就要强在这里，脸皮儿薄，忒爱面儿，都狭隘了。他恨不能灭后凉而后快，进而独霸凉州，将吕光置于麾下，让他对自己顶礼膜拜才过瘾。

羽翼既丰，凶相便露。秃发乌孤厉兵秣马，果断出击，一举攻克金城（今甘肃省兰州市），大败吕光的主力部队。接着又继续推进，攻占了后凉的乐都、湟河、浇河三郡，一时军威大振。周边数万户羌胡部落归附，就连吕光手下大将杨轨、王乞基也带着几千户人家前来投奔。之后秃发乌孤自称武威王并迁都乐都（今青海省海东市乐都区），很是风光了一把，也总算出了一口心头恶气。

随后的形势对南凉来说，也是越来越有利。后凉起了内乱，卢水胡人沮渠蒙逊起兵反叛，割据张掖，拥立段业为王，建立了北凉政权。吕光遣兵讨伐，秃发乌孤便以增援北凉为名，趁机向北推进。西秦乞伏氏看到后凉大乱，也派兵进扰，欲分一杯羹。后凉一时处于内忧外患的亡国边缘。秃发乌孤心中多年来存蓄的憋屈，眼看着就要得到彻底释放了。

然而，乐极生悲。正当秃发乌孤志得意满之时，却出了个小小的意外，让他从此饮恨终身。秃发乌孤酒喝多了，结果从马上掉下来摔折了肋骨。酒醉三分醒，只要还未醉到不省人事，脑子里一定有着非常清晰的潜意识。秃发乌孤连醉带摔，大失其态，脑海中却闪现出远在几百里之外的吕光父子身影，赶忙一骨碌从地上爬起来——也可能是左右架起来的，或者连爬带架兼而有之，总之一定很迅速。

秃发乌孤强忍着剧痛，迅速调整面部肌肉，装出一副若无其事的轻松表情。之后顾左右而言他，不无幽默地说，差点让吕光爷儿俩看了笑话。瞧瞧，都作下病了。秃发乌孤这次摔得着实不轻，回去不久就死了，真是名副其实的死要面子。

2

北凉兵变立国

北凉国的建康公段业，虽为开国始君，却是一个赶鸭子上架的傀儡。他为人所用，终被废杀。唯一的作用，似乎只是充当了一块阴谋家们的遮羞布。

以傀儡身份当上开国之君的，十六国时期还有一位，就是北燕的慕容云，冯跋发动兵变后拥立的，这个以后会提到。段业也一样，人生的大起大落被两次兵变裹挟，全然听天由命。第一次兵变他稀里糊涂地被人拥立上位，却又因为第二次兵变成了刀下鬼。

段业为人儒雅，也很有才华，最初做杜进的记室。记室是东汉时设置的一种官职，也就是记室令史，主要负责一些文书文案工作，大概就是杜进的秘书或秘书长。杜进是最早跟随吕光出征西域的大将之一。吕光降焉耆、破龟兹、荡涤西域的一系列风光，杜进功不可没。吕光建立后凉，杜进晋升辅国将军、武威太守，封武始侯。段业也因杜进之能而得以升迁，履任建康（今甘肃省高台县境内）太守。

如果不是因为兵变，段业也许会在建康太守的位置上终其一生，做一辈子的太平官。兵变将他推上了他想都不敢想的权力顶点，就此打破了他生活的平静，也改变了他的命运。他的欲望阀门被打开，贪念也随之而来。他为此付出了沉痛的代价，最后还丢了卿卿性命，让人唏嘘感慨。

兵变的始作俑者是沮渠蒙逊。沮渠蒙逊是临松卢水胡人，卢水胡是匈奴的一个分支部落，因居于卢水（茹河）而得名。沮渠本是匈奴部族的一种官职称谓，分左沮渠、右沮渠，相当于汉制的宰相或太尉。沮渠蒙逊的先祖曾任匈奴左沮渠，此后官职便成了家族姓氏。沮渠部族是东汉时期迁居卢水的，之后向南向北均有发展，渐成西部一支强大部族。吕光统一凉州后，沮渠一族开始为后凉效力。沮渠蒙逊本人在后凉王宫担任宿卫之职。

兵变的起因，源于沮渠蒙逊的伯父沮渠罗仇。沮渠罗仇时任天水公吕延的尚书，吕延是后凉国主吕光的弟弟，在与西秦作战时因中了埋伏而被俘杀。吕光误信谗言，将吕延的死怪罪到沮渠罗仇头上，以败军之罪杀了沮渠罗仇。沮渠蒙逊于是与堂兄沮渠男成起兵反叛，于 397 年拥立建康太守段业为凉州牧——不久改称凉王，改元神玺，建立以张掖为中心的割据政权，是为北凉。

沮渠兄弟为什么要让段业当老大呢？这也是出于当时政治形势的需要。沮渠兄弟和段业三人，应该说各有各的想法。对于沮渠蒙逊，就是想成为割据一方的霸主，拥立段业是不得已而为之。在沮渠罗仇的葬礼上，部落宗亲来了一万多人。蒙逊慷慨激昂地煽动部众，除数落吕光滥杀无辜外，还回顾了祖上的辉煌。最后一语道出了心声：我们一直是这里的主人，吕光来了我们反成了奴才——这想法和秃发乌孤有些类似，看来秃发乌孤并不孤独。

所以沮渠蒙逊起兵的真正动机，是志在恢复祖宗大业，实现称霸的野心。为叔父报仇不过是一个很好的借口而已。

拥立段业最初也不是沮渠蒙逊的主意。沮渠蒙逊起兵后虽一度攻陷临松郡（今甘肃省民乐县境内），却也扰攘了当地百姓，没有得到群众支持。而单就军事力量来讲，他也根本无法和政府军对抗。最后沮渠蒙逊遭受重创，只带着六七个人逃进山中。整得很狼狈，基本算是走投无路了。后来沮渠男成说服了建康太守段业，蒙逊才得以从山中出来，总算有了个归宿。所以奉段业为主，实则是蒙逊的权宜之计，并非出于真心。

沮渠男成为什么要拥立段业呢？其实和沮渠蒙逊一样，也是没法子了。沮渠男成并没有跟沮渠蒙逊一同起兵，在动机上不像沮渠蒙逊那么直接。他是在沮渠蒙逊起兵之后才煽动了一些小部落，草草拉起一支队伍响应沮渠蒙逊的。队伍虽也有几千人，但毕竟是一帮乌合之众，在战事上也连番失利。最后沮渠男成不得不退而进攻段业据守的建康城，结果也是久攻不下。于是沮渠男成开始动嘴，以让段业担当大任为诱饵，一通连吹带拍，直把段业说成了救世主。其实当时要是攻城顺利的话，他才不会绕着弯子费这劲呢。对于沮渠男成来说，段业就是他的一枚棋子。

那么，段业当时是怎么想的呢？段业一开始并没有答应沮渠男成。但是围城二十多天一直无外援，不得已才在部下的劝说下投诚。这里面既有对后凉的失望，也有对权力的渴望，更有城困无解的焦虑。实际上，段业和沮渠男成双方是达成了一种妥协，这样对双方都有利：段业摆脱眼前困境，沮渠男成也有了落脚点和根据地。如此组织起来的草台班子，自然不是铁板一块。

人总是容易被权力诱惑，继而迷失自我，全然忽略了自己的短板。段业熟读经书史传，接受的却是学术式教育，缺乏从政的政治手腕。在做建康太守时，便经常出现令行不止、属下擅命的糟糕局面。连一个郡都管不好，怎么能管好一个国呢！可以说段业并不适合当官，他也不是一块搞政治的料。

但适合不适合是一回事，想不想是另外一回事。段业自从被拥立为凉州牧，还真找到了一些当官的感觉，改称凉王之后更是自我感觉超好。不过段业只是形式上的老大，军政实权都掌握在沮渠兄弟手里——沮渠蒙逊是尚书左丞、沮渠男成是辅国将军，那哥儿俩本来也就是想让他充充门面、装装样子。段业想寻找当主子的感觉，自然就和沮渠兄弟发生了冲突，特别是和沮渠蒙逊。

当一个傀儡不想按操纵者的意愿办事时，离被废杀也就不远了。段业和沮渠蒙逊之间的矛盾也是积蓄渐深的。有两个小例子很能说明问题：一是后凉镇守张掖的常山公吕弘弃城东归，段业想追击，蒙逊引用《孙子兵法》规劝，说归师勿遏，穷寇莫追。结果段业不听，最终铩羽而归。二是段业筑造西安城，让臧莫孩当太守。蒙逊以臧莫孩有勇无谋为由，表示反对，段业也不听。结果臧莫孩当上太守后，又被后凉来攻的吕纂打败。这两件事让沮渠蒙逊很是恼火。

为了摆脱沮渠蒙逊的控制，段业也是煞费苦心。沮渠蒙逊最初担任张掖太守，掌管军机，段业惹不起他，便想让自己的亲信、门下侍郎马权取代他，让沮渠蒙逊去临池任太守。人事任命一公布，这下终于惹怒了沮渠蒙逊。沮渠蒙逊是什么人啊，那是长于心计、善于权谋的枭雄，哪会吃你这一套。于是又和堂兄沮渠男成合计，想废掉段业。结果沮渠男成不同意，说人家帮了咱们，咱们再背叛人家，不吉利。如此这般，沮渠男成也成了蒙逊的绊脚石。于是，沮渠蒙逊布下陷阱，发动了第二次兵变。

沮渠蒙逊假意与沮渠男成约好，一起去兰门山祭祀。然后派人密报段业，说沮渠男成想在兰门山谋反，会以“求祭兰门山”为由向您请假。沮渠男成当然会去请假呀，都说好了的。这下段业深信不疑，逮捕了沮渠男成，并责令他自杀。沮渠蒙逊于是故伎重演，煽动部众要为沮渠男成报仇。部众又被煽动得群情激昂，摩拳擦掌。

这就是段业所不具备的手腕了。按说沮渠蒙逊想废掉段业，直接武力夺宫不就完了？手底下又不是没人，也不是不能动员。然而沮渠蒙逊偏偏要绕个弯子、设个圈套。如此，不但拔去了段业这个眼中钉，还搬掉了沮渠男成这块绊脚石。一石二鸟，手段可见一斑。

3

西凉另起炉灶

北凉国主段业最不能容忍的，是李暠这样一个小小的效谷县令，竟然敢向他伸手要官。而且还是舒舒服服地坐在敦煌太守的位置上，理直气壮地先斩后奏。更让他没有想到的是，没过多久，李暠干脆割据敦煌，当上了土皇帝，成了和段业平起平坐的一国之君，而且还成了一心与北凉作对的宿敌。

西凉在十六国时期并不显眼，人口不多、国力不强，存世时间也不长。但在北魏崔鸿所著的《十六国春秋》里，西凉却是实实在在的一员。

从地域上讲，十六国主要分布在三个地区：一是群雄逐鹿的中原。这里也是建立政权最多、争斗最激烈的地区；二是西部边陲凉州，自成一个相对独立的军事竞争体系；再就是巴氐李氏，在今四川一地建立的成汉政权。西凉是十六个国家中最靠西的一个，其辖域范围在今天的甘肃省西北部。政权中心最初在敦煌，之后移至酒泉。

十六国时期，在凉州一带建立政权的，前后共有五个，都以

“凉”为国号，即前凉、后凉、南凉、北凉、西凉。其中前凉是早期建国者之一，其余四个则都是在十六国后期——也就是前秦衰败之后建立的。先是后凉政权，而后从后凉分割独立出南凉和北凉，西凉则又是从北凉中分割出去的。沮渠蒙逊拥立段业建立北凉政权时，李暠还是北凉旗下、沙州刺史孟敏管辖下的一个小小的效谷县令。

李暠的官职虽小，但其祖上却大有来头。他是西汉飞将军李广的十六世孙，系出名门之后。李广的曾祖父李仲翔曾奉命去素昌征讨叛羌，结果战死在那里。素昌又称狄道，大致就是今天的甘肃省临洮县。李仲翔的儿子李伯考去奔丧，索性就在那里安了家。李氏逐渐成为陇西的郡望，家族势力很大。十六国时期，李暠的爷爷李弇曾在前凉任武卫将军，封安世亭侯。李暠颇有家教，既熟读经史，又好孙吴兵法。从这点上看，李暠的发迹也不纯属偶然。

从伸手讨要敦煌太守一职开始，李暠的官运开始亨通。可以说，从那一刻起，李暠的命运也就此发生了改变。当时敦煌太守兼沙州（治所在敦煌）刺史孟敏死在了任上，敦煌一地便出现了职位空缺。敦煌护军郭谦和沙州治中索仙等人，便共同推举治政有方的李暠为宁朔将军、敦煌太守。然而群众推举并不能代表人事意见，需报请北凉国主段业批准才算数。于是李暠便派人去张掖，请求段业下发任命书，伸手要官。

你说你那官都当上了，会都开好几回了，才想起组织来，你这不是气人吗！不过段业生气归生气，最后还是做了个顺水人情，毕竟生米已经煮成了熟饭。而且段业自己本是后凉的建康太守，不也刚刚被沮渠蒙逊等人拥立为凉州牧了吗？你不答应，他来个依样画葫芦，更不好弄。十六国时期，发生点啥事都不新鲜。

不过段业很快就后悔了。原因很简单，有其他人想争这个太守的位置。对于一个偏僻的小国政权来说，太守算是不小的官了。自然会有人盯着。最眼热的，是先前一直和李暠交好的右卫将军索嗣。为了达到目的，索嗣在段业那说了一大通李暠的不是。本来段业对李暠的先斩后奏就很不感冒，这下索性就坡下驴，让索嗣去代替李暠。

李暠的太守位置还没坐热乎呢，自然不肯接受，于是派兵把索嗣打了回去。索嗣和李暠本是刎颈之交，现在却这样对自己，李暠越想越憋气。于是又上书段业，要求把索嗣杀了。段业一看这事没法整了，我要不答应，势必造成地方上的不稳定，搞不好连我都敢打。无奈之下只得杀了索嗣，又加封李暠为镇西将军、领护西夷校尉。这场人事风波才算暂时安定下来。

不过单纯占得敦煌一郡之地，李暠的势力还不足以成气候。北凉晋昌太守唐瑶起兵反叛，最终让李暠实力大增。唐瑶当时号召周边六郡，共同推举李暠为大都督、大将军、凉公、领秦凉二州牧、护羌校尉，李暠也就有了另立山头的勇气。400 年，李暠置百官，大赦境内，建年号为庚子，正式割据一方，这便是西凉政权。之后李暠开始军事扩张，派从事中郎宋繇东伐，横扫玉门以西诸城。并屯田垦荒、储粮积谷，为进一步开疆拓土做着经济和战事上的准备。

从建立者的身份上看，十六国的创建者主要是少数民族。汉人建立的政权只有两个，就是前凉和西凉，且都在凉州一地，中原地区则一个没有。说西凉是汉人政权，不单因为李暠本人是汉族，而且其统治区域内的汉人也很多。

汉人大量在凉州的最西端聚居，这是前秦王苻坚的壮丽手笔。他曾一次性迁徙江汉平原一万多户人家去敦煌，此外还从中原迁过去七千多户。后来武威、张掖以东的几千户人家为避战祸，主动西迁到敦煌、晋昌二郡，其中大部分也都是汉人。所以，西凉国的汉人比例是相当高的，是个名副其实的汉人政权。也正因如此，西凉一直称藩于东晋。

西凉因为远离中原，甚至远离凉州的战火中心，所以并没有多少战事。其主要对手和敌人，便是它的近邻北凉。论实力，西凉无法和北凉抗衡。但西凉也有它不可比拟的优势，就是所处的地理位置。敦煌一地多为沙漠，环境恶劣。北凉一旦远征，粮草容易供应不上，西凉以逸待劳，就占了很多便宜。况且北凉的南面还有强大的后凉、南凉，其南部防线一直都没消停过，这也牵扯了北凉很大一部分精力。

正因如此，北凉虽强，但与西凉作战方面却往往折戟而归。比如，有一次沮渠蒙逊带兵征伐北凉，双方胶着不下，最后只得劫掠了三千多户人家，然后东归。李暠趁沮渠蒙逊撤兵之际，率军追杀，又把蒙逊掠夺的人口给抢了回来。北凉弄了个白忙乎。

除了和北凉的战事，西凉国相对平静，李暠这个一国之君当得也算逍遥快活。就是李暠死后，要不是西凉的继任者、李暠之子李歆好大喜功，西凉也不至于被北凉吃掉。他们之间的拉锯战，还会一直持续下去。因为李歆嗣位之初，北凉也没占得什么便宜。有一次沮渠蒙逊来伐，李歆披挂上阵，御驾亲征。不但大败北凉军队，还追出去一百多里地，斩首七千多人。让北凉大吃苦头。

可事情坏就坏在，李歆就此过高估计了自己的实力。他开始不满足于对北凉的单纯防御，屡次想向东扩张，只因大臣们的极力劝阻才勉强作罢。其实李歆执政时，西凉已经开始走下坡路了。他缺乏父亲李暠那种持家过日子的谨慎态度，不但刑罚颇严，还喜欢大兴土木。以至于西凉人力凋敝、百姓愁苦。在这种情况下，李歆却还不思政事，依然穷兵黩武，念念不忘向东扩张。

后来沮渠蒙逊南伐南凉，李歆觉得机会来了，这次谁劝也不听，亲率步骑三万攻打北凉的国都张掖。未想沮渠蒙逊杀了个回马枪。离开本土的西凉军，犹如刚下水的旱鸭子，军力的羸弱立时彰显无遗。西凉军败得很惨，李歆也在这次战斗中身亡。沮渠蒙逊攻下酒泉后，又趁势直入西凉老巢敦煌。沮渠蒙逊下令在敦煌城的三面筑起大堤，形成合围，只留一处空隙，然后引水漫灌，西凉就此灭亡了。

4

大夏国王生猛

冉闵诛灭石氏集团时，中原的匈奴人也遭受了灭顶之灾。但有一支匈奴部落却因地处偏远而幸免于难。这支部落后来出了一个狠绝一时的人物——赫连勃勃，他建立的大夏国在十六国后期名噪一时。

赫连勃勃是匈奴铁弗部之后。铁弗部是南匈奴的苗裔，属于南匈奴的一个分支部落。具体说，铁弗是匈奴与鲜卑的混种。《北史》中说："北人谓胡父鲜卑母为铁弗。"匈奴自冒顿单于娶汉室宗女为妻后，子孙后代便跟着姓刘。赫连勃勃与匈奴汉国的肇建者刘渊部族同源，故此也因袭刘氏。其本名唤作刘勃勃。

刘勃勃的曾祖和祖父，先后供职于匈奴汉国和羯胡后赵，一直负责北疆防御。父亲刘卫辰则服务于前秦，被苻坚封为西单于，屯兵代来城，督摄河西诸部——此河西不是河西陇右的河西，而是今天内蒙古靠近陕西、山西的黄河拐弯处，代来城也在这个区域。淝水之战后北方大乱，刘卫辰也趁机割据朔方。后来刘卫辰部被北魏所灭，刘勃勃辗转流亡，最后投奔了后秦国主姚兴。

刘勃勃生得膀大腰圆、仪表堂堂，为人却机辩聪慧、粗中有细。更重要的是，刘勃勃从小成长于行伍，长于用兵。因此姚兴一见倾心，拜其为骁骑将军。姚兴的弟弟姚邕劝姚兴说，刘勃勃看面相不像忠厚老实的人，也很难相处，你不要这么抬举他。姚兴不以为然，说此言差矣，刘勃勃有济世之才，我将来还要和他一起共平天下呢，有什么不能重用的。姚兴当时对刘勃勃信心满满，然而最后的事实却应验了姚邕的话。刘勃勃羽翼丰满之后终于恩将仇报，起兵反叛了后秦。

姚兴为了抵御强悍的北魏，拜刘勃勃为安远将军，封阳川侯，让他去守卫朔方（辖域在黄河河套西北部），统帅其父刘卫辰旧部及周边部落。刘勃勃既得兵权、人马和辖区，于是趁机扩大势力，拥兵自立，并于 407 年自称天王、大单于，定国号为大夏。立国后，刘勃勃开始疯狂开疆拓土，不断侵扰近邻南凉和后秦，让姚兴很是头疼。413 年，刘勃勃占据统万城（今陕西省靖边县境内），并定为国都。417 年，刘裕北伐灭掉后秦，回师后长安守备空虚。刘勃勃遂于翌年挥师南下，攻占长安，并在长安登基称帝。大夏国一时雄踞关中，国力达到鼎盛。

那么，刘勃勃是如何改姓赫连，变成赫连勃勃的呢？主要是觉得刘姓不高级了。其先祖冒姓汉室宗亲的刘姓，实际上是随的母亲的姓，颇有攀附之嫌，也有点好说不好听。用刘勃勃自己的话说就是："从母之姓，非礼也。"如今大汉江山早已不在，再用刘姓便觉得不合时宜。而他现在贵为天子，"是为徽赫，实与天连"。于是上下句各取尾字，改姓"赫连"。藉此顺应天意，以求得江山永固。

不过赫连这个姓也不是随便哪一个人都可以用的，只有嫡系的皇族才有资格。皇族以外的牧民百姓，则以“铁伐”为姓。姓氏得来也很讲究，寓意“刚锐如铁，皆堪伐人”。不过再怎么如铁如钢能砍人，它也不如姓赫连的尊贵。大夏都城叫作统万城，也是刘勃勃的首创，意为“统一天下，君临万邦”。要说这刘勃勃还真挺会取名字的，不但赫连勃勃听上大气多了，就连统万城也透出一股霸气。从中也可看出，他对这种形式上的东西是很在意也很迷信的。

赫连勃勃取名儿很文艺，作风却很生猛。在筑建统万城时，为了确保城池坚固，他要求“蒸土筑城”。所谓蒸土筑城，不是把土蒸熟了再用，而是在砂石、泥土里掺入生石灰，然后加水和在一起，成为白色的三合土，然后再夯土筑城。生石灰的主要成分是氧化钙，加水后体积膨胀，会填充满砂石、泥土的缝隙，使三者结合更加牢固。

工程验收时，赫连勃勃让人拿铁锥子刺土，如果铁锥能刺进去一寸，则当场杀掉建筑工人。如此一来，工程质量倒是保证了，以至于城墙“硬可砺斧”。都可以拿来磨斧子，你就想想有多硬、多结实吧。统万城几百年后遭人为破坏，残存下来的城墙又历经千年风雨，至今屹立不倒。

如果不是滥杀，赫连勃勃也许是个不错的匠人。他监督铸造弓箭铠甲，如果弓箭射不透铠甲，就处死造弓箭的人；如果射透了铠甲，就处死造铠甲的人。这方法是忒不讲理啊，每天都有为这送命的。不过造出来的东西却无不锋利耐用。他还监造了百炼钢刀，刀背上装饰龙雀大环，号称“大夏龙雀”，成为时人争相收藏的利器珍品。

造这些东西自然是为了打仗。随着征伐无度，赫连勃勃的嗜杀本性暴露无遗，甚至到了不加节制的地步。他杀人全然不遵守什么规矩，也没什么该与不该。完全不按套路出牌，生猛程度令人发指。他经常站在统万城的城头，一边找君临天下的感觉，一边备好硬弓利刃，四处踅摸。看谁不顺眼，远的弯弓搭箭，近的手起刀落。

不但如此，跟着他混也挺提心吊胆。群臣中有敢直视他的，挖掉眼珠；敢笑出声来的，拿刀子豁开嘴；敢上言劝谏就是诽谤，先割掉舌头，再斩首示众。杀人如儿戏，这皇帝当得老霸道了。攻打南凉时，赫连勃勃将战场上斩杀的人头堆积成山状，取名为“骷髅台”。对于本国的子民，赫连勃勃也是毫不留情、残暴之至，以至于出现全民性恐慌。

苛酷残暴的统治，让大夏国一度在中原称雄、强极一时。然而暴政绝难长久。赫连勃勃死后10年，也就是434年，大夏国在北魏和吐谷浑的联合打击下，迅速土崩瓦解。时至今日，也许只有那风雨残存的、硬可砺斧的统万城墙，或许还能引起世人对大夏国的点点追忆。

5

西秦二次建国

正当乞伏司繁踌躇满志的时候，一场灾难降临了，他的所有宏伟计划也很快变成了泡影。十六国时期，对于一个部族来讲，其最大的愿望，或许就是建立一个属于自己的政权，乞伏部也是一样。在这一点上，乞伏司繁有着足够的信心，因为先前的很多榜样，早已化成了动力，时刻激励鼓舞着他。

然而，事与愿违。前秦无坚不摧的铁骑，把他最初的这个萌芽扼杀在了摇篮里。饶是如此，乞伏司繁并没有浇灭心中的希望之火。他归附前秦，是因为部众叛降，无力回天。想要再次聚拢他们，必须有个强大的靠山。但他真正的目的，则是借鸡生蛋，称霸一方。只不过，他的这个伟大梦想，是他的儿子乞伏国仁替他实现的。

乞伏部是鲜卑分布在陇西的一支，最初也居于漠北，后来向南跨过阴山，辗转迁徙到今天的宁夏、甘肃一带。乞伏述延做部族首领时，不断兼并周边，人马也逐渐兴盛。后来乞伏部又攻灭鲜卑莫侯部，占领了苑川（今甘肃省榆中县境内），在凉州有了一席之地。

乞伏司繁是乞伏述延的孙子，他继任首领后，部族变得更加强大。可惜，天不遂人愿。此时的前秦帝国正以锐不可当之势，四面出击，横扫北国。乞伏部也成了秋风清扫的落叶。为避战祸，乞伏司繁率领部族迁往度坚山。然而这也未能幸免于难，面对强大的前秦，还稍显稚嫩的乞伏部根本没有反抗之力。乞伏司繁壮志未酬，也只能委曲求全、韬光养晦了。

让乞伏司繁没有想到的是，他死后不久，这个愿望很快便由他的儿子乞伏国仁完成了。在他生活战斗过的地方，一个国号为秦的政权如高楼大厦般拔地而起。他更没有想到的是，多年以后，年轻的西秦很快就遭受了灭顶之灾。他的另一个儿子乞伏乾归为了光复大业，又使用了和他如出一辙的办法。

对于前秦王苻坚来讲，乞伏部的表现令人满意。归降后的乞伏司繁被苻坚拜封为南单于，留任长安。乞伏司繁的叔父乞伏吐雷则被任命为勇士护军，去安抚乞伏部众。后来鲜卑的另一个部族叛乱，苻坚让乞伏司繁率军征讨，乞伏司繁不负重托，很快将其平定。在苻坚心中，或许早就把乞伏部当成了帝国忠诚的一分子。不过这也只能是他的一厢情愿，就像他怎么也不会相信，自己敬如上宾的慕容氏有一天也会背叛他一样。

事实上，乞伏部还是最早背叛苻坚的力量之一。乞伏司繁死后，乞伏国仁子继父业，继续为前秦效力。淝水之战时，乞伏国仁为前将军、领先锋骑，属于苻坚信任的先遣部队。苻坚志在南下，没想到后院起火，乞伏国仁的叔父乞伏步颓率先在陇西反叛。于是苻坚将乞伏国仁从前线召回，去平定他叔父的叛乱。

和苻坚后来同意慕容垂回到前燕旧地一样，苻坚第一次犯了放虎归山的错误。乞伏国仁与叔父乞伏步颓汇合后，毫不犹豫地举起反叛前秦的大旗。苻坚哪里知道，表面忠心耿耿的乞伏国仁，内心实则一刻也没有忘记父亲生前的遗愿和嘱托。

乞伏氏建国是选对了时机的。淝水之战惨败后，前秦帝国很快瓦解。国内叛乱此起彼伏，让苻坚应接不暇。乞伏国仁趁着这个乱乎劲儿，招集各部为己所用，有不服的就直接打过去。先是鲜卑匹兰部率众五千来降，而后南安诸羌三万多户来投。一时间部众人数达到十多万，成为西部一支强劲的新生力量。385 年，乞伏国仁自称大都督、大将军、大单于，设置百官，定年号为建义，并建都勇士城（今甘肃省榆中县境内）。这便是第一次建国的西秦。

中原再次大乱，就给了偏安一隅的西秦快速发展的机会。实力大增之后，志得意满的乞伏国仁开始拼命向外扩张。他先是率兵征讨鲜卑的密贵、裕苟、提伦三部，一路所向披靡。接着又兼并了鲜卑的越质叱黎部，终于完成了西秦的原始积累。风光三年之后，乞伏国仁病死。因其子乞伏公府年龄尚小，部众便推举他弟弟乞伏乾归继位。

乞伏乾归领导下的西秦继续东征西伐，疆域进一步扩大，影响力也越来越强。特别是在与后仇池国的对阵中，乞伏乾归强势胜出，还斩杀了仇池王杨定。西秦在西部边陲声名鹊起，风光一时无两。然而，乞伏乾归继承了哥哥的武功，却没有承继哥哥的运气。西秦征伐的脚步没能持续多久，因为它引起了实力更为强大的邻居后凉的注意。面对后凉国主吕光咄咄逼人的十万大军，乞伏乾归不得不向后凉称藩，并把儿子送去做人质。但很快乞伏乾归便后悔了，又拒绝向后凉称臣。西秦与后凉的矛盾就此形成，双方之间征战不断。

如果单只一个后凉，西秦虽然稍显薄弱，但还是能抵挡一气的。况且后来乞伏乾归又与南凉秃发氏和亲，共同对付后凉，所以在战事上并没有完全处于下风。可是后秦的突然介入，打了西秦一个措手不及，形势也就急转直下。在与后秦的关键一战中，西秦主力尽失，再也无力支撑门面了。乞伏乾归只得携妻将子，投奔了南凉，西秦第一次建国宣告结束。

乞伏乾归在南凉寄居了没多久，便又转而投奔了后秦。姚兴封其为归义侯，让他继续统率旧部，并镇守苑川——之前乞伏乾归因为勇士城的南景门突然损坏，心里膈应而迁都苑川。接着，乞伏乾归讨叛羌、攻仇池、大破吐谷浑，为后秦立下了汗马功劳。然而这样一来，姚兴又担心乞伏乾归势力太强盛了不好控制，就又把他召回长安，留在身边做了主客尚书。让他的儿子乞伏炽磐代替他统领旧部。

西秦的复国机会依然来自中原的战乱。大夏国赫连勃勃兴起后，与后秦之间的战事日益频繁。姚兴不得不把主要精力放在北部边防上，这便给了乞伏炽磐以可乘之机。乞伏炽磐除了稳固原有的地盘和部落外，还一举攻克枹罕，获得了一片新的根据地。之后乞伏炽磐又悄悄地把父亲乞伏乾归迎接回来。

409 年，乞伏乾归再次称秦王，改元更始，并恢复百官设置。西秦再次以一个独立政权的姿态，雄踞于西部边陲。

6

北燕公主远嫁

女人在战争或政治中的作用绝对不可小视。她们有时像催化剂，能派生出许多新的东西，从而改变历史的走向，或是让对立的双方更趋白热化。前者如晋武帝司马炎的皇后杨艳，通过女人撒娇的本领，强势推出政坛新秀贾南风，并顺利让白痴儿子司马衷晋位西晋第二任君主，悄然改变了西晋朝的政治格局。后者如靳准之乱的助推者靳月华，枕边微风吹起，继而引发了狂风暴雨，让汉赵那场宫廷血案来得异常猛烈。

其实女人还有一种更为突出的作用，就是调和剂。她们能让剑拔弩张的死敌对头，暂时握手言和。这一行为若上升到国家高度，就是和亲政策。彼时的异国番邦，并不就是旅游的打卡地，会吸引女人抢着去。那时的女人，并不憧憬牛羊作伴的异域风情，可是她们没有说不的权力。不管那个未曾谋面的男人岁数多大、长相如何、有几个老婆，她们都只能将自己作为礼物出手。她们作用巨大，人生却很悲哀。

作为皇帝，谁也不想把自己的亲生女儿嫁到异邦，甚至嫁给一度让自己头疼和闹心的死对头，即便自己的女儿为数不少，也并不经常交流和见面。他们总是找那些和自己血缘关系较远的人来替代，就像当年刘邦先册封宗室之女为公主，然后再把她嫁给冒顿一样。所以，当北燕国主冯跋在接到柔然可汗勇斛律的求婚帖子，指名道姓地要娶他的亲生女儿乐浪公主时，他的内心会泛起一阵涟漪，进行一番挣扎，甚至他还召开了专题会议，专门就此事进行讨论。

古人的优越感其实要明显高于今人，特别是那些天生高人一等的皇室贵胄。所以，冯跋召开的专题会，毫无悬念地出现了一边倒。以弟弟冯素弗为代表的几乎所有朝臣，都坚决反对这门亲事。说乐浪公主是嫡出的亲闺女，不应该下嫁给异族，还那么老远。如果一定要嫁，也应该效仿前朝，找个嫔妃生的过去做做样子。

尽管大家一致反对，冯跋最终还是作出了嫁女的决定。他的理由很简单。一是养闺女迟早是要嫁人的，远近无所谓。再说也不算太远。二是不能失信于人。我一向尊重异域番邦的习俗，在信誉上更不能打折扣。于是冯跋敲锣打鼓地将乐浪公主嫁了过去。

冯跋嘴上说得轻松，做得也很坦然，理由更是冠冕堂皇、无懈可击。但他这种表面上的平静，并不能掩盖其内心的波澜。个中滋味，或许只有他自己最清楚。冯跋当时是很矛盾的，他嫁女的决心应该早就有了，但他仍要召开专门会议进行讨论，足见这种决心并不心甘情愿。就像后来的北魏太武帝拓跋焘一样，他也同样看不起柔然这个尚处于原始落后状态的游牧部族。之所以委曲求全，完全是出于政治上的考量。其难言之隐，源自当时的形势。

冯跋的北燕政权，是在后燕受到北魏的强势打击，趋于衰败的情况下应运而生的。后燕被北魏拦腰截断，丧失了中原大部分领土。慕容德去青、兖二州——也就是今的山东一带另起炉灶，建立了南燕政权。北方依旧延续后燕的班底，直到冯跋发动宫廷政变，才从实质上改变了慕容氏的执政格局。也就是说，北燕虽是篡夺了慕容氏的政权，延续的却依然是慕容氏的班底。

篡位的机会来自那场画面有些感人也有些可笑的发丧。后燕末帝慕容熙披发光脚送老婆，也就给了冯跋可乘之隙。冯跋本是后燕的中卫将军，后来因为触犯了慕容熙而被迫逃亡，找个深山老林躲了起来。慕容熙离开皇宫亲自发丧，冯跋便联合了二十几个人，以慕容熙暴虐为名，悄悄入宫拥立了慕容云。他们随后发动五千人守住城门，把慕容熙关在了城外。慕容熙攻城不下，最后败走被杀。

拥立慕容云，是冯跋政治上的一个缓冲。他不是不想上位，只是怕自己一下子当老大不能服众，不如先找个傀儡做做样子。为啥这样说呢？因为慕容云并没有表现出篡位之心，而且也不想篡位。他是被冯跋等人连哄带逼，最后硬给架上龙椅的。

慕容云是后燕第二任皇帝慕容宝的养子，高句丽人，本名高云，是慕容宝做太子时的侍御郎。慕容宝之子慕容会谋反时，高云因平叛有功，被慕容宝收为养子并赐姓慕容，实则跟慕容氏没有任何血缘关系。高云是个不爱说话、有点憨厚木讷的人，自然是做傀儡的不二人选。

改朝换代往往舆论先行，高云上位时，坊间也有类似天意如此的童谣传世："一束藁，两头然，秃头小儿来灭燕。""藁"字去掉上下两头剩个"高"字，而高云的生父高拔小名叫"秃头"，高云也是高拔三个孩子中最小的。那么谣谶的寓意就很明显了：高云灭燕。这个结论也宣示了一个新的时代来临，高云就此成为北燕的开国之君。

过了两年，亦即409年，高云被宠臣离班杀死。冯跋再杀掉离班，也就堂而皇之地上位了，成了北燕新的掌舵人——当时高云和冯跋都自称“天王”，死后谥号为帝。所以，当时的冯氏政权并非铁板一块，毕竟他的龙椅是抢了慕容氏的。其时危机潜伏，彻底稳定局势还需要时间。

而周边形势则更加严峻。慕容氏的老对手拓跋魏，无时无刻不在边疆制造着威胁。北燕内有构隙，外有强敌，已经够冯跋喝一壶的了。偏偏此时柔然又在北部兴起，同样威胁着北燕。这是冯跋无论如何不愿意看到的。柔然可汗勇斛律遣使求婚的态度是十分傲慢的——直接赶过来三千匹马当聘礼，颇有点霸王硬上弓的味道。如此冯跋都能隐忍，也足见当时形势的确不容乐观。

乐浪公主远嫁，解决了冯跋头疼的边疆问题，也改变了北燕的命运。与柔然和亲可谓一箭双雕，既消除了柔然的威胁，也可以通过柔然牵制北魏，缓解来自北魏的危局。三方呈鼎足之势，维系了北燕十几年的和平。后来冯跋又与赫连勃勃的大夏国交好，其本意也是为了牵制北魏。这也是北燕没有迅速被北魏灭掉的一个非常重要的原因。

虽说出于政治考量，但冯跋嫁女也需要很大的勇气，并不是随便哪一个皇帝都能做到的。用现在的话说，就是抛弃了狭隘的民族偏见，其胸怀是很值得敬佩的。当然，冯跋思想开化，也有时代的原因。冯跋虽是汉人，却一直在后燕军中效力，鲜卑化程度很高。冯跋说尊重番邦习俗，也并不是冠冕堂皇的场面话。他取代慕容氏后，依然沿用大燕的旗号，也可以证明这一点。

儿女都是父母的心头肉。冯跋能舍却心头肉，也并不就是铁石心肠。事实上，冯跋很有爱心，他关注民生，关心弱势群体，颇受百姓拥戴。冯跋也很有作为，他主政北燕22年，下大力收拾残局，成效十分显著。当然，这些成绩的取得，也应该给远嫁番邦的乐浪公主好好记上一笔。

7

世外桃源仇池

东晋诗人陶渊明在《桃花源记》一文中，讲到了一个不为人知的桃花源，描绘了一个与世隔绝的人间仙境。在那里，“土地平旷，屋舍俨然”，一切井然有序；“阡陌交通，鸡犬相闻”，一派其乐融融。人们之间和谐相处，“怡然自乐”，过着自给自足的平静生活，远离战场和嚣尘，让人心驰神往。

《桃花源记》表达了作者一种美好的生活愿望，至于作者是否真的到过这样一个地方，还是仅仅出于一种想象，我们无从得知。不过，陶渊明先生笔下的这个世外桃源，确实在历史中真实存在过，而且就在作者生活的那个战乱频仍的年代。这就是仇池国。

仇池是十六国时期一个很小的割据政权。即便在那个动荡不堪的多事之秋，也没能留下什么惊天动地的传奇故事。在无月不战的乱世，它更趋于宁静的存在，甚至可以成为《桃花源记》的原型。巧合的是，陶渊明先生“采菊东篱下，悠然见南山”的时候，仇池国也悄然在线。

在今天甘肃省西和县的仇池山上，有一块百顷之地，可容纳数万人家。这就是最初的仇池国，一个地图上不太好标注的蕞尔小国。不过看看《魏书》中的记载，你或许会有世外桃源的既视感：

> 四面斗绝，高七里余，羊肠蟠道三十六回，其上有丰水泉，煮土成盐。

十六国时期，主战场不外乎五个：一是群雄逐鹿的中原；二是西部要塞凉州；三是现在山西、河北、内蒙古一线的边缘；四是长江、淮河之间；五是巴蜀与荆楚之间（主要是东晋和成汉、谯蜀的纷争）。仇池国地处偏远，又居山险，还远离主战场，幸运躲过了兵戈铁马，躲避了战火的蔓延，成为乱世中的一方净土。

这里有丰富的水源，先进的手工技术也足以保障自给。《南齐书》中说，仇池人在山间平地修建宫室、果园和仓库。国人无论贵贱，住的全是一样的土墙木屋，洋溢着农耕社会的文明与祥和。仇池国用几十年的宁静，在乱世中演绎了一段人间值得的佳话。

当然，所谓的宁静，只是相对而言。在那个战乱频仍的年代，绝对的平静是奢侈的。准确点说，仇池国绝大部分时间都是在平淡中度过的，这本身也是一个奇迹。仇池国的肇建者是氐族杨氏，其建国历程也是几经风霜。其间还一度被灭，之后又得以复国。所以仇池国又分成前仇池和后仇池两段。

氐族杨氏世居略阳清水，被称作清水氐，属于氐族中的豪族。东汉末年，部族首领杨驹带领部众迁居仇池山。因为聚居地是山中一块面积约百顷的平地，所以后来杨驹的儿子杨千万被曹魏封为“百顷氐王”。到了杨千万的孙子杨飞龙这一代时，部族逐渐繁盛兴旺。西晋武帝司马炎时，任命杨飞龙为征西将军，又让他们迁回了略阳。杨氏一族就此离开了仇池。

杨氏再次回到仇池，是杨飞龙的养子杨茂搜为首领的时候。为躲避西晋末年的齐万年之祸，杨茂搜率领部落四千人家，重新回到仇池故地，并自称辅国将军、右贤王，这便是前仇池的雏形。一时间，关中流民闻风而至，大量依附，仇池成了西部边陲的一个避难场，同时也获得了前所未有的生机和发展。

杨茂搜之子杨难敌袭位后，前赵皇帝刘曜来伐，杨难敌被追投奔成汉。刘曜退兵后，杨难敌再次回到仇池。这也是杨氏一族第三次进入仇池。337 年，亦即杨难敌死后三年，杨难敌的族侄杨初，杀掉杨难敌继位的儿子杨毅，兼并部众，自立为仇池公。仇池人少地狭，只能通过外交弥补军事弱势。它先后向后赵和东晋称臣，也换得了将近 40 年的平静生活。

371 年，前仇池被前秦灭国，苻坚将仇池一地的氐族部众全部迁往关中，仇池成了百顷无人区。淝水之战后，北方重新洗牌，首领杨定趁机率领部众四入仇池，在离仇池山 120 里的历城重新立国，并自称龙骧将军、平羌校尉、仇池公。这就是跟陶渊明先生同时代的后仇池。之前的百顷故地则成了国家粮仓。

后仇池再次成为四方流民的避难所，也再次繁荣兴盛起来。一直到南北朝时南朝宋文帝刘义隆派兵平定仇池止，仇池没再发生大的变故。当然这种繁盛依旧停留在经济和社会层面，其国小力弱的短板仍需借助外交手段弥补，即继续对东晋、后秦、北魏以及刘宋称臣。

仇池虽然名义上称臣，但它置百官并自主任命官员，有一套独立运行的行政体系。此外还有军队和疆域，俨然一个独立王国。

作为一个毫不起眼的小国，仇池不仅拥有“世外桃源”般的人间仙境，而且还是十六国时期所有割据政权中累计存活时间最长的一个，不能不说是个奇迹。

当然，在王者称霸、弱肉强食的大环境之中，想置身事外是不可能的。仇池周旋于大国之间，自然也避免不了冲突。后仇池和后秦、西秦、北魏、刘宋都有过战争，并最终为刘宋所灭。它也曾有过大国意识，借机向川北和陕南开疆拓土，只是在大部分时间内都过着与世无争的生活而已。

下篇

繁华落尽

——后凉、南凉与西秦，后秦、北燕与北凉

1

吕光身后之乱

也许吕光早已料到身后之乱了。这个念头一直在他心中徘徊，临终前则表现得尤为强烈。作为后凉的开创者，如何让帝国的生命延续下去，是他的责任所在。为此，他也做了不懈的努力，退位为太上皇帝就是最好的证明。太子吕绍还很年轻，能否驾驭应对复杂的局面，还存在极大的不确定性。他要不遗余力地培养和锻炼他，扶上马，再送一程。

为了给吕绍营造一个宽松的政治环境，吕光临终前对人事做了如下安排：任命庶长子吕纂为太尉，统帅三军；另一个儿子吕弘为司徒，掌管朝政。军政分开，相对独立。有两个哥哥辅佐，吕绍这天王之位坐起来就不会感到太吃力。

就能力而言，吕绍远不如吕纂和吕弘。但吕绍是嫡长子，吕光立他，也是出于稳定军心、人心的需要。后凉后期已是繁华落尽，再也禁不起什么折腾。吕光特别交代吕绍，要无为而治，有什么事交给二位兄长去做就行了。这也是出于保护吕绍的目的，将权力下放给他的两个哥哥，在兄弟之间寻求一个平衡。这样的安排可谓用心良苦，目的只有一个，就是让他们兄弟和睦，同仇敌忾，共同构建和谐后凉。然而，事与愿违。吕光最不愿意看到的萧墙之祸，在他死后还是遗憾地上演了。而且很激烈，很血腥，很恐怖。

王位的继承问题，一直是宫廷政变的导火索。如果竞职上岗，当时后凉的夺标热门应该是吕纂。吕纂是吕光的庶长子，也是诸子中年龄最大、立功最多、威望最高的一个。吕绍其实也感觉各方面都不如他这个哥哥，所以在吕光死后，他主动让位给吕纂。此举不管出于真心还是故意做戏，抑或怕哥哥生出变故。总之吕绍表现出了谦卑，也表现出了对哥哥的尊重。如此一来，反叫吕纂感到不好意思，心里也稍稍平衡了一些。

如果吕光就这两个儿子，相信他们一定会君臣和睦、荣辱与共。可惜的是，在吕光另外两个儿子的挑唆下，这种暂时的和谐并没能维持多久。后凉宫廷终于还是酿出了祸端。

对吕纂意见最大的是吕超。他首先发难，挑拨吕绍，说吕纂兵权在握、目中无人，在父亲的葬礼上临丧不哀。如此不孝之人定然十分危险，应该尽早除掉。其实这是冤枉吕纂了，吕纂当时的葬礼表现还是很哀伤的。吕超这样说，无非就是找个噱头而已。他真正在意的，是吕纂的兵权。

吕超是个非常要强的主儿，而且好大喜功。吕纂的风头盖过了他，让他心里很不爽。这种因妒而生的愤恨是极其可怕的，吕绍接见吕纂时，吕超在一旁执刀怒目，足可窥其一斑。

吕纂最初其实并无反意。他是一个喜欢弓马骑射、好遛鹰犬的一介武夫。带兵打仗是把好手，却没有太多心机。在性格上，吕纂属于那种直肠子，有什么说什么，说了就忘——他也最终因为一句气话而招来了杀身之祸，这个咱们一会儿再说。性情耿直自然是好事，但这种人也有个缺点，就是特别容易冲动。吕纂被吕超挤对，本来就很憋屈。可巧，吕弘又给烧了把火，这下吕纂想不反都不行了。

吕弘是对吕绍不满，而且这种不满属于心劲儿的较量。积蓄日久，绝难调和。原来，早年间吕绍曾经走失过，吕光就想立吕弘为世子——那时吕光还没有割据立国，所以称世子。可是后来吕绍找到了，也就没吕弘什么事了。吕弘的世子梦一下子破灭，把气全憋在了吕绍身上，吕绍继位让他尤其感到不舒服。

于是吕弘不断挑拨吕纂，说论威望论能力，这王位本来应该是你的，吕绍何德何能，能担此大任啊。吕纂联想到受到吕超的窝囊气，热血上头，终于狠下心，和吕弘一起发动了宫廷政变。最后结果：吕绍自杀，吕超出逃，吕纂上位。这一年是 399 年。

矛盾总是不断转换的，一个问题的解决，并不代表问题的结束。对于吕纂来说，吕超的问题没了，吕弘的问题又来了。吕纂和吕弘的联合，本就是双方利益的驱动。吕弘为了发泄一己私愤，吕纂为了赌气和上位。当各自目的全都实现后，这种联合就会变得索然无味。特别是吕弘，折腾半天仅仅是出了口气而已。吕弘内心的真实目的，还是想自己上位。而把吕绍拉下马，自己仍旧没能如愿。这下，他对吕绍的不满，犹如风向标一般，转而指向了吕纂。

吕纂也曾效法吕绍，礼貌性地让位给吕弘。吕弘尽管心里很想接受，但却不敢。因为那样一来，自己的私心便如同置于阳光下暴晒，一点也瞒不住了。想而不能达，也不能说，大概是一个人最难受的事情。吕弘内心的矛盾可想而知。

而吕纂呢，自己能够上位，吕弘是立了大功的，所以不能不有所表示。于是吕纂封吕弘为都督中外诸军事、大司马、录尚书事，给了他兵权。如此委以重任，并非出于吕纂本意，所以他内心是设防的。两人矛盾积蓄，也就理所当然地爆发了。吕弘终于二次起事，最后被吕纂诛杀。

吕纂谋反也好，诛杀吕弘也好，应该说都没有主观故意，而是处于从动或被动的角色。比起那哥儿几个，吕纂还算得上一条有情有义的汉子。第一次宫变时，吕纂曾被左卫将军齐从砍伤了额头。吕纂不但没记仇，对他还高看一眼。吕弘反叛时，他因为生气，在吕弘的住所东苑纵兵大掠，并把吕弘的妻女赏给士兵，表现出兽性的一面。但当下属劝阻他，说吕弘篡逆，罪在当诛，但他的妻女何罪之有，为什么要让士兵们糟蹋呢？吕纂听后不但立即叫停，还安抚了吕弘的妻女。这些例子，都能让人看到吕纂仁义和人性的一面。

然而，你的仁义不一定会被对方认同，甚至有时还会起反作用。比方说吕超。吕纂对吕超还是顾及手足之情的。吕超容不下他，千方百计想除掉他。而吕纂上位后不但没追杀吕超，还派人把他找了回来，官复原职。够仁义了吧？可他无论如何不会想到，他的这个大度的仁义之举，却最终让他搭上了卿卿性命。

要说这个吕超也确实不是什么省油的灯。他在没有请示的情况下，擅自攻打境内鲜卑人思盘的部落。思盘惹不起，就派遣弟弟乞珍到吕纂那里申诉，寻求组织解决。吕纂召二人入朝问话，并训斥吕超，说看来只有杀了你，天下才能安定。吕纂这话无非就是武夫之语，也是气头上的话。就像两个人吵架，一方叫嚷着杀人一样。其实就是一种心情的外宣，并不一定落实行动。

吕纂的处理方式无可厚非。一来可以吓唬吓唬吕超，省得他老胡闹；二来也堵堵思盘的嘴，别再进一步激化矛盾。这就像孩子在外面惹了事，人家找上门来，大人总要先数落一番孩子。尽管嘴上骂得厉害，内心还是偏向孩子的。吕纂也是一样，仅仅骂了吕超几句而已，并没有实质性的惩罚措施。事后，吕纂还专门设宴款待了二人。

谁知说者无心，听者有意。吕纂说说就忘了，这吕超可是真往心里去了。在宴席上，吕超和哥哥吕隆一个劲儿地向吕纂劝酒，把他灌醉了。吕纂借着酒劲儿想搞点娱乐活动，就带着吕超、吕隆哥儿俩乘步挽车在宫内游玩。结果走到僻静处，吕超一剑把吕纂刺穿了。

2

后凉左支右绌

后凉是被一点点给挤对垮的。这种苗头在吕光执政后期变得愈发明显，就连吕光自己都很不乐观。强敌环伺，蠢蠢欲动，是当时形势的最好概括。当年横扫西域的霸气、坐定凉州的风光，此时早已荡然无存。他所剩的，只有那令人焦头烂额的无休止的征战：被动地抵御入侵，或是主动地侵犯别人。

凉州一地，在十六国初期，本是一个远离战火硝烟、相对宁静的大好去处。这种状况一直延续到吕光建立后凉，仍然没有什么太大的改变。就是在后凉建立的最初几年，它也还是有过一段时期的平静。然而，随着鲜卑秃发氏和卢水胡沮渠氏的先后剥离，这里一下子变得热闹起来。

南凉和北凉的建立，无疑把后凉推到了一个极其尴尬的位置上。秃发氏和沮渠氏南北夹击，两国合力，让后凉的处境变得越来越凶险。更为糟糕的是，后凉东面的后秦也从不让人省心。而西面的吐谷浑也在不断壮大。一时间，后凉四面受敌，成了一块可口的肥肉，谁都想分一杯羹。

其实一个国家也像一个家庭一样。兄弟不和，外人就会挑唆；夫妻不睦，小三也会侵入。假如后凉吕氏内部牢不可破，也不至于一下子就成为众矢之的，谁想叨一嘴就叨一嘴。可惜的是，后凉自吕光死后，内讧就一波接着一波，轮番上演着自相残杀。以至于国力迅速消耗，百姓流亡饥馑。简直乱成了一锅粥。

先是吕纂和吕弘起兵，逼死了刚刚即位不久的吕绍。而后吕超又杀了喝醉酒的吕纂，并推举把吕纂灌醉了的哥哥吕隆上位。事情总是相辅相成的，后凉的这种内部变乱，也让其外部形势变得更加恶劣。后凉终于走到了山穷水尽的地步，最后吕隆万般无奈地投降了后秦。

从吕纂到吕隆，后凉的国力一直呈持续下滑的态势。在这点上，吕纂也是有责任的。吕纂是个好将军、好战士，但绝不是一个好的政治家。他擅长骑马射箭，却不喜欢读书思考。是个喜欢歌舞升平，喜欢喝酒游猎的粗人。更糟糕的是，吕纂还喜欢炫耀武力。他继位大统之后，并没想着怎样收拾烂摊子，怎样与民生息，而是穷兵黩武，多次主动出击南凉和北凉。南北两线同时作战，也让后凉的国力损耗殆尽。

吕纂如此，吕隆也没好到哪去。他采取了以杀立威、用暴力维系统治的极端方式，并且在错误的道路上越走越远。他专门杀那些豪门望族，以最强烈的刺激，最迅捷的方式，最大限度地冲击国人的感官和神经。以此杀鸡儆猴，让人们产生畏惧心理。

吕隆剑走偏锋，效果却适得其反。那些豪门望族不可避免地被推向了对立面，有些人就此倒戈，成为后凉的敌人。群臣也没有了安全感，不知道哪天会轮到自己倒霉。每天提心吊胆，哪还有什么心思工作啊。人心不稳，军心就不稳，士气就不旺，战斗力也随之疲软，吃败仗也就成了家常便饭。可以说，吕隆的执政思路一开始就是错的，无疑加速了后凉的灭亡进程。

吕隆当政的最后几年，几乎到了困兽犹斗的境地。内政的残破不堪，也让对手变得肆无忌惮。南凉和北凉频频来袭，对后凉不屑一顾，简直把它当礼拜天过了。而在关中战事中腾出手来的后秦，此刻也蠢蠢欲动，兵锋直指凉州。吕隆不得不三面作战，疲于应付。此外还要分出一部分军力，防止西面的吐谷浑趁机进扰。

后凉军费开支巨大，最后导致了经济的崩盘。都城姑臧粮食急缺，谷价奇贵，一斗卖到了五千文的天价。城中百姓饿死了十多万人，甚至出现人吃人的惨状。有的饥民甚至冒死出城，自愿要求给敌人当奴隶、奴婢，总好过在城里活活饿死。

人口每天流失，让吕隆更加惶恐和焦躁，他的残暴也达到了极致。对那些出逃的人，逮住之后二话不说，全部坑杀。即便这样，仍旧阻挡不住人们的外逃。到后来，城内的局势完全失控，大街小巷到处都是横七竖八的尸体，景象凄惨异常。这种状况下，即便没有外力的打击，后凉也难以为继。403 年，一筹莫展的吕隆备足珍宝，向姚兴乞降。哥们儿实在是玩不下去了。

接下来的情景，完全没了之前的慌乱，一切都显得那么安然有序。后秦受降大军到来时，吕隆早已素车白马伫立道旁，将士们丢枪弃甲，垂头丧气。昔日风光已逝，只留下一声声无奈的叹息。后凉缔造者吕光决然不会想到，他一手创建的繁盛帝国，会以这样的方式结束。

不知吕隆在道旁素手垂立时，心里在想什么。是被挤对的憋屈？还是对自己残暴不仁的懊悔？不过有一点是肯定的，他并不是真的想投降。十几年后，吕隆忍不住做了最后一番挣扎。他与儿子吕弼一起谋反，最后双双被姚兴杀死。

3

南凉大阅兵

许多年以后，当秃发傉檀面对那杯烈性毒酒时，他将会回想起，自己表现大度的那个遥远的下午。那时的他绝不会想到，在他大度之下余生的乞伏乾归，此刻却急切地想杀死他。当然，他也会回想起那次方亭的大阅兵，他是那么的豪情万丈、不可一世。似乎他的铁骑一夜之间就要荡平整个凉州。然而，正是从那次大阅兵开始，他一步步走向了穷途末路。

十六国后期，凉州成为继中原之后的第二大战场。前秦之前，此地一直是张氏割据，虽也有纷争，但相对平稳。前秦衰败后，这里格外热闹起来：先是略阳氐吕氏建立了后凉政权。之后秃发部和沮渠部纷纷叛离，建立南凉和北凉政权。凉州的战事，自秃发乌孤建立南凉之后，也开始持续升温，到后秦灭后凉时达到沸点。而那时的秃发傉檀，却迎来一生中最得意、最威风的时刻，因为他很快便兵不血刃地攫取了后秦的胜利果实。

南凉共存国 18 年。三位君王秃发乌孤、秃发利鹿孤、秃发傉檀是一奶同胞的亲哥儿仨。其中在位时间最长的是秃发傉檀，在他手里，南凉的国力也达到了顶峰。

南凉最主要的对手和最大的对头都是后凉，可以说，二者之间的纷争从未间断过。秃发乌孤立国后，便攻取了后凉部分城池和地盘；秃发利鹿孤继位后，又趁后凉内乱并与北凉相攻之际，一度深入后凉腹地，直接威胁都城姑臧。

不过就整体实力来讲，当时的南凉也好，北凉和西秦也好，都稍逊于后凉。后凉在吕光死后出现王位之争，又受南凉、北凉以及西秦的三面夹击，国势渐弱。此后四国便一直处于胶着状态，互相攻伐，但谁也灭不了谁。这个动态平衡，最终因后秦的介入而被打破。

前秦灭亡后，后秦成为新的中原霸主。因为其重心在关中，便不可避免地与西面的凉州发生了军事冲突。最先倒霉的，是和它挨得最近的西秦。在后秦强势打击下，国主乞伏乾归不得不投降南凉。后来他又只身投靠后秦，其子乞伏炽磐则滞留南凉做了人质。后来乞伏炽磐伺机出逃去寻找父亲，被南凉军抓获，秃发傉檀和乞伏炽磐的渊源也就此开始。当时秃发傉檀的哥哥秃发利鹿孤想杀掉乞伏炽磐，只因秃发傉檀的极力劝阻，乞伏炽磐才得以虎口余生。

当时的秃发傉檀还没有嗣位，却颇具王者的风范和气度。他对哥哥利鹿孤说，做臣子的想回去找父亲，这是天经地义的事。乞伏炽磐的孝心值得称赞，我们也应该表现出海岳一般的雅量，应该支持他才对。雅量有了，乞伏炽磐的性命也保住了，后来秃发傉檀还让他们妻儿团聚。然而 13 年后，秃发傉檀却为此付出了沉重的代价。

414 年，乞伏炽磐趁秃发傉檀西征乙弗、国都空虚之际，奇袭南凉都城乐都，一举灭亡了南凉。秃发傉檀也被迫投降了西秦。一开始乞伏炽磐对恩公秃发傉檀还不错，任命他为骠骑大将军，封左南公。但终究放心不过，最后赐以毒酒，让他自尽了。

不管怎样说，一个人宽宏大度都该是好事。大度也是需要资本的，人在高位或者处于强势时，最容易产生包容之心。秃发傉檀的那次大度，也是南凉最强盛的时候，所以他有这个资本。秃发傉檀对乞伏炽磐宽容，是王者怀柔天下的风范。只是他没想到，乞伏炽磐后来偷袭南凉，也是王者穷竭心计的手段。因为大度而丧命，也不能说是秃发傉檀的错，只能怪世事无常，难以预料。不过，凡事都不是偶然的。如果没有后来的骄纵，秃发傉檀也许就不会为那次大度付出代价了。

方亭威武雄壮的大阅兵，也吹响了秃发傉檀失败的号角。阅兵是出征前或是凯旋后，对武装力量进行检阅的一种形式。为的是壮军威、鼓士气。古时交战，士气很重要。曹刿论战，讲究一鼓作气，再而衰、三而竭，说的也是士气的重要性。然而秃发傉檀的那次阅兵，却不止鼓舞士气这么简单，更多的则是志得意满之后的耀武扬威。

具体说，秃发傉檀的威风，是从他攫取凉州之后，开始变得无法控制的。后秦的介入让凉州一地迅速洗牌，西秦、后凉相继被迫投降。如此一来，就把南凉置于一个相对孤立的位置上。南凉由此失去缓冲，完全暴露在后秦打击范围之内。已继任南凉国主的秃发傉檀看到后秦如此强势，赶忙去年号、罢百官，向后秦称臣。为了讨好后秦，他先是平定了反叛后秦的南羌。之后又出兵北凉，将抢来的战利品——三千匹马和三万头羊，献给了后秦国主姚兴。姚兴一高兴，封秃发傉檀为都督河右诸军事、凉州刺史，并将原先后凉的地盘也交给秃发傉檀打理。

秃发傉檀此举可谓识时务的典范。若论实力，南凉和后秦实在差得太远，这一点秃发傉檀比谁都清楚。他对后秦称臣不过是放了一个烟幕弹，为的是避其锋芒，并非出于本心。而且他的车马服饰一如从前，摆的还是皇家的谱。姚兴也不是没识破秃发傉檀的意图，但凉州一地很复杂，姚兴需要有个熟悉当地情况的强者帮他打理。如此一来，南凉不但顺利度过了灭国危机，管辖的地方还比以前扩大了，秃发傉檀成了后秦西征的最大赢家。

主政凉州后，秃发傉檀袭击了西平、湟河二郡——二郡大致范围在今天的青海省西宁市、化隆县，并将羌族部落三万多户充实到武威等地。南凉国力自此达到鼎盛。兵不血刃的顺畅，生机盎然的景象，一切都是那么美好。秃发傉檀像喝了美酒，忽然变得轻飘飘的。凉州最后一个劲敌北凉，此时在他眼里已是小菜一碟。于是秃发傉檀征集动员辖域内五万精兵，在方亭举行了一个盛大的阅兵仪式。仪式上，他信心十足，踌躇满志。随后下令大军开拔，迈着六亲不认的步伐奔赴北凉前线。

然而这次秃发傉檀却吃了大亏。他不但被北凉军打败，还受到了大夏国的攻击。说起这事，也和秃发傉檀的骄纵有关。大夏国的赫连勃勃看到南凉日益强盛，主动请求和秃发傉檀联姻，结果却遭到拒绝。他不知道，此时的秃发傉檀已不把任何人放在眼里。赫连勃勃很没面子，便趁秃发傉檀征伐北凉大败之际，趁火打劫了一番，不但杀死了一万多人，还掳走近三万人，牛羊马匹更是不计其数。秃发傉檀领兵追击，结果中了赫连勃勃的埋伏。南凉军再次惨败，士兵们的尸体被赫连勃勃堆积起来做成“骷髅台”。秃发傉檀本人还差点当了俘虏。

这下秃发傉檀看到了自己的斤两，甚至成了惊弓之鸟。他害怕再次遭到偷袭，竟驱赶周边三百里内的百姓进入姑臧城，以增加安全感。然而，百姓接受不了如此迅猛的城市化进程，以至于怨声载道，更有揭竿而起的。一些官员也伺机谋反。一时间姑臧城兵戈四起，秃发傉檀忙了个不亦乐乎。

秃发傉檀的骄纵是有原因的。正如大度一样，骄纵也需要资本。秃发傉檀一直是秃发部族的骄傲，南凉国的王位是兄弟相继而非子嗣传承，原因就在秃发傉檀身上。秃发傉檀从小就机警敏锐，表现出不一般的才略。他的父亲秃发思复鞬特别欣赏他，当着几个哥哥的面说，傉檀将来比你们都强。如此，秃发傉檀便成了父亲钦点的王位继承人。

作为储备人才、重点培养对象，秃发傉檀也一直受到非常的礼遇。秃发乌孤在位时，秃发傉檀为车骑大将军，总领大都督府事务。秃发利鹿孤嗣位后，他为都督中外诸军事、凉州牧、录尚书事。军国大事全都是他说了算，秃发利鹿孤也就是在前台做做样子。可以说，秃发傉檀从南凉建国之始，就一直掌控着军国大权，是南凉实际意义上的掌舵人。

秃发傉檀很有头脑，也颇具大家风范。秃发利鹿孤在位时对后凉的致命一击，便是秃发傉檀的得意之作。当时吕纂来伐，大军咄咄逼人，南凉的将士们都很害怕。为了稳定军心，秃发傉檀在阵前下马，搬了个小凳，坐了下来。主帅的胆识和镇定让南凉军心大振，由此大败吕纂。后来吕纂攻打北凉，秃发傉檀又趁机进逼后凉都城姑臧，让后凉的脊梁骨很是发凉。

秃发傉檀最突出的是军事理论。这一点，后秦尚书郎韦宗最有发言权。看到秃发傉檀连续败给北凉和大夏，国内又危机四起，姚兴便派韦宗带着军事观察团过去探明虚实，想借机收拾南凉。秃发傉檀与韦宗坐而论道，从战国七雄到三国鼎立，一直谈到当下时局，条理分明，层次清晰，把个韦宗给煽懵了。最后的考察结果是：后秦没人是秃发傉檀的对手，即便姚兴御驾亲征，恐怕也占不了便宜。说秃发傉檀对北凉和大夏的作战失败，不过是一时疏忽而已。姚兴不以为然，还是派了大将姚弼去征讨，结果被秃发傉檀打败。秃发傉檀索性一不做二不休，彻底甩开后秦，自称凉王，复置百官，改年号为嘉平。

其实秃发傉檀对北凉和大夏的作战失败绝非偶然，说到底还是骄纵所致。当上凉王之后的秃发傉檀并没有从中吸取教训，依然穷兵黩武，和北凉展开拉锯战。在北凉那没讨到便宜，他又转而率军西征乙弗。这次虽然取得了掳掠四十多万头牛马羊的巨大胜利，却不料螳螂捕蝉黄雀在后。重新复国的西秦趁机攻占了乐都，南凉就这样在秃发傉檀手里灭亡了。

4

西秦袭灭南凉

当西秦大军攻入乐都时，乞伏炽磐的心情是十分愉悦的。这不仅仅因为他出兵之前南山出现了五色祥云，更重要的是他长长出了一口恶气，一口在他心中憋了十三年之久的巨大恶气。看着无家可归的南凉国主秃发傉檀，此情此景，让他想起十三年前的自己。那时的他正寄居南凉篱下，每天看着秃发家族的脸色行事，像丧家犬一样地摇尾乞怜。如今他再次踏上这片土地，却是以征服者的身份睥睨天下。他没有理由不高兴。

就经历来讲，乞伏炽磐是西秦四任君主之中，最具传奇色彩的一个。他是西秦的第三任掌舵人，在他的领导下，西秦的国力达到了前所未有的鼎盛。更重要的，他也是让西秦风云再起的人。西秦有过一次灭国的经历，父亲乞伏乾归当政时，因为受到后秦的强势打击，不得不屈辱投降——先是投降南凉，后又投降后秦。正是后来乞伏炽磐的不懈努力，才又让西秦在群雄争霸的凉州，重新占得了一席之地。从这点上讲，乞伏炽磐可谓西秦最大的功臣。

第二次建国比第一次建国更加艰难。乞伏乾归当时被姚兴滞留长安，待遇虽然不错，给了个主客尚书的官职，却没有什么自由，等于被后秦给看管了起来。相比之下，乞伏炽磐的处境要稍好一些，被姚兴封为建武将军、行西夷校尉，统帅旧部。西秦政权虽然灭亡了，但毕竟故旧的势力还在，需要一个有威信的人去打理。乞伏炽磐便是充当了这样一个角色。换句话说，他也不过是后秦帝国麾下的一分子，要受到多方的牵制和约束。然而，在十六国乱世，机会总是会有的。当后秦与大夏相攻伐，将主要精力放在北疆而无暇西顾时，乞伏炽磐便趁机集聚部众自立，并想办法迎回父亲，再次建国。

西秦二次立国后，崛起的速度非常快，这也与乞伏炽磐有着很大关系。父亲乞伏乾归虽是国主，儿子乞伏炽磐却是统帅三军的大将军。乞伏炽磐雄勇机智，权略过人，是个难得的将才。可以说，西秦此后的一切征伐扩张，都没离开过乞伏炽磐。他先是率军在岭南大败南凉太子秃发武台，掳掠牛马十多万。而后又在伯阳堡打败后秦的姚龙，掳获七千人口。可谓战功赫赫，加速了西秦崛起的步伐。乞伏乾归死后，乞伏炽磐继承王位。之后又西破吐谷浑，进一步扩大了西秦的影响力，使之成为西部一个不可小觑的割据政权。

等到根基稳固，乞伏炽磐的目标便瞄准了南凉。他时刻在寻找机会，以便一口吞下这块肥肉。乞伏炽磐如此处心积虑地和南凉过不去，皆因他们之间有过一段不小的渊源。乞伏部和秃发部本都是鲜卑族的分支，属于同种同源。二者还曾一度联姻和好，共同抗击强大的后凉。也正是因为有这层关系，西秦在被后秦灭国后，乞伏乾归才带着乞伏炽磐以及一家老小投奔了南凉。

南凉当时的国主是秃发利鹿孤，对乞伏乾归也不错，礼遇甚重，吃喝不愁。然而作为曾经的一方霸主，那种寄人篱下的滋味并不好受。况且乞伏乾归投降南凉本就是形势所迫，难免心有不甘。所以，当南羌首领梁戈向他抛出橄榄枝时，他怦然心动。可是，乞伏乾归在出逃时行踪败露，秃发利鹿孤派人在路上阻截。乞伏乾归怕回去后没法交代，便丢下一家老小，只身投奔了后秦。

乞伏乾归离开南凉应该是迟早的事。所谓天无二日、尊无二主，先前平起平坐，现在却要看人脸色，乞伏乾归心里肯定是憋屈的。而对秃发利鹿孤来讲，也始终会对乾归心存芥蒂、有所提防，以免他东山再起。就像乞伏乾归临走时对儿子乞伏炽磐说的那句话，秃发利鹿孤忌惮他的威名，他们俩不可能两全。

撇下一家老小独自逃往后秦，乞伏乾归也是有考虑的，并非全然不顾家人的死活。因为一则当时情况紧急，拖家带口很不方便。秃发利鹿孤的人一旦追上来，大家就谁也走不了了。自己单骑出逃，目标要小得多。二则乞伏乾归当时准备投奔的是风头正健的后秦帝国，有后秦在后面撑腰，南凉也不敢把他一家老小怎么样。

然而这样一来，乞伏炽磐在南凉的日子就不大好过了，等于成了南凉的人质。虽然南凉不会对他怎么样，可也不会像爷一样伺候了，受个窝囊气、挨个白眼是断然免不了的。一个落难的王子，心里的憋屈可想而知。所以那段日子对于乞伏炽磐来说，是刻骨铭心的记忆。甚至他还差点在南凉丢了性命。乞伏炽磐想念在长安的父亲，就找机会准备偷偷溜走，结果被南凉军捕获——从南凉防备之森严，也能看出当时乞伏炽磐确实不太自由。秃发利鹿孤一怒之下要杀乞伏炽磐，幸亏其弟秃发傉檀的劝阻，乞伏炽磐才幸免于难。

不过这也不是全无好处，委屈和磨难也历练了炽磐坚韧的性格。这也是炽磐能让西秦迅速复国的一个很重要的因素。即位后的乞伏炽磐，在武功上达到了巅峰。但他不满足于既得的成绩，时刻在等待着捕获大鱼。他也有着更为远大的目标，就是称霸凉州。

就像当初后秦与大夏大起干戈，西秦趁机复国一样，南凉秃发傉檀西征乙弗部，也给乞伏炽磐提供了可乘之机。414 年，乞伏炽磐奇袭南凉国都，南凉兵败如山倒，各地纷纷投诚。秃发傉檀一下子成了无根的飘萍，再加上乞伏炽磐派出五千精骑日夜追剿，最后走投无路，只好投降。兼并南凉，也让西秦成了兵强地广、名副其实的西部强国。

南凉国灭，既有秃发傉檀尚武、短视的主因，也有内外交困的客观，以及麻痹大意被西秦偷袭的偶然，但总体来说是大势所趋。彼时的南凉早已停止野蛮生长，步入了日薄西山的衰退期。而烽火硝烟的凉州也到了重新洗牌的关键时刻，被强敌环伺的南凉必然首当其冲。

凉州一地并不肥沃，各国征战主要是为了掠夺人口和牲畜。而战争又让经济环境进一步恶化，形成恶性循环，这也是十六国后期凉州战事持续升温的一个重要原因。南凉国所处位置十分尴尬：北有北凉，南有西秦，西有吐谷浑，东有后秦和大夏，全都虎视眈眈。尤其是老冤家北凉，能动手绝不吵吵，双方的拉锯战旷日持久，国力消耗很大。这种情况下，南凉很难破局。

秃发傉檀是个穷兵黩武的好战分子，以掠夺为经济支撑，国力自然难以为继。他最初凭借优秀战术和智慧外交获得了大量物资、人口和地盘，一跃而成凉州的翘楚。但后期接连碰壁，损失惨重，加之国内连年歉收，军民疲敝，强硬的民族政策导致人心背离。经济和社会双双走入瓶颈，外强中干的南凉已然摇摇欲坠。

糟糕的局面并未引起秃发傉檀的深刻反思，他拒绝了邯川护军孟恺提出的与西秦结盟，以及养兵蓄力、与民生息的外交和内政建议。想出来的办法依然是短平快的抢劫，并将目标锁定相对软弱的乙弗部。方法虽然简单粗暴不可取，但对于解决燃眉之急也不失一个有效途径。事实上秃发傉檀这次收获颇丰——牛马羊四十多万头，足以渡过当下危机。然而西秦的偷袭让这一切付之东流。

对于外出劫掠期间南凉国的安全问题，秃发傉檀其实也有考量。不久前他刚刚逼退了一次北凉的进攻，短期内不会再有战事。问题可能来自南面——复国之后蒸蒸日上的西秦。时任国主乞伏炽磐打败过后秦、吐谷浑，还在岭南一战大败太子秃发武台，颇有他当年的雄风。他不能不担心。

大军出发前，秃发傉檀交代太子秃发武台，要时刻警惕乞伏炽磐。然而他只是潜意识里预料到了可能存在乞伏炽磐偷袭的危局，却并未做出防范偷袭的预案，只是一厢情愿地让武台务必坚守一个月，等他回来。行险的结果是，武台只支撑了十天便丢掉了乐都。

也许是顾念当初秃发傉檀的救命之恩，以及后来又将女儿嫁给自己的雨露之恩，乞伏炽磐对来降的秃发傉檀很是热情，欢迎场面搞得很隆重。还任命他为骠骑大将军、封左南公，待遇也还不错。然而，就像当初乞伏乾归认为他和秃发利鹿孤不能两全一样，乞伏炽磐对这个曾经的王者终究放心不下。好吃好喝一年之后，乞伏炽磐派人送去毒酒，赐死了秃发傉檀。

5 后秦三世而衰

面对敌军铁桶般的围困，面对父亲思想上的动摇，姚佛念却表现得从容不迫，彰显出一副铮铮铁骨。在从高高的城墙上跳下的一瞬，他用尚未发育完全的小小身躯，为后秦帝国最后的岁月弹奏了最为悲壮的一曲，完成了人生的永恒。一个年仅十一岁的孩子，毫不掩饰张扬的烈性，与带着妻儿出城请降的父亲形成了鲜明的对照。

其实，只要往上倒三代，我们就不难发现，姚佛念的祖上死得都很窝囊。他的父亲姚泓，在刘裕大军的强势进攻下投降，被押解至建康，斩于闹市；他的爷爷姚兴，倒算是位治世的君王，谁料晚运不济，经受夺宫之变，连气带吓得一命呜呼了；老太爷姚苌就更有意思了，因为早年做过的亏心事而长期被噩梦困扰，最后精神崩溃，惊惧而死。

姚佛念的祖上三代，也是后秦帝国仅有的三任帝王。噩梦、惊吓、投降，无一善终的结局，让人唏嘘感慨。他们的死，无不给人以软弱、怯懦的印象。正因如此，姚家第四代姚佛念视死如归的举动，才总算有了姚氏大牛姚弋仲的几分风采，找回了姚氏先祖久违的尊严。

羌族在十六国时期只有一次建国的机会，那就是南安姚氏一族建立的后秦政权。从这点上讲，姚氏一族是非常了不起的，他们实现了羌人入主中原的多年梦想。后秦从姚苌建国，到姚兴鼎盛，再到姚泓灭亡，总共存国三十多年，时间并不算长。但在十六国后期，后秦在北方曾一度称雄。与慕容氏的后燕一西一东，二分天下。也算是创造了羌族史上的奇迹。

后秦的建国，历经了太多磨难。姚氏的羌军曾先后在前赵、后赵、东晋军中效力，以作战勇猛著称于世。冉闵大诛胡羯引发中原混战，姚氏便想趁机占据关中称霸。结果适逢前秦强势兴起，在与氐军的对峙中落败。无奈之下，姚苌只得率领羌军投靠了前秦，开始为前秦效力。前秦淝水落败，羌人再一次看到了希望。这次姚苌顺利建国，还诛杀了先前对他宠信有加的主子苻坚，在前秦帝国的废墟上建立起后秦帝国。到了其子姚兴时，后秦国力达到鼎盛。不但彻底消灭了前秦残余势力，还攻灭了后凉、降服了西秦。最后与同时兴起的慕容后燕对峙，成为北方新的霸主。

姚兴是后秦在位时间最长的皇帝，后秦的兴盛始于姚兴。但是在姚兴执政后期，后秦的周边形势已悄然发生变化：布控朔方、抵御北魏的匈奴人刘勃勃拥兵自立，建立了大夏国，切割了后秦很大一部分领土和势力，而后又继续侵吞、挤占，为祸北疆；西面的藩属仇池国与之反目，不断进逼；曾被后秦灭国的西秦，巴结上东晋之后也开始伺机报复。

在这种局势下，东晋大将刘裕适时抛出橄榄枝，向姚兴索要东晋内乱期间后秦夺取的汉水以北南乡、新野等十二个郡，以另一种形式趁火打劫。姚兴爽快答应，表达了不愿与风头强劲的刘裕为敌的夙愿，也昭示了后秦国力的日渐衰落。

姚兴死后，后秦又发生了夺宫之变和地方叛乱，更让后秦政权变得摇摇欲坠。当时君臣开会但闻一片哭声，大殿中弥漫着末日将至的气息。后主姚泓接手时，后秦其实已经是个烂摊子。姚泓虽然也采取了一系列仁政措施，但已然无力回天。

祸乱首先出现在羌族内部，李闰一地的羌人首先反叛，发出不和谐的信号。国内由此烽烟四起，先是北地太守毛雍在赵氏坞发难，而后平阳氐苟渴聚众五千在五丈原起兵，接着又有并州、定阳、贰城等地的胡人反叛。可谓此起彼伏，让姚泓应接不暇。

内忧如此，外患也接踵而至。所谓墙倒众人推，417 年的后秦就像三十多年前的前秦帝国一样，也陷入了四面楚歌的困境。西南的仇池国风头正劲，看到后秦内乱，便开始蠢蠢欲动。仇池公杨盛攻陷祁山后，逼近秦州，直接威胁后秦的国都长安。北面是正在雄起的大夏国，赫连勃勃攻陷阴密，一次坑杀五千多人，也是来势汹汹。后秦的西面是曾经惜败臣服的西秦，更是摩拳擦掌，欲报一箭之仇。西秦国主乞伏炽磐派使者拜访刘裕，踌躇满志地主动请缨，被刘裕任为平西将军、河南公，开始出兵后秦。一时间，后秦内忧外患，岌岌可危。

不过内部骚乱也好，周边进扰也好，还不足以让后秦迅速灭亡。毕竟罗马不是一天建成的，后秦有着雄厚的帝国根基，军事实力仍不可小觑。虽然多处被动作战，有些疲于应付，但也不至于轰然倒塌。然而，形势还在进一步恶化。东晋的强势进攻和北魏的坐视观望，最终让后秦走向了亡国的绝境。

后秦其时已是强弩之末，灭亡是迟早的事，与姚泓当不当皇帝没有多大关系。只不过他倒霉地赶上了帝国的末班车而已。到了十六国后期，北方战场的形势已经发生了很大变化，也面临着政治上的重新洗牌。特别是南北各兴起了一股强劲势力：南方训练有素的北府兵让东晋的军事实力骤增，打破了一直以来南北势均力敌的军事平衡；北方塞外强族拓跋氏也是异军突起，成为威胁中原的一支劲旅。

拓跋氏强势南下，力挫后燕，迫其分为南北两部。东晋刘裕誓师北伐，灭掉南燕后，直逼后秦。两股势力的夹击，让中原处于极度弱势，也加速了十六国时代的终结。

后秦的灭亡和北魏的坐视不管也有很大关系。后燕在中原的旧地被北魏占领后，后秦的北面和东面便与北魏接壤。双方也有过征战，后秦败多胜少，最后不得不采取联姻政策，才取得暂时的边防安定。假如当时北魏和后秦如联姻一般联起手来，刘裕胜负还很难预料。

刘裕伐秦，也曾一度与北魏冲突并战胜对方，但北魏更多地选择了作壁上观。刘裕西进时曾路过北魏南境，北魏也只在黄河北岸象征性地布防。这便在客观上帮助了刘裕，让后秦极度孤立。刘裕更加肆无忌惮，大军呈破竹之势。

北魏这样做，当然有自己的想法。如果阻止刘裕，势必引火烧身。当时的北魏实力虽然雄厚，但也犯不着和风头上的东晋火拼。况且，如果东晋攻灭后秦，也就等于给它除去了北方的一个劲敌，为它称霸中原扫清了障碍。再者，刘裕篡立之心已是路人皆知，那个远在建康的白痴皇帝不过是刘裕手中的一枚棋子而已。所以，他们知道，刘裕北伐旨在捞取政治资本，即便打下了后秦也绝不会久留。毕竟对刘裕来讲，夺取皇位才是第一位的。两相权衡，北魏自然会采取以逸待劳、坐收渔利之计。

屋漏偏逢连阴雨，姚泓的倒霉劲儿还在继续。面对大兵压境，后秦的政权内部也出现了分化。先是姚泓的弟弟姚懿举兵称帝，欲杀姚泓取而代之。随后征北将军姚恢也自称大都督、建义大将军，打着清君侧的旗号，率领大军从北雍州直趋长安。一时众皆响应。

内有兄弟构难，外有多国相逼，后秦破败已成定势。这种内外危迫的尴尬局面，也把姚泓挤对得够呛。以至于在召见百官议事时君臣相对，哭成一片。有点好笑，也有点可怜。彼时的后秦，谁当皇帝也都无力回天。不过哭鼻子这种事，恐怕也只有姚泓能干得出来吧。

姚泓在治政上主张仁，表现在战场上便是懦弱。姚泓的软弱不光体现在哭鼻子上，还有他的犹豫和侥幸心理。面对气势汹汹的刘裕大军，姚泓带着妻儿出城门请降，不过是为了一线生机的苟且之举。结果却被刘裕押送建康，斩首于闹市。一代帝王落得如此下场，简直窝囊到家了。后秦当年的风光，在姚泓这里已是黯然失色、毫无生机可言。

或许只有他儿子姚佛念的纵身一跳，才为后秦令人叹息的灭亡涂抹上了一笔悲壮的油彩。姚佛念当时劝父亲，说敌军无论如何是不会放过咱们的，还不如自我了断来得干净。事实证明，姚佛念的话是对的。一个十一岁的孩子，看问题如此清醒明白，不知姚泓在被斩的一刹那会有何感想。姚佛念掷地有声的话语彰显了他极为刚烈的性情，而他独自登上城墙纵身一跃的壮举，更是让人低回不已。

6

西秦道尽途穷

就像黎明到来之前，总会出现一个最晦暗的时刻一样，420 年以后的北方大地也显示出了它的焦躁和局促。就在这一年，江南发生了巨变，刘裕代晋建宋，彻底终结了司马氏的统治。而北方虽然仍处于多国纷争的状态，但大一统的趋势却越来越明显。

北魏的异军突起，像半个世纪之前的前秦帝国一般势不可当，让那些一息尚存的割据政权黯然失色。中原的格局也再次发生变化：南燕和后秦早被刘裕灭亡，后秦旧地被大夏国趁机占领。而风光一时的大夏国也没能走多远，赫连勃勃死后，大夏出现王位之争，衰败的迹象越来越明显。北燕在开国皇帝冯跋死后，国势急转直下，在北魏的挤对之下举步维艰。

中原如此，西部边陲也不平静。前秦衰败后战事开始升温的凉州，在经历几轮纷争兼并之后，现在又到了破茧成蝶的时刻。西秦攻灭南凉后，控制了凉州南部。北凉灭掉西凉，控制了凉州北部。二者与东面的大夏国形成鼎足之势。三国互相攻伐，相互胶着。谁也灭不了谁，谁也没占到便宜，但国力却都在这种消耗战中急剧下降。这就让北魏渔翁得利，成了三国争斗的最终受益者。

最先倒霉的，是北魏的近邻大夏国。从 426 年到 428 年的三年间，大夏在北魏的强势打击下，终于支撑不住了。其先前攫取的关中之地不但全部沦丧于北魏之手，就连号称坚不可摧的统万城也被攻破，国主赫连昌还做了俘虏。赫连昌的弟弟赫连定逃到平凉称帝，继续负隅顽抗，但已是强弩之末。

而西秦也好不到哪去。西秦统治后期，再也没了当初兼并南凉时的威风。因为与北凉的连年征战，国力也是损耗殆尽。这一点，国主乞伏炽磐早就有所察觉。所以他在临终前嘱咐儿子乞伏暮末，我死之后，你只要能保住我们现在的疆域就行了。言外之意，让他不要再奢望什么对外扩张，能守住这份家业比什么都重要。

乞伏炽磐这样交代是有道理的。他知道，西秦最终的敌人是北魏而非北凉。如果和北凉继续交恶，只能是两败俱伤，让北魏渔翁得利。所以，乞伏炽磐要求乞伏暮末将先前俘获的北凉前将军、太子沮渠成都送还北凉。那意思很明显，就是要用实际行动与北凉修边境之好。

然而，这只是西秦的一厢情愿而已，北凉却并不这样想。因为一者，失去了大夏国这个天然屏障，北魏的疆域已经拓展到北凉的鼻子底下，直接威胁到了北凉的安全。再者，北凉处在丝绸之路的咽喉要冲，地理位置十分重要，北魏不可能舍弃这块肥肉。因而，北凉与北魏的争斗在所难免。但北凉又缺乏一个稳固的后方，只有攻灭西秦，才会将国防向南纵深，获得军事上的机动性和主动性。所以，北凉不但没有罢手的意思，反而加紧了南攻西秦的步伐。双方战事进一步升级，北凉甚至还趁西秦国丧之时发动了一次大规模袭击。乞伏暮末虽然送回了沮渠成都，却仍没有换来与北凉的和平相处。

最要命的是，西秦国内也开始骚动：南安出现了羌乱，一万多人举起反秦大旗，直到乞伏暮末求救于仇池，才总算平息了叛乱；南安太守翟承伯投降北凉，并据守罕谷响应北凉大军；西安太守莫者幼眷举兵反叛；略阳太守杨显则向苟延残喘的大夏投诚。而西秦的西面，吐谷浑王慕璝派他弟弟没利延率领五千铁骑，会同北凉国主沮渠蒙逊一起出兵伐秦。一时间，西秦外忧内患，腹背受敌，消耗了很大的精力。

尽管形势对西秦很不利，但如果西秦高层众人一心、铁板一块，单纯来自外部的军事力量，还不足以对西秦构成致命打击。最起码西秦还是能坚守一阵子。比如，在一次与北凉的战斗中，西秦还活捉了沮渠蒙逊的世子沮渠兴国。军事上并不完全处于劣势。可西秦坏就坏在领导层出了问题。

问题源于一次偶然的事件。乞伏暮末有个弟弟叫乞伏轲殊罗，跟父亲乞伏炽磐的左夫人秃发氏有一腿。乞伏暮末知道此事后，便加以禁止。但这样一来，弄得乞伏轲殊罗很没有面子，便萌生了反意。乞伏轲殊罗与叔父乞伏什寅商量，准备谋杀暮末，然后一起投奔北凉。行动前，乞伏轲殊罗让秃发氏去偷宫门钥匙，结果忙中出错，秃发氏偷错了钥匙而被发现。乞伏轲殊罗与叔父乞伏什寅的阴谋也随之暴露。

这次蹩脚的偷盗行动，让西秦顿生祸乱。乞伏暮末大开杀戒，对乞伏什寅尤其残酷。先鞭打，再剖开肚子，然后抛尸于河。乞伏什寅的胞弟、前将军乞伏白养和镇卫将军乞伏去列，因为乞伏什寅被杀而说了几句牢骚话，也被乞伏暮末处死。乞伏氏家族内部的这些变故，让西秦高层失去安全感，在对外作战上就显得力不从心。

其实，乞伏氏家族内部出现这些矛盾也不是偶然的。乞伏暮末当时并没有把乞伏轲殊罗怎么样，为什么他还要谋反，与乞伏什寅一拍即合？原因很简单，就是乞伏轲殊罗害怕乞伏暮末不会放过他。这就要说到乞伏暮末性格上的一个弱点。乞伏暮末并没有乞伏炽磐所期待的大智慧，相反，他却是个心胸狭窄、极易记仇的人。

有个例子很能说明这一点。乞伏炽磐在位时，曾与尚书辛进一起去陵霄观游玩，用弹弓打飞鸟。当时辛进动作幅度可能有点大，不小心伤到了乞伏暮末母亲的脸。因为是误伤，乞伏炽磐也没计较。结果乞伏暮末嗣位后，不但杀了辛进报仇，还株连了五族二十七人，气量可谓狭小之极。而他凶残的手段，从他处决乞伏什寅的方式中也可窥见一斑。

宫墙之内如此不堪，再面对北凉的强攻，乞伏暮末只能疲于应付。最后一筹莫展，只得向北魏乞降。或许在他看来，投降北魏也好过被北凉挤对。431 年，乞伏暮末焚毁都城，砸烂宝器，没给北凉留下任何值钱的东西，然后带着家眷、族人和王公贵戚一万五千多户，浩浩荡荡地去投降北魏。结果走到半路，大夏国主赫连定发兵拦住去路，队伍被困在了南安城。

乞伏暮末迁徙后，西秦故地早已被吐谷浑占领。可以说，现在的乞伏暮末处在了一个前不能行、后不能退的尴尬境地。在大夏军队的连日围攻下，南安城粮草耗尽，根本无力抵抗。乞伏暮末等不到投降北魏，只得先向大夏缴了械。西秦至此灭亡。

这次受益最大的是大夏。灭掉西秦，让本来早已处在危亡边缘的大夏又获得了喘息的机会，也给风雨飘摇的凉州再次增添了些许的风起云动。

7

北燕皇族逃亡

一列浩浩荡荡的行军队伍，前后绵延八十余里。队伍由一个一个的方阵组成，夹在中间的是老人、妇女和孩子。他们有的也穿了士兵的服装，步履蹒跚，显得有点不伦不类。队伍的外围是全副武装的士兵，盔甲锃亮的精骑时不时地来回穿梭着，催促队伍快点前进。

队伍非常嘈杂，孩子的啼哭声、女人的吆喝声、士兵的怒骂声、战马的嘶鸣声……各种声音杂糅，与这支拖家带口、辎重疲沓的队伍一起，连同远处即将日暮的黄昏，共同勾勒出一副毫无生机的末世景象。这个场景，不是胜利后的凯旋，也不是大规模的人口迁徙，而是北燕灭国后的举国大逃亡。

队伍中有一个特殊人物——北燕的第三任君主冯弘。此时的冯弘，一副垂头丧气的样子，完全没了昔日的王者威风。他即将去投奔另一个国家，北燕的近邻高句丽。此去前途未卜，再回故土不知何年何月。他现在成了一个无家可归的人，他的王宫早已被他亲手毁灭。熊熊的烈火此时仍在燃烧着，带着往日宫廷里的欢声笑语，慢慢地化为灰烬，一起弥散在空中。他疲惫地看着这支逶迤前行的队伍，发出几声无可奈何的叹息。无数的辛酸往事随之涌上心头。

说冯弘辛酸，当是他彼时内心真实的感受，并非为了衬托这个逃亡的凄凉景象而刻意杜撰。因为他落到这般田地，完全是受北魏挤对的。冯弘一步步妥协，北魏一步步紧逼。就像一个手无寸铁的人，被一帮手持棍棒的凶神恶煞追打。你越是苦苦求饶，对方打得越是起劲，因为他们喜欢的就是这种强烈的音效。冯弘被挤对得丧失了最后的一点点信心，这才不得不选择黯然离去。这并不是冯弘心甘情愿的。他就像一个无助的孩子，心里很憋屈，却又诉说无门。

冯弘是北燕的第三任也是最后一任君主。他的哥哥、北燕的奠基者和开创者冯跋，不失为一位有魄力的帝王。在治政上，他很开明；在军事上，他懂谋略；在外交上，他长袖善舞。在他的治理下，北燕富国强兵，百姓安居乐业。他毅然将女儿乐浪远嫁番邦的义举，让北燕与强大的北魏和柔然，形成了相互制衡的铁三角。北燕也因此在夹缝中存世二十多年。然而历史总是惊人的相似，与当年的后秦皇帝姚兴如出一辙，冯跋的晚年也出现了王位之争，冯跋自己也因惊吓而死。时隔十几年，就又经历了一次轮回。

冯弘也是在这次宫变中上位的。430 年，冯跋病倒在床，生命垂危，谁来当接班人就成了北燕最大的问题。冯跋本来立了太子冯翼，结果他的妃子宋夫人谋划着让自己的儿子上位，于是假传圣旨，不让别人进宫探视冯跋。宋夫人全面封锁消息，就等着冯跋蹬腿儿上西天。

尽管宋夫人做得很隐蔽，但最后消息还是走漏了。武将出身的冯弘，当时是北燕的骠骑大将军，不由分说，带着一伙人冲进皇宫兴师问罪，结果误闯冯跋卧室。冯跋本就病得一息奄奄，这下连惊带吓，就此一命呜呼了。冯弘一不做二不休，干脆废掉太子冯翼，自己做了北燕老大。其实，冯弘恐怕早有称帝的野心。兴师问罪本也冠冕堂皇，可是事情解决了，本该拥立太子继位才是，自己当就有点说不过去了。

同为北燕的当家人，相较冯跋，冯弘在各方面都很欠缺。他不但缺少冯跋的气度和能力。更不幸的是，他也没有哥哥那样幸运。冯弘在位时，北魏正处在太武帝拓跋焘执政时期。拓跋焘率雄师马踏柔然，不但让北魏有了稳定的大后方，而且获得了充裕的物资，为帝国的进一步扩张奠定了基础。解决了柔然，拓跋焘继而便把目标锁定为北燕，北燕也不可避免地成了北魏要吞下的另一块肥肉。确切地说，这种情况在冯跋执政晚期就已初露端倪，只不过让倒霉的冯弘赶了个正着罢了。

北魏击破柔然，也打破了当年乐浪公主远嫁后形成的三角平衡。北魏和北燕的军事冲突自然便提上了日程。432 年，拓跋焘发动幽州百姓和密云一万多丁零人，向北燕都城龙城（今辽宁省朝阳市境内）方向运送攻城工具，开始为攻打北燕做战事上的准备。拓跋焘更是亲临辽西，摆出一副志在必得的态势。冯弘一看情况不妙，赶忙派侍御史崔聘送去犒劳的酒肉，想讨好拓跋焘。然而拓跋焘根本不吃这一套，大军随后便包围了龙城。冯弘无奈之下，只得硬着头皮出城作战，结果大败而归。

面对兵临城下的北魏大军，北燕内部也开始出现分裂。不但石城太守李崇、建德太守王融等带着十多个郡投诚，就连冯弘的儿子冯崇也投降了北魏。被拓跋焘封为辽西王的冯崇，曾主动上表要求去劝降父亲。但此时的北燕，无异于北魏的囊中之物。拓跋焘灭燕之心已决，所以拒绝了冯崇的请求。

焦头烂额的冯弘只支撑了一年，便迫于战事压力，派黄门侍郎伊臣去向北魏求和。然而这次拓跋焘仍未理会，不但攻城继续，还增了兵。无奈之下，冯弘又向南朝的刘宋称臣纳贡，乞求荫护。可远水解不了近渴，冯弘依旧不能摆脱眼前的窘境。被挤对得实在没法子了，冯弘最后一狠心，于436年派使者向北魏朝贡，并主动要求送儿子去当人质。但即便如此，拓跋焘依然没有答应。

在这种情况下，北燕败亡已是板上钉钉。就像北燕的太常杨眘所说的，北魏统帅着天下雄兵，要想攻打一个小地方，没有攻不下来的道理。事实上，面对北魏的进逼，北燕朝野早已人心惶惶，根本无心恋战。冯弘对这样的结果也不是没有预期。他之所以一直这样死撑，也因他已经做好了最坏的打算，为自己想好了后路。就是先投奔一直和北燕交好的近邻——高句丽，将来找机会再报仇。

当一切努力失败之后，冯弘就只剩下高句丽这最后一根救命稻草了。然而冯弘最终却死在了高句丽，不能不说是命运给他开了个不小的玩笑。冯弘先向高句丽长寿王高琏借兵，以做困兽之斗。高琏还不错，派大将葛蔓卢率领两万步骑兵增援龙城。然而杯水车薪，北燕与高句丽的联合大军，仍旧不能抵挡北魏的铁骑。彻底绝望的冯弘终于下定决心，焚烧宫殿，举国东迁。如此便出现了本文开头的一幕。

从中不难看出，冯弘是个缺少谋略而又鲁莽的人。他在高句丽的行径则进一步证明了这一点。逃到高句丽后，高琏一开始对冯弘还不错，把他的流亡政府安置在平郭城——后又迁往北丰。北魏派散骑常侍封拨出使高句丽，要求引渡冯弘，也被高琏拒绝。但后来冯弘的做派却让高琏很是不满，终于生出了变故。

冯弘投奔高句丽，只是万般无奈的权宜之计。其实他骨子里从来都没把高句丽放在眼里，对高句丽派来侍候他的下人，摆的仍然是帝王架子。对北燕搬迁过来的民众，仍像在北燕时一样进行管理和赏罚，跟独立王国似的。这就让高琏很不舒服，便想杀一杀他的锐气。先是把伺候冯弘的人全都撤了，而后又将冯弘的儿子冯王仁扣押为人质。

冯弘一看这阵势，知道再待下去也没什么意思了，就偷偷派人上表刘宋皇帝刘义隆，申请政治庇护。刘义隆派使臣王白驹等人前去迎接冯弘，并要求高句丽出钱遣送。这下惹恼了高琏，合着你想来就来想走就走，也不打声招呼，还让我出路费，你等着吧。于是派将领孙漱、高仇等人过去杀了冯弘，连他的子孙都没放过。

8

北凉偷情误国

如果不是因为和嫂子偷情，沮渠牧犍不会落到面缚乞降的尴尬境地，北凉的灭亡也不至于来得那么快。命运有时就是这样残酷，一个看似不经意的偶然事件，却会像多米诺骨牌一样，产生一系列连锁效应。一着不慎，满盘皆输。历史过去了将近1600年，我们无法令时光倒回，去探究沮渠牧犍的内心世界。也无从考证他是否将亡国的危局归结到那次偷情上。但可以肯定的是，他的确为此付出了极为沉重的代价。

沮渠牧犍是沮渠蒙逊的第三子，也是北凉第三任以及最后一任君王。放眼整个十六国，北凉政权并不算很惹眼。但若放在十六国后期，或者只就凉州一隅而言，北凉却是不可或缺的存在。它是诸凉政权中最为骁勇善战的一个，一度灭西凉、败南凉，傲视整个凉州。它也是十六国中最后灭亡的一个政权。北魏灭北凉，北方疆土尽属拓跋氏，也标志着十六国时期的彻底终结。

沮渠牧犍被拓跋焘赐死时，已是他出城投降的第九个年头。他当初之所以没有被杀，皆因他与北魏太武帝拓跋焘互为妹夫。

沮渠牧犍的妹妹兴平公主嫁给了拓跋焘，拓跋焘的妹妹武威公主嫁给了沮渠牧犍。沮渠牧犍嗣位之初，北魏已是北方强国，风头正健，先灭掉了慕容氏的后燕，迫其分为南北两部，又攻灭赫连氏的大夏国，基本统一了北方。北凉虽然占据要塞，又有地利之便，但终究不能和北魏抗衡。于是沮渠牧犍采取和亲政策，以作缓和。并接受了北魏的封号。

可是事情坏就坏在，沮渠牧犍是个闲不住的主儿。他看上了嫂子李氏，并和李氏偷情。李氏既得恩宠，再看武威公主就不顺眼了，于是撺掇沮渠牧犍的姐姐一起给武威公主下了毒。拓跋焘听闻此事，忙派擅长解毒的御医去救，武威公主才得以幸免——估计李氏下的也是慢性毒药，要不再怎么快马加鞭也来不及救啊。

这下可把拓跋焘惹恼了，非要沮渠牧犍把李氏押解到北魏接受处罚不可。沮渠牧犍哪舍得啊，就悄悄把李氏安置到了酒泉，而且待遇不变，好吃好喝随便招呼。拓跋焘盛怒之下，于 439 年大举进攻北凉，直逼都城姑臧。北凉军望风披靡，沮渠牧犍最后不得不反绑了双手，垂头丧气地出城投降。

沮渠牧犍和嫂子私通，咱们暂且不以道德标准评论。单从政治上考虑，也是犯了大忌的。这无疑是对北魏皇帝的一种大不敬。沮渠牧犍敢如此冒天下之大不韪，原因也是多方面的。首先说，沮渠牧犍虽然娶了北魏的公主，但这不过是一种政治上的联姻，是缓兵之计，双方并无感情可言。另一方面，身边多了这么个公主，无异于安插了个北魏国的耳目，沮渠牧犍不喜欢也在情理之中。

最重要的一点，沮渠牧犍和魏国皇帝的地位不对等。武威公主嫁过来，拓跋焘让沮渠牧犍安排她做王后。沮渠牧犍的原配夫人为此迁居酒泉，不久死掉。而沮渠牧犍的妹妹嫁给拓跋焘，只给了个右昭仪的名分。双方地位高低立分。北凉在北魏眼里不过是一个附庸国，沮渠牧犍在拓跋焘那里也只能是君上臣下。地位如此不对等，沮渠牧犍心里肯定不是滋味。

此外还有一点，就是沮渠牧犍低估了北魏的实力。北魏攻打柔然一度失利，这让沮渠牧犍觉得北魏也不过如此，不像传说中的那么厉害。即使北魏来犯，也可请柔然帮忙。可没想到的是，北魏大军所向披靡，不但北凉无法招架，就连柔然派出的援军也被北魏杀得大败。

在北魏横扫中原之际，北凉灭亡是早晚的事。但可以肯定的是，如果不是沮渠牧犍偷情，不是因为偷情而引发毒杀事件，北魏绝不会这么早对北凉下手，沮渠牧犍的河西老大还会多做些日子。《资治通鉴》中记载了这么一件事：有个老头儿给沮渠牧犍写过一封信，信中只有一句话："凉王三十年若七年。"意思是，沮渠牧犍这凉王可以当三十年，也可能只当七年。

这或许是后人的演绎。不过话说回来，如果不是中间插了偷情这么一档子事，沮渠牧犍稳稳当当地坐上三十年江山也未可知。因为一则当时北魏天下未定，不会过早对臣服自己的附庸下手。也没必要；二则因为双方的姻亲关系，北魏多少会留些情面。

事实上，北魏还是很在乎这门亲事的。沮渠牧犍反绑自己出城投降，拓跋焘并没即刻杀了他，而是很客气地亲手给他解开绳索，还拿他当妹夫看。此后仍封他为征西大将军、河西王——不过这个河西王就大打折扣了。沮渠牧犍的母亲死了，拓跋焘按照太妃礼予以安葬。可见拓跋焘对沮渠牧犍还是很仁义的。直到八年之后，沮渠牧犍才因谋反被诛。否则他一定会安享晚年，平度余生的。

·第六部· 谢幕篇

——五胡消亡与再生，北魏崛起与再兴

上篇

百转千回

——匈奴谢幕、鲜卑消亡、羌族顽强、北伐之趣

1

匈奴谢幕

匈奴这个昔日北方彪悍的民族，曾经在马背上叱咤风云，盛极一时。但最后它不仅退出了中国的历史舞台，就连令欧洲闻风丧胆、制造了匈奴神话的西迁一支，也在奔流不息的历史长河中消逝得了无踪影，留下了许多未解之谜。行文至此，我们有必要回头过来，再看看这个强极一时的少数民族的兴衰历程，以及它为什么最终销匿于历史长河中。

前文说过，匈奴的历史溯源很早，居住地与中原也很接近。在古代北方，因为地理和气候原因，形成了中原农耕和高原游牧两种不同的生活方式，也形成了两种不同的文明。而匈奴就是高原游牧民族的典型代表，也是最早与中原接触的民族。因为习俗不同，所以冲突在所难免。黄帝、尧帝都曾向北兴兵，匈奴——那时名字还叫獯鬻（也称獯粥、荤粥）——不敌，只能继续向北逃窜。后来中原诸侯争霸顾不上北边，便修长城以拒之。匈奴人——此时被称作猃狁、犬夷——为了生计只能散居溪谷，追逐水草。后来匈奴厉害了，中原打不过就联姻，打得过就继续打。

其实，不管打仗、联姻还是修长城，目的都是为了将匈奴界定在一定范围之外。也就是说，中原对匈奴始终持敌视和排斥的态度。

被中原长期排斥而不得不北迁的诸多部落中，有一部在河套平原一带定居。因为这里相对富庶，所以渐渐壮大。这就是后来令秦汉帝国长期为之头疼的匈奴了。不过其发展较之中原要晚得多也慢得多，人数也少，靠游牧为生，时常南下抢掠。秦始皇统一中国后，令蒙恬北击匈奴，收复河套地区，匈奴又向北搬家搬了七百里地。可见当时的匈奴虽有发展，但实力根本不能和强秦抗衡。

冒顿单于创造了匈奴早期的辉煌，也开启了与西汉朝近200年的征战历程。面对匈奴的强势，汉初的几任帝王不得不以和亲政策来缓和汉匈关系。不过匈奴面对的毕竟是统一的大汉王朝，并不具有灭亡大汉的绝对优势。冒顿死后，汉匈实力此长彼消，到汉武帝时便又力挫匈奴。

武帝死后，汉匈暂停征战。后来匈奴跟乌孙闹翻，大汉趁机联合乌孙进击，并取得决定性胜利。匈奴去报复乌孙时，又赶上大雨雪，生还者不足十分之一。至此，八面威风的匈奴开始四面受敌：大汉击其南，乌孙攻其西，丁令入其北，乌桓进其东。被匈奴降服的诸部纷纷离去，就连掌管西域的日逐王也投降了西汉，匈奴国力降至冰点。及至汉宣帝刘询时，又采取步步为营、联合周边的策略，迫使匈奴呼韩邪单于降汉。匈奴崛起之时也恰逢中原秦汉强盛时期，可以说不占天时。

民族发展根基薄弱，也是匈奴发展缓慢的原因之一。中原的排斥让匈奴缺乏与内地的联系，只能在苦寒之地追逐水草而生，缺少发展的必要条件。而为了生计，他们也根本无暇顾及发展，因此没能形成自己的文化。他们甚至没有自己的文字，凡事都靠口口相传，还处于原始氏族阶段。没有文字，也就形不成文化，统治根基就会薄弱，也就难以取得长足的发展。

此外，天灾人祸、部族分裂以及其他民族的同化瓦解，让匈奴始终难以成为一个人口大国。先是五单于并立，一通火拼，又死了好几万人。最后剩下两大支：郅支单于和呼韩邪单于。郅支向北谋寻出路，降服乌揭、坚昆、丁令，大有坐大之势。后来郅支受康居邀请去打乌孙，西进途中遇天寒，到康居时仅剩三千人。

呼韩邪单于主动与汉室和亲。王昭君嫁了过去，随呼韩邪一起北归故地。王莽当政时采取高压政策，改匈奴单于为“降奴服于”。并以呼韩邪十五个子孙为单元，将匈奴分为15部。双方再次决裂，匈奴袭扰边塞，并重新控制除莎车以外的西域诸国。此外还扶持了一个汉人军阀卢芳政权，一并与汉室为敌。

后来匈奴又遭旱蝗灾害，再次分为南北两部。南匈奴后来归降东汉，与东汉一起打北匈奴。北匈奴不敌，加上鲜卑东进，只好向西退却，余众十多万人归附鲜卑。投降南匈奴的北匈奴人中，后来有十五部二十几万人叛乱，在东汉打击下也向西退却，一度控制西域，终为鲜卑所灭。

南匈奴后来被曹操内迁至今山西北部一带，分为五部，由汉人统管。匈奴与汉人杂居，渐渐汉化，好多甚至迁到关中与汉人生活在一起。西晋时关中八百万人口“戎狄居半”，其中就有大量的匈奴人。

匈奴第二次短暂的崛起是在十六国时期。匈奴人刘渊率先建国，开十六国分裂割据的先河，试图恢复匈奴昔日的强盛。到了其儿子刘聪在位时，灭掉了西晋王朝，在北方称霸一时。后来冉魏国君冉闵大诛胡羯，致使中原匈奴几乎灭种，从此彻底告别了中原的舞台，遗留者也逐渐被汉族同化。

匈奴的一个分支铁弗部，首领刘卫臣受封于前秦，割据于朔方，后被北魏灭掉。其子刘勃勃率一小部投奔后秦，随之建立大夏国，后来被北魏和吐谷浑所灭，部众也就融于鲜卑。此外凉州一带还有一支卢水胡，是匈奴与月氏、羌人的混种，在首领沮渠蒙逊的率领下建立北凉政权，最后败于北魏，融于拓跋，另有一部分落脚高昌，为柔然所灭。

匈奴在历史进程中不断与各族特别是汉族融合、混血，风俗渐变，文化渐通，其匈奴特质也渐渐消失，到最后自己都不觉得自己是匈奴人了。只是融合需要时间，五部匈奴中还有一支稽胡——又称山胡，居住偏远分散，虽为郡县编户却一直未能融入当地。北魏末年，稽胡首领刘蠡升在云阳谷自立打起了游击，一度造成“胡荒”，后被大将高欢剿灭。这帮人直到隋唐之际才渐染华风，逐渐消遁。自此，匈奴作为一个独立民族的身份，从中国历史中彻底宣告终结。

2

上帝之鞭

北匈奴在北方大地神秘消失大约 300 年后，欧洲却突然出现了一支凶悍的部族。他们野蛮地践踏欧洲大地，给欧洲带来了极度恐慌。部族的领袖叫阿提拉，被欧洲人惶恐地称作“上帝之鞭”。他曾狂言：“被我的马践踏过的地方，都不会再长出新草。”

在阿提拉的带领下，这支神秘的部族击败了同样以凶猛著称的日耳曼人。他们撼动了强盛的东罗马，并使之纳贡称臣。还间接灭亡了西罗马帝国。最盛时，其统治版图甚至囊括了欧洲的绝大部分，最西打到了大西洋沿岸。比后来的蒙古帝国占领的土地还要多。欧洲大地为之震颤，出现欧洲史上第一次“黄祸”。

这支强横的部族被欧洲称作“匈人”，很多史学家认为他们就是西迁的北匈奴人的后代。但是匈奴自己没有文字，北匈奴远遁后中国史书也就没有了记载。而西方也是在匈人出现之后才略有记录。所以这个判断只能是一种猜测。

那么，这个“上帝之鞭”到底是不是北匈奴的后裔呢？这种可能性还是有的。因为种族的生命力是很顽强的。匈奴作为游牧民族，逐水草而栖，逢适处生存，不是说亡就亡的。北匈奴虽然远遁，但并非被消灭了。而且，北匈奴西迁的可能性极大。在当时的情况下，北匈奴受到东汉和南匈奴的夹击，东部的鲜卑部又不断西进侵占匈奴旧地，那么北匈奴就只能向西或向北逃窜，而北方为丁令部众，其时亦很强大。所以，其唯一的出路也只有西进。

生存环境和人种以及习俗的相似，也能佐证以上观点。欧洲匈人最先出现在今天的匈牙利草原上，那里也是他们的大本营和在欧洲的溯源地。匈牙利草原与匈奴旧地蒙古草原同属温带大陆性气候，而莱茵河流域水土肥美，堪比其旧居河套平原，是匈奴人理想的落脚点。

据一些资料显示，西方史中描绘的阿提拉，身材短小，胸部宽阔，头大，眼睛小而深陷，鼻塌，面色暗淡，胡须寥寥。这些特征多数是亚洲人的外貌特点，和欧洲人有着外形上的区别。西史中说匈人在订立盟约时，要用人的头盖骨制成的容器喝血。还用小刀把脸划破，让血和泪一起流出来。这和《汉书》中记载的老上单于杀月氏王，然后把他的头骨制成饮酒器具，同样的野蛮和恐怖。

此外，匈人的作战方式也极具东方特色。上帝之鞭阿提拉能够在欧洲大地上恣意纵横、铁蹄践踏，部族凶悍是一个原因。然而当时欧洲适逢奴隶制，境内也多有凶悍而未开化的部族。况且西方人本就较东方人体格健壮，所以这不能算是制胜的根本原因。阿提拉所向披靡的最重要原因，应该是他善用计谋。西史中说他凶狠冷酷而又狡猾多诈，他对罗马人采取安抚政策，而对哥特人大施淫威。这种性格及手段上的双面性极具东方特色。

至于为什么北匈奴消失300年后才突然出现，其实也不奇怪。北匈奴从东方辗转迁徙到欧洲，自是需要不断寻找生存之地。期间也会有征战、繁衍、停留。《后汉书》中有关于北匈奴西迁至康居国的记录，康居以西便是奄蔡国。《通典》中说，奄蔡“西接大秦，东南二千里与康居接”，“至汉改名阿兰那国”。

大秦是汉时对罗马的称呼，也就是说奄蔡西邻欧洲或西亚。其大体位置在今天的俄罗斯顿河流域，大高加索山以北，黑海、亚速海以东一带。而西史中有匈人与阿兰国作战的记录，也就是说北匈奴当时到达阿兰国还是有据可查的。既然到达过这里，那么穿过今天的乌克兰到达匈牙利草原也就成为可能。

到了欧洲，这支匈奴仍旧是散部，为了生存而生存，不会造成什么威胁。所以这支部族一开始也没能引起欧洲的注意。直至432年，也就是十六国即将落幕的时刻，匈人各部才在鲁嘉的领导下完成统一。到他侄子阿提拉即位后，匈人便如旋风般地出现在欧洲大地上了。

阿提拉死后，匈人遭到欧洲各部的联合打击。帝国覆没，部众也散落、融合、消遁于欧洲各族而不复存在了。有人试图考证现在的匈牙利人便是这支匈奴人的后裔，这种可能性理论上是存在的。但即便能证明渊源，其基因也不一定有百分之几的血脉传承。而作为一个独立的民族，匈奴在历史中确实不复存在了。

3

死亡之谜

在 5 世纪初的欧洲大地上，上帝之鞭阿提拉威风不可一世。阿提拉的名字一度在西方人眼里成了残暴和野蛮、恐惧和毁灭的代名词。然而，就是这样一个给欧洲带来永恒的恐怖记忆，一个凶猛彪悍的征服者，却在一夜之间骤然而逝，给世人留下了许多未解之谜。

阿提拉到底怎么死的，后人的说法大概有两种。那是 453 年 3 月 15 日，这一天对于长期征战沙场的匈人来说，是个值得放松和纪念的日子。就在这一天，阿提拉迎娶了一名叫伊尔狄科的美丽的日耳曼族女子。然而也就是在这个大喜的日子，埋藏下了这支强悍部族濒于毁灭的祸根。

当天，匈人全军举行了盛大的狂欢喜宴。他们衣衫褴褛，“呦呦”地大呼小叫着，狂饮着烈酒，大嚼着美食，用他们特有的方式为他们所崇敬的帝王庆贺。阿提拉与将士们一起狂欢，最后喝到醉眼朦胧，直到后半夜才离开筵席，疲惫地回到他的新房中。

罗马历史学家普利斯库斯在他的著作中说，当 47 岁的阿提拉进入洞房后突然倒地，鼻血涌流不止。这个如野兽般凶猛的匈人皇帝，因鼻血流进了鼻腔，窒息而死。

因过量饮酒引起血管破裂，这是死因之一，亦即暴毙之说。另一种说法就是阿提拉是被他的新婚妻子杀死的，是阿提拉的敌人用美人计将其迷惑而实施暗杀的。因为当时洞房里只有新娘子一个人，醉酒到不省人事的阿提拉便成了她砧板上的肉。这两种说法到底哪一个是真实的呢？在笔者看来，阿提拉被暗杀的可能性极大。

对酒精极度依赖的阿提拉酗酒成性，已不是什么新鲜事。他在胜利之后喝得烂醉如泥几乎是家常便饭。他的部下对此也习以为常，不然绝不会在他新婚之夜依旧任其狂饮而不加劝阻。既然如此，那么阿提拉为什么偏偏在新婚之夜饮酒后出现意外？暴毙的时间太过巧合，这一点很值得怀疑。而正是因为新婚之夜，侍卫们远离其左右，狂欢的部下也会失去警惕。那么彼时的情景就是：阿提拉醉酒却没有侍卫看护。这无疑是进行暗杀的最好的时机。

就动机来讲，罗马教皇也早就有暗杀阿提拉的想法。当时阿提拉的铁骑无人能敌，欧洲大地一片恐慌。想让精力旺盛的阿提拉安静下来，简直就是痴人说梦。而只要这个疯狂的人还活着，罗马乃至整个欧洲将永无宁日。在这种情况下，他们自然会想到暗杀。事实上，东罗马教皇曾派人多次暗杀过阿提拉，只是没有得手。他们也不会放过任何暗杀的机会，进献美女或许是暗杀的一个环节。

选择在新婚之夜暗杀，无论从哪个角度上讲，无疑都是最佳方案。君士坦丁堡当时流行这样一个传说：就在阿提拉死去的那个幸运的夜晚，罗马教皇在睡梦中看到阿提拉的弓被折断了。足见阿提拉在罗马教皇头脑里是如何的恐怖和挥之不去，他又是多么地想除之而后快。如此巧合的梦境怕是早在头脑中固有了。

而新婚之夜的另一个主角、新娘子伊尔狄科的反应，在外人看来也很蹊跷。据西方史料记载，阿提拉的侍从对当时的情景进行了描述："出奇的安静引起了我们的恐惧和疑心，在试图通过大声叫喊来吵醒他无效之后，我们不得不破门而入，冲进了他的寝宫。我们看到发抖的新娘，手里拿着匕首，用面纱遮住脸坐在床边哭泣，阿提拉已咽气多时。"

从中我们至少可以知道，新娘子当时是知道阿提拉已经死了的，否则她不会"坐在床边哭泣"。既然知道丈夫死了却只在那里瑟瑟发抖，这反应不是很正常。就算是吓呆了，在阿提拉"已咽气多时"后，也该有些本能的举动。比方说，喊人来救。再者，新娘手中的匕首是哪里来的？她身上为什么会有匕首？这无疑是件值得怀疑的道具。

阿提拉的骤逝之所以留下谜团，这与他的部下未做深究也有关系。如果当时勘查现场，记录口供，总会找到一些蛛丝马迹的。然而这些人惊惧之后便是令人匪夷所思的平静：他们剪下自己的一撮头发，用刀刺破脸颊，让血和泪一起流出来，藉此向他们最伟大的领袖告别。之后这些匈人便依照传统，在阿提拉的葬礼中饮酒狂欢了。

匈人为什么没有追究阿提拉的死因？这可能和他们崇信萨满教有关。该教认同灵魂存在，认为死亡是意识转换状态下的萨满旅程。他们更愿意相信他们所崇敬的首领是获得了新生的转变，而不是真的死亡。

4

慕容之叹

鲜卑族入主中原在匈奴、羯胡之后。但由于其种族部落繁多，分布也最广，所以尽管起步较晚，割据中原的时间却是最长的。其中最先崛起的慕容氏，更是一度在北方强极一时，先后建立了前燕、后燕、西燕、南燕等几个国家，另外还有延续慕容氏班底和传承的北燕。

十六国乱了130多年，而慕容氏总计建国时间就达100年之久。慕容氏是当时问鼎中原的诸族中，建立政权最多、时间最长的一个。然而，慕容氏最终还是悄无声息地退出了中国历史的舞台。我们不妨再来回顾一下慕容氏逐鹿中原的历程，从中可以看出慕容氏的诸多无奈。

第一次入主中原，慕容氏遭遇了强秦。慕容氏能够入主中原，得益于冉闵的大诛胡羯。当时中原的匈奴和羯胡基本被杀光，这时慕容皝之子慕容儁乘虚而入，攻占今天的河北、山西一带。352年，大将慕容恪设计伏击并俘获了冉闵，灭了冉魏国，前燕自此在中原占据了一席之地。匈奴、羯胡既灭，氐、羌二族便趁机崛起。特别是氐人苻洪建立的前秦政权，势力发展很快，成为前燕的主要对手。由此，中原也开始了前燕与前秦的对峙。

但可惜的是，前燕内部很快便出了问题。慕容儁死后，年仅12岁的慕容暐嗣位，由慕容恪辅政。慕容恪率兵攻占东晋的河南、淮北的广大地区，国力达到鼎盛。慕容恪死后，慕容评和慕容垂共同辅政。东晋桓温北伐，慕容垂在枋头大败晋军，威名日盛，因此也遭到慕容评的嫉妒和排挤，致使慕容垂投靠前秦，前燕由此国力大衰。而前秦到了苻坚主政时，任用汉人王猛为相，修政练兵，国力突飞猛进。前燕最终被前秦所灭。

慕容氏再兴，恰逢拓跋氏崛起。慕容氏第二次崛起是淝水之战后。前秦被东晋打败最终亡国，北方重又陷入四分五裂。在前秦军中效力的慕容垂趁机起兵，定都中山，建立后燕。北地长史慕容泓也在关中起兵，称济北王，是为西燕。后来慕容垂攻灭西燕，基本上恢复了前燕版图，再度成为中原强国。

然而此时羌人建立的后秦也在中原西部崛起。后秦先是歼灭垂死挣扎的前秦主力，继而攻灭后凉、降服西秦，与后燕并霸北方。如果单是与后秦对峙，慕容氏统一北方的机会也还是有的，然而鲜卑的另一部族拓跋氏此时也在北方悄然复兴，建立了北魏政权。后燕与北魏连年征战，参合陂一役折戟沉沙之后河北郡县尽失，后燕也被分截为北燕和南燕。南燕后来被刘宋所灭。北燕由鲜卑化的汉人冯跋奠基，最终亡于北魏。慕容氏从此一蹶不振。

慕容氏风光百年，先后建立了五个国家，可谓星光熠熠。但具体到每一个国家，则又非常短命。他们两次丧失统一北方的机会，不能不说是个不小的遗憾。慕容氏两次鼎盛之时，都伴有其他部族同时崛起，并与之对抗。可以说慕容氏崛起之时，也正值五族最旺的时刻，实在没有赶上好时候。

慕容氏两次中原崛起，都是因为部族出现了出类拔萃的领军人物。前燕时的慕容儁、慕容恪，建立后燕的慕容垂，都是能征惯战、足智多谋的治军、治世的能者。然而他们却缺乏子嗣传承，后世子孙都是无能之辈，守业无成。前燕末帝慕容暐亲政后，生活糜烂，整天忙于后宫享乐。后燕二代帝王慕容宝胸无大志却又好大喜功，败家也是迟早的事。

慕容诸燕后期，家族内耗几乎成了主旋律。前燕君臣猜忌、辅臣倾轧，后燕和西燕杀篡更替，南燕慕容超也在血拼中立足。慕容氏反复经历萧墙之祸，国运自然不会长久。

当然，这些也只是客观原因。慕容氏衰败的根子在于军事的扩张缺乏经济的支撑。而经济的好坏又取决于内政的得失，慕容诸燕在内政和经济上都不同程度地存在前紧后松甚至本末倒置的情况，成为它们由盛及衰的共性。

慕容氏确实不缺耀眼的将星，前期的慕容皝、慕容恪、慕容垂，再兴后的慕容德、慕容农，都可进入该时期军事家排行榜前列。但军事不是国家的全部，单纯依靠军事也不足以立国。若没有强大的经济支撑，穷兵黩武还会起反作用。

前燕前期辉煌的军事成果，是以积极开明的政策和强劲充沛的经济涨势为基础的。然而后期却没能延续和谐，不但经济增长乏力，降服的民众也未归心，军事打击能力也随之走弱。后燕则过于依赖军事，在败前秦、灭翟魏，连年征战、将士疲敝的情况下，又迫不及待地发动对西燕和北魏的战事。最后资源耗尽，后期甚至要靠抢劫才能维持运转，离灭亡也就不远了。

西燕是在与前秦的征战中立国的，一直顾不上发展经济。慕容冲想在关中立业，却遭到思乡心切的民众反对，还为此丢了性命。国力上不去，军力也谈不上强大，被后燕火并也不稀奇。南燕末帝慕容超也在国力困顿的情况下鸡蛋碰石头，贸然挑衅东晋，最后反被刘裕灭国。

军封制是慕容氏政权的一大特点，即根据战功给予待遇，比如官爵、宅邸和良田等。军政一体化的建制在建国初期确实收到了积极效果，但到了统治后期则会影响行政运转以及行政人才的积极性。而慕容家族又传承乏力，将星陨落之后人才凋零，造成内政失衡。

军封制也影响了财政，百姓为了躲避赋税而充任军官和贵族的食客、佃户以及私人武装，致使国家编户不足，税收锐减。前燕一次就排查出隐蔽户口 20 万，南燕的一次简单巡视也查出了 6 万黑户，此类问题在后燕也相当严重。但检阅归检阅，却始终没能从根本上解决问题。

5

鲜卑消亡

就人种来讲，鲜卑族可能是白人。就样貌来讲，鲜卑族男子多帅哥。这么说，当然不只针对前秦大帝苻坚的最爱、鲜卑籍美男子慕容冲一人而言。还因慕容冲逼近长安时，苻坚后悔莫及地慨叹了一句："……白虏敢至于此。"

这里的"白虏"特指鲜卑——《前秦录》中说："秦呼鲜卑为白虏。"帅哥慕容冲当然代表不了整个鲜卑，但"白虏"却突出了鲜卑人一个共性：白。一白遮三丑，这显然是颜值的加分项。

鲜卑人的样貌在唐宋诗词中多有提及。如张籍《永嘉行》中的"黄头鲜卑入洛阳"；苏轼《书韩干二马》里的"赤髯碧眼老鲜卑"。金发、碧眼、红胡子都是典型的白种人特征，异域风情会让人耳目一新。《内蒙古东大井汉代鲜卑人容貌复原报告》中说，鲜卑人"颧骨宽大，颞线发达……眉弓、乳突和枕外隆凸均比较发达"，整体容貌给人粗犷、大气、硬朗之感。这也是加分项。

不过这种样貌男人尚可，女人就很难说了。曹操主簿繁钦在《嘲应德琏文》中爆料，建安七子之一的应玚是其父与一个 15 岁小姑娘一夜情的结果，并说小姑娘“肥头赤面，形似鲜卑”。

十六国时期，鲜卑是一个特殊的存在，是入据中原持续时间最长、建国最多的一族。割据十六国，鲜卑有其五，计有慕容氏建立的前燕、后燕和南燕，乞伏氏建立的西秦，秃发氏建立的南凉，足见鲜卑当时的强盛。然而最后不争的事实却是，如此强大而源远流长的鲜卑，作为一个独立的民族，最终还是在历史中消亡了。

鲜卑的消亡，也许从入主中原那一刻起就已经注定了。俗语说，一方水土养一方人。鲜卑远居塞外，居无定所。无论如何追逐水草，都没有改变大的自然和生态环境。也可以说，他们长久处于一个相对封闭、相对独立的空间之中，不管这个空间有多辽阔。而久居苦寒之地，也磨炼出了他们坚韧彪悍的民族风尚，逐渐形成其特有的民族种性。《魏书》中说，鲜卑人性情火爆，一言不合就动刀子，杀父杀兄也是常有的事。民风之强悍可见一斑。

然而，丧失故地便失去了民族根本。鲜卑人进入中原，便和汉族以及其他民族有了实质性接触。浸染中原文明，其自身的民族特性就会淡化。况且鲜卑一直没有自己的文字，语言也逐渐被汉话取代，民族特性就更加不明显了。

史书明确记载鲜卑人有自己的文字，但找不到可考的凭据资料，目前仍没有研究清楚到底是字母文字还是模仿汉字的方块字。《隋书·经籍志》中记载了使用鲜卑语翻译的中国传统汉文书籍等108部图书，但无一本传世，迄今也没有墓志铭、碑刻等鲜卑文字方面的考古发现。鲜卑族一度辉煌的几个分支——包括逐鹿中原的慕容氏、拓跋氏和宇文氏，以及偏霸一方的乞伏氏、秃发氏和吐谷浑，也都没有使用鲜卑文字的历史记载。接触中原文明之前，他们传递信息的方式是“刻木纪契”。木头上的记号究竟何种模样而今也不可考。如果一个符号表示一件事，类似现在的交通标识，则不能称之为文字；如果每个符号都有固定意义，一件事要用多个符号表达，那起码可算文字的雏形。

进入中原后，鲜卑开始使用汉字，再造字也就没必要了——就连时髦的鲜卑语也用汉字书写，类似音译的天竺国佛经，北魏的译令史就是干这个的。唯一可以附会的，是《魏书》中记载的一次文字革新，说太武帝拓跋焘于始光二年（425 年）“造新字千余”。这 1000 多个字实则是修正的汉字，因为汉字书写的多样性以及流传中的谬误，导致有些字辨识度低，所以做个统一。修正过程中也不排除看哪个字不顺眼而重新敲定一种新写法的可能，但这也不能算鲜卑文字。

鲜卑入据中原后并没有废止汉语，相反却以说汉话为荣。鲜卑语较之汉语要落后得多，他们要想深入学习中原文化，就必须先学会说汉话。拓跋魏统一北方后，孝文帝进行了一系列汉化改革，包括改汉姓、说汉话、破旧习、倡通婚等，以官方禁止和鼓励的形式，主动抛弃了自己原有的民族特性。

孝文帝改革是顺应潮流的进步之举，也是主动融入与自愿同化的行为。鲜卑最初的政权，不过是一种表面上的国家形式，其实质仍未摆脱部落联盟性质。他们没有多少引以为豪的历史传承，文明尚处于原始阶段。中原先进文化催生出的民族自卑感，促使他们迅速作出了选择。有了形式和实质上的认同，鲜卑也就与中原融合、血脉相通了。

6

羌笛悠悠

一个民族的消亡，往往不是因为杀戮，而是民族间的同化与融合。十六国舞台上熠熠生辉的五个少数民族，除羌族外，匈奴、鲜卑、羯、氐四族早已跳出历史的时空，成为永久的记忆。而羌族作为一个独立的民族则一直延续至今，显示出异常顽强的生命力。

羌族的历史也很悠久。《竹书纪年》记载："王师克鬼方，氐羌来宾。"是说商君武丁战胜鬼方之后，氐羌也开始向商朝纳贡，早早便与中原有了联系。羌在《国语》中被称作"姜氏之戎"。姜、羌二字古音相通，意思是说，羌是西戎的一个姜姓部落，生活分布在西北地区。《后汉书》中也提到"西羌之本，出自三苗，姜姓之别也"，进一步验证了这一说法。

羌族是典型的游牧民族，逐水草而居，属于马背上的行国。其族人久居苦寒之地，文明程度很低。恶劣的环境锻炼了他们勇猛坚韧的品性，身体素质那也是没的说。就连妇女生孩子都不避风雪，你就想有多强悍吧。此族曾与犬戎共灭西周。战国后期与秦国为邻并相互攻伐，最终败于秦国。

匈奴冒顿强盛时，诸羌也被征服。汉武帝为了防止匈奴和羌联合，特意开辟了河西四郡——即武威、张掖、酒泉、敦煌，用以隔绝羌胡。后来干脆派十万大军过去扫荡了一番，并设置了护羌校尉。其中一部分羌人则迁徙到了今天的西宁到青海湖周边的广阔地带。

羌人第一次作乱中原，适值王莽末年。羌人趁乱内迁，占据今天的甘肃、宁夏、陕西部分郡县，开始与当地汉人杂居相处。后来羌人开始为祸边疆，直到东汉和帝时才又将他们征服。但是这些羌人归附后，又受到当地官吏和豪族的欺压，导致汉羌矛盾一直无法调和。

这种积怨终于在东汉安帝永初元年（107 年）集中爆发出来。当时汉室遣征羌人征西域，羌人怕一去不回，逃跑的便很多。各郡县于是派兵围追堵截，搞得各地羌部出现恐慌。羌人本就凶猛善战，这下被逼急了，索性大肆寇掠，以至于局面一度失控。羌乱为患东汉 60 年之久，最终在杀戮中平息。

西晋末年中原大乱，羌族南安的一支在首领姚弋仲的率领下进入中原。姚氏羌军先后臣服于匈奴前赵和羯胡后赵。后来又投降东晋，受东晋官爵。姚弋仲病死后，其子姚襄率部与前秦争夺关中，最后兵败被杀。其弟姚苌便率部投降了前秦。淝水之战后前秦衰败，姚苌趁机起兵，并擒杀前秦皇帝苻坚。之后建立了羌族在中原唯一的一个政权——后秦。后秦先后灭掉后凉、西秦，一度与慕容垂的后燕并霸北方。

417 年，东晋刘裕北伐，攻破长安，后秦就此灭亡。后秦国灭，也昭示着羌族政权在中原的终结。但是羌这个民族却并未随之消失。就像悠扬而悠远的羌笛一样，声音时远时近，高低缥缈，一直伴随着华夏民的族历史演进，表现出顽强的生命力。

羌族分布十分广泛，而且所居大多是山区。这种特殊的地域特点，导致部族之间联系很少，外族文化也很难影响到此，客观上决定了他们的相对独立性。羌族繁衍能力很强，种类也很繁盛。《后汉书》中说："羌有百五十四种。"其中规模较大的有零羌、种羌、白马羌、烧当羌、参狼羌、虔人羌等。

建立后秦的一支属于烧当羌，他们进入中原后，与各族杂居融合最后不复存在了。居住偏远的几支，或融合于汉族，或融合于吐蕃。但仍有一部分支庶得以保全，形成现在的羌族。

7

趣说北伐

伪善置于阳光下的脆弱，犹如潮水退却后的裸奔，有趣的事儿往往在后头。从司马睿另起炉灶到刘裕以宋代晋，其间颇有几次热闹的北伐。如果细想想，这里面可不止打仗这么简单。特别是后来的几次，其衍生功效已经远远超出了本身价值，成了政治正确的金字招牌、转移矛盾的出口以及获取升迁的筹码。华丽包装后的北伐犹如一块热山芋，有人喜欢它的炙手，也有人害怕它可能带来的灼伤。

这种情况下，北伐也像一头注水的肥猪，变得不再那么纯粹。如果非要找一个没注水或者注水较少的出来，也只能是祖逖发起的第一次北伐了。它还多少保留着一个少女初夜的生疏与羞涩。而之后的几次，便无一不像生产过的妇人，有着经验上的驾轻就熟了。

东晋的几次北伐，按动机来讲，可分为三类：义气型，反击型，叵测型。

祖逖就是个义气型的人物，过江时击楫中流，满怀着万丈豪情。祖逖也有当老大的潜质，结交了不少血气方刚的年轻人。得到众人追捧，便觉得北方那些整天和牛羊打交道的人不在话下了。

义气是个偏褒义的词，至少我是这样认为的。然而也看用在哪，为人处世自是不必说，那是勇于担当的气魄。但在官场就行不通了，几乎是鲁莽冲动的代名词。祖逖也一样，北伐选得不是时候。当时司马睿正琢磨着怎么当皇帝呢，哪还顾得着你这个。但既然有人提出来也不能拒绝，反正也不影响什么，还能落个好名声。

朝廷当时也不富裕，就拨了一千人的军需物资和三千匹布。打仗家伙也不给配，让自己想办法。没有强有力的军事和经济支撑，这哪叫北伐啊。但祖逖不在乎，照样热血衷肠，信心满满。他可爱就可爱在这里。祖逖北伐先期很顺利，朝廷就不放心了，派人来监督他。弄得祖逖闷闷不乐，最后忧愤而死。祖逖所主张的北伐事业也随之每况愈下，最后不了了之。

反击型的有两次，殷浩和谢玄。能和祖逖的单纯相媲美的，也就是殷浩了。殷浩北伐是在冉闵大诛胡羯之后，这次也不是朝廷的本意，而是一种姿态。东晋长期偏安，苟且思想渐重。那王羲之就曾说过，与其保淮河，不如退保长江。想守着一亩三分地儿过日子。所以冉闵写信向东晋求救，要求共诛胡羯时，东晋根本没理那一套。

不过北方出现战机，不动手和老百姓没法交代，舆论上说不过去。恰巧此时苻洪的氐军投降了东晋，东晋便想采取以胡制胡的策略，顺势给了苻洪一个征北将军的头衔，让他与扬州刺史殷浩一起北伐。但苻洪也有自己的心思，想趁乱夺取关中，这样的草台班子自然不堪重任。殷浩出师不利，连吃败仗，最后被朝廷废为庶人，混得比祖逖还惨。庶人殷浩就整天拿手在空气中比画“咄咄怪事”四个字，给后世留下了个成语故事。

相比之下，谢玄的北伐便占据了主动。这也是东晋诸次北伐中，最为长脸的一次。淝水之战的胜利给东晋朝廷注射了一支强心剂，于是不失时机地全线推进。当时东晋的头面人物如谢玄、桓冲、刘牢之等都有参加，分东、中、西三线进兵。此次北伐战果颇丰，中线收复司州，西线收复益州，成果最大的则是东线的谢玄。

谢玄占领彭城（今江苏省徐州市）后，派刘袭和刘牢之攻取鄄城、平定兖州，淮陵太守高素出击广固、降服青州，将整个黄河以南的地区重又置于东晋麾下，刮起自西晋末年以来最为强劲的一次南风。然而，和祖逖如出一辙，谢玄的功绩也受到朝廷的揣度。一纸调令下来，让谢玄回守淮阴。淝水之战让谢家的地位攀升，像最初的“王与马，共天下”一样，大有“王与谢，共天下”之势，这是司马氏集团不愿看到的。毕竟时过境迁，此时的司马氏已然在江南站稳了脚跟。

将北伐当成砝码，来提升自己的地位和影响力，也就是居心叵测的，莫过于桓温和刘裕的北伐。

说到桓温的北伐，还要提到上面的殷浩。东晋朝廷让殷浩北伐而非恒温，当时还有个想法，就是让殷浩牵制桓温。因为桓温打下成汉后，威望与日俱增，之后又想通过北伐进一步扩大影响。朝廷怕桓温功高盖主不好掌控，就想借北伐来提高殷浩的影响力——可见北伐的确已成为一个调节势力平衡的砝码。结果殷浩不争气，桓温的三次北伐便新鲜出炉了。

三次北伐尽管最后全都铩羽而归，但却对桓温产生了不可估量的价值。因为先期的成绩足以说明一切：三次北伐均切入了中原腹地，也都风光一时。从当时老百姓备着酒肉在路边迎接的壮观场面，也能看出桓温的影响力在不断升温。桓温藉此在朝中奠定了稳固的地位，他的待遇也不断提升，真正成了一人之下万人之上的权臣。

在北伐中获益更大的，则是后来以宋代晋的刘裕。刘裕能从一个低等军官——先任冠军将军孙无终的司马，后任前将军刘牢之的参军，最后熬成掌控朝政的大将军，是和他的赫赫战功分不开的。镇压孙恩、卢循的叛乱，攻灭桓玄，都让他的影响力不断增大。但是光在国内立功不行啊，要想成为众人瞩目的核心，就必须触及当时的大热门——北伐。只有北伐的战绩才能彻底服众，这也是刘裕实施北伐的内因。

刘裕的北伐成绩十分骄人。他以大将檀道济为开路先锋，进行了东晋自开国以来最为深入的北伐。先是灭掉慕容氏的南燕政权，接着伐灭谯纵建立的谯蜀政权。最后趁后秦内乱直取长安，一举灭掉了后秦帝国。他让北方彻底感受到了南方力量的强大，也让东晋彻底扬眉吐气了一次。

不过就实力来讲，刘裕当时还没有进一步开拓进而统一北方的实力——就是他以宋代晋之后也没有，宋文帝刘义隆的“元嘉北伐”照样草草收场，何况他还有更重要的事情要做——当皇帝，那才是他内心最渴望、最关注的东西，所以他灭掉后秦之后便班师回朝了。对于刘裕来说，北伐已然完成了它的历史使命。

中篇

绝非偶然

——拓跋氏家族、官制与占卜

1

蝴蝶效应

美国气象学家爱德华·罗伦兹说："一只蝴蝶在巴西轻拍翅膀，可以导致一个月后得克萨斯州的一场龙卷风。"这就是著名的蝴蝶效应。

历史上一些惊天动地大事件的发生，也许只源于一个很小很小的因素。最初的端倪，甚或是一个人无意间的情感流露或宣泄。比如一个匆忙的临时决定，头脑发热的一时冲动，很简单的一个表情动作，或者一直以来的惯性思维。这些看似毫不起眼的历史表情，会悄悄打破原本牢固的动态平衡，从而产生一系列连锁反应，最终酿造成大事件。

十六国时期，就有几个最初不太起眼的小细节，却最终产生了深远的影响。很值得我们关注和思考。

就像当年刘备摔孩子，流下鳄鱼的眼泪一样。晋武帝司马炎的眼泪，也绝对应该载入史册。随着这滴眼泪的潸然落下，西晋王朝的命运也随之悄然改变。因为从那一刻起，司马炎下定决心，要将亲手缔造的王朝交给他那白痴儿子司马衷。

导演这出煽情戏的，是司马炎的皇后、太子司马衷的生母杨艳。司马炎有阵子宠幸胡夫人，杨艳怕自己死后司马炎立胡夫人为后，废了自己那傻儿子。便亲自担纲主演了这出煽情的苦情戏。杨艳营造了一番凄美的氛围之后，病恹恹地枕在男人膝上，楚楚可怜地推荐了自己的堂妹。

温柔漂亮的女人，无奈又无助，大概是一个男人最承受不了的。所以铁石心肠的司马炎也忍不住流下眼泪，并答应了杨艳的请求。杨氏主导后宫，最终将司马衷顺利推向了前台。自此，西晋祸起萧墙，内乱不断。客观上也导致了五族的趁机涌入，开启了北方长达 130 多年的乱世纷争。

和司马炎的眼泪有着同样功效的，是贾南风的内分泌失调。追本溯源，也跟杨艳有关。是她的力挺，贾南风才得以成为太子妃，并最终入主后宫。司马炎最初看上了司空卫瓘的女儿，结果贾南风她妈疏通打点好了杨艳。杨艳哼哼唧唧地坚持，最终改变了后宫的用人导向。

贾南风入宫时年仅 15 岁，正处于心理和生理上的成熟期。她长得丑且缺乏自信，深得其母悍妒的遗传，又偏偏在美女如云的后宫成长。饱受各种刺激，难免导致内分泌失调。失调之后无处发泄，就产生了两个后果，一是淫乱，二是弄权。藉此获取心理平衡和转移注意力。于是西晋皇宫刮起了黑旋风，最终导致长达 16 年之久的八王之乱。

十六国时期一个重要的分水岭，便是冉闵大诛胡羯。冉闵冲冠一怒，也改变了中原的政治格局。冉闵是后赵皇帝石虎的养孙，最初并没有剿灭石氏集团之意。是石遵的食言和石鉴的两面三刀，才让冉闵最终大开杀戒。

石虎死后，石遵让冉闵帮助自己夺皇位，并许诺他事成之后让他当太子。结果事成后却立了自己的侄子，还想杀了冉闵。冉闵一怒之下，联合司空李农等人，杀石遵立了石鉴。石鉴上位后对冉闵也不放心，又派人杀冉闵。这下冉闵被逼急了，开始血洗邺城，大诛胡羯。中原由此重新洗牌，匈奴和羯胡二族谢幕，氐族和慕容氏登台亮相。

就像开会争论久了，最后主会者不耐烦地拍案定论一样。苻坚南下攻晋，也同样是在连番讨论未果的情况下，一拍大腿下的决定。这一拍，却影响了半个世纪的历史走向。

淝水之战的前几年，苻坚其实一直在犹豫。良相王猛的临终遗言他也没忘，所以才与朝臣反复论证出兵的胜算。朝中意见不一，大多数人反对，只有慕容垂、姚苌等几个人支持。苻坚的讨论，很大程度是为了让自己快下决心。既然讨论不出个子丑寅卯，最后只能自己拍大腿了。

淝水之战改变了当时的政治格局，让东晋度过了一场亡国危机，得以延续半个世纪的安宁；而刚刚趋于统一的北方，则再次陷入列强纷争的境地。甚至可以说，它把中国南北朝对峙的局面推迟了半个多世纪。

与苻坚拍案相得益彰的，是慕容垂的霸气。慕容垂的后燕帝国迅速崛起之时，北魏还是一个毫不起眼的小国。最初的几年，北魏一直依附于后燕，对后燕称臣并采取姻亲策略。在与世仇铁弗部征战中，北魏还曾向后燕借兵。但随着北魏的不断壮大，便想摆脱后燕的控制。就像一直跟随自己的小弟，突然有一天要另立门户，跟自己平起平坐。一向霸气的慕容垂哪受得了这个，于是兵锋直指北魏。

参合陂一役，后燕大军几乎全军覆没，自此元气大伤。而年届七十的慕容垂根本不服老、也不服气，第二年又御驾亲征。结果看到参合陂积骸如山，触景生情，霸气转变成愤懑和憋屈，在退兵途中吐血而亡。后燕的势衰，也预示着北魏的崛起。而北魏的崛起，无疑昭示着一个历史崭新阶段的到来。

2

拓跋氏三帝并立

就像突然蹿出的网红，北魏似乎也是在一夜间崛起，如同狂啸漫卷的沙尘暴，以迅猛之势狂扫中原。五族逐鹿，尽归拓跋，结束了北方长达 130 多年的乱世纷争。

拓跋氏建立北魏，进而称霸中原，其实绝非偶然和幸运，也是饱经沧桑、历尽磨难并经历了漫长的等待。建魏之前，拓跋氏曾有过一次立国，继而又遭灭国的苦痛经历。也正是这段不寻常的磨砺，为后来北魏的最终崛起奠定了坚实的基础。

由于地处偏僻的北疆，加上人口稀少、国力偏弱，拓跋氏最初建立的代国在历史上并不出名。即便是在狼烟四起的十六国时期，也没能引起人们太多的关注。当时代国所有的征战，似乎都是跟匈奴铁弗氏展开的。这与战乱频仍的中原相比，实在算不了什么。

代国政权也没有被史学家崔鸿列入十六国之内，也许是因其疆域狭小，也许因其曾受过晋室的册封。但册封不过是一种形式而已，就像辽东的慕容氏，晋室对它来说只是名誉上的东家，并没有实质的隶属关系。可见，小，或者说不起眼，才是代国被忽略的主因。

拓跋氏是鲜卑族的一个分支，也是中国北方一个古老的部族。匈奴离开蒙古高原后，鲜卑占其故地。拓跋氏也随之西迁、南移，最后与中原接触。根据北魏的官方说法，拓跋氏先祖出于黄帝轩辕氏，因为黄帝是五德之一的土德，而“北俗谓土为托，谓后为跋”，古代“托”同“拓”，该族便以拓跋为姓氏。

这当然是拓跋氏统治中原后以正视听的舆论宣传。中原文化被视为正统，所以谁都想挂上点关系，就像匈奴刘渊自称跟汉人是兄弟一样。拓跋氏也和匈奴一样，是个典型的马背上的行国，部众随畜牧迁徙，以射猎为业。他们没有自己的文字，通过“刻木结绳”来记录日期，凡事口头相传，处于典型的原始氏族时期。

拓跋氏和中原的接触，始于圣武皇帝拓跋诘汾时期。拓跋氏也正是在这个时候南下，与中原成为近邻的。圣武皇帝，是北魏开国皇帝拓跋珪给拓跋诘汾追尊的谥号，当时并没有这个称谓。到了拓跋诘汾的儿子拓跋力微时，拓跋氏统一分散的各部，成为一个拥有二十多万控弦骑士的强大部族。

此时中原正值曹魏时代。魏元帝曹奂时，拓跋力微派儿子去考察风土人情，跟中原有了正式的互动和外交。司马氏以晋代魏后，双方依旧交往甚密，民间互市更是往来频繁。也就在这个时候，拓跋氏开始接触并接受中原文化。

拓跋氏获得长足发展，开始不断向外扩张，总计降服了周边三十多个部落。拓跋力微的儿子拓跋禄官继任部落首领后，便将国土分为三部分。濡源以西、上谷以北——也就是今天的滦河以西、怀来县以北为一部，由他自己统领；他的两个侄子，拓跋猗厓统领参合陂（今山西省阳高县境内）以北，拓跋猗卢占据以盛乐（今内蒙古和林格尔）为中心的周边地区。

此三人后来分别被拓跋珪追谥为昭帝、桓帝和穆帝。故此，人们习惯上将拓跋氏的这个特殊历史时期称为“三帝”并立。因为三部各自为政，便有了疆域意识。不光三部之间界限分明，穆帝还在道旁立石，煞有介事地划定了与西晋之间的界线。

当时为什么要分为三部？也许是部族内部起了变故，或是首领间意见不合发生分裂。不过最主要的，应该是拓跋氏疆域地不断扩张，分开更有利于统治和管理。所以，这个时期，也是拓跋氏由成熟走向鼎盛的过渡时期，是拓跋氏茁壮成长的一个非常重要的阶段。

分为三部，也让他们在各自竞争中得到发展。不但经济富足，军事上也空前壮大，控弦骑士比父亲拓跋力微时代翻了一番，超过了四十万。307 年拓跋禄官死后，才能和勇略更胜一筹的拓跋猗卢又重新统一了三部。自此，拓跋氏开始步入全盛时期。

游牧民族有着坚强的体魄，单兵作战能力都很强，而部落与部落之间联系却相对松散。这种松散的结构会随着一个出类拔萃人物的出现而改变，走向统一是必然趋势。这也是所有游牧民族的一个共同点。拓跋氏也是如此，部族滚雪球般壮大，分开也只能是暂时的。就像当年的匈奴冒顿一样，拓跋猗卢最终完成了部落的强势整合，让拓跋氏空前壮大起来。

有了征战的资本，也就开启了拓跋氏和匈奴铁弗部几十年的恩恩怨怨。代国最终被铁弗部刘卫辰引来的前秦军剿灭，而北魏再兴后又灭掉了刘卫辰之子赫连勃勃建立的大夏国，似乎也是冥冥中的天意。

拓跋部是不经意间被卷进来的。当时并州刺史刘琨与匈奴铁弗部的刘虎对峙，曾向兵强马壮的拓跋部借兵。拓跋部由此初露锋芒，迫使刘虎西渡黄河，远走朔方。拓跋猗卢也因征战有功，被晋怀帝册封代王，统辖句注陉北——也就是今天的河北省代县雁门山以北地区。这便是拓跋氏最初的国家形态——代国。

到拓跋猗卢的侄子拓跋郁律掌舵时，代国继续开疆拓土。西并乌孙故地，东吞勿吉以西，成为北疆一个实力雄厚的小国政权。其子拓跋什翼犍继位后，代国又大破高车、讨平没歌，掳获了几百万头牛马羊，在北疆一时风光无限。

之所以说代国是一个政权，不光体现在可以设置官属的形式上，还体现在它有一套较为完善的法律和行政体系。代国之前的部落时期，拓跋氏内部纠纷都是用语言约束，首领说了算，没有一定之规。代国之后则明刑峻法，打仗也依军令行事。依法治国治军，而且十分严厉。

严厉到什么程度呢？如果谁犯了法又不及时去接受处罚的话，那么整个部落的人都要杀光。所以，当时经常看到一家子扶老携幼地前去领罪，没人敢逃跑。到拓跋什翼犍时，不但法律更趋完善，还在行政上仿效晋朝的官制。这些都是具有国家性质的特征。

拓跋什翼犍是后来北魏的开国皇帝拓跋珪的爷爷，也是代国的最后一任君主。他的威风实在没有赶对时候，代国在他手里达到空前的鼎盛，却又转而在他手里遭受灭亡的厄运。代国虽然国力蒸蒸日上，偏偏遇到了势不可当的前秦。当然，这一方面是前秦统一的大势所趋，一方面也是拓跋氏和铁弗部矛盾的继续。正是刘虎的孙子刘卫辰招引前秦，才最终灭亡了代国。

幸运的是，代国灭亡后，前秦并没有让拓跋氏迁离故地，只是将他们一分为二，让铁弗部首领刘卫辰和独孤部首领刘库仁分而治之。这就在客观上为以后北魏的复兴提供了机会和保障。事实上，代国的这段历史对拓跋氏的影响颇深，而拓跋氏的子孙对这段历史也是情有独钟：拓跋珪复国时首先称代王，之后才以魏为号称魏王。在迁都洛阳之前，北魏也一直以“大代大魏”自称。

3

北魏封鸟官

这里所说的鸟官，没有讽刺官员的意思。鸟官一词，原本也没有贬义，此称谓早在远古时期就已存在。传说中的伏羲轩辕时，便设有龙、火、鸟、人等职位，并不是今人的独创。到了北魏时，道武帝拓跋珪效法古制，于是大封鸟官。

北魏当时的官职命名颇具古风。朝廷根据人身体某一部分的特点，或是随身携带的物品、装饰品，以及一些喜闻乐见的事情，来确定官职的名称。也就是说，官职取名很随意，依据职责特征，或官员各自不同的特点，用具有相似特征的各种鸟类来命名。因为鸟是动态的，所以那些官职叫起来便很形象生动。

比如："诸曹走使谓之凫鸭，取飞之迅疾。"诸曹就是尚书三十六曹，是尚书之下分工不同的机构，相当于现在机关里的科室。曹后来演化成部——也就是三省六部的部，算是部的前身。走使，是指供差遣或者递送文书的人。说通俗点，就是跑腿打杂的公务人员或事务秘书。凫鸭也就是水鸭——不是盐水鸭，俗称野鸭，能飞能凫水，而且速度很快，像极了眼疾手快、动作麻利的诸曹走使。用凫鸭代称，很有想象力。

再比如："以伺察者为候官，谓之白鹭，取其延颈远望。"伺察者，就是负责督导、检查和巡视工作的人。这种工作需要有极强的洞察力，还得视野宽、看得远才行。正符合白鹭"延颈远望"的立体特征。这只是两个典型的例子，北魏其他好些官职，也都是以不同的鸟来命名的。不过，这种命名形式仅限于内朝官。

北魏初期，有两套并行的行政体系，就是内朝和外朝。外朝实行的是汉制体系，主要负责被征服地区的管理。被征服区多是农耕区，也多是汉文化影响较深的地区，所以当时外朝的官制基本延续了晋朝官制体系。内朝官是鲜卑族内部的官职体系，也就是上面说的那些鸟官，专门负责鲜卑族内部以及游牧区事宜。担任内朝官的绝大部分是鲜卑贵族，权力要比外朝官大。所以，当时的鸟官是非常厉害的。

内朝是一个独立完整的行政体系，并不是后来的内监、宦官什么的。比如，内朝的武官有内细射、内三郎、内幢将、内侍校尉、内将军什么的，都带个内字。内三郎、内幢将负责守卫京师和宫城，相当于清朝的八旗，或是现在的北京卫戍区，是北魏的核心军事力量。

内朝文官有内侍长、内行尚书、内给事等，执掌朝政机要。其中内侍长还负责监察百官，兼具监察职能。司法上则有内都坐大官，有了纠纷就按族内习俗直接拍板，说了就算，没什么法律依据。这种形式在北魏建国初期，算是一种主要的司法形式。

实行内外朝并行的体制，是拓跋氏在接受汉文化时必然要经历的一个过渡阶段。也是拓跋氏在统一北方的过程中，在行政体制上实行的一种折中方式。拓跋氏本是草原上的行国，久居漠北苦寒地带。在与中原接触之前，其部族体系一直保持着朴素的原始风尚。随着与中原接触日深，接受中原文化的同时，拓跋氏也会接纳中原的行政体系。特别是拓跋猗卢受封代王之后。

拓跋氏从游牧部落转化成国家性质，势必要引进先进的行政体系。况且，随着拓跋氏的扩张，其统治区域内已不仅仅是单一的鲜卑民族，这就出现了许多新的问题。为了有效管理不断扩大的新统治区，也为了尽快消除民族间的隔阂，保持政权的稳定，采用先进的、现成的汉制体系就成了不二之选。但这种改变需要过程，拓跋氏固有的习俗也不是一下就能消除。综合考量，便采取了分而治之的方式。

这种分治的方式其实也不是北魏的独创。十六国时期，这种方式非常普遍。比如匈奴建立的汉国、羯胡建立的后赵、氐族建立的前秦、羌人建立的后秦，等等。他们的创建者既称皇帝也称大单于，就是采取的胡汉分治。只是这种分治较为简单，之间的界限也不太明显，不像北魏这样形成了两套完整的系统。

在胡汉文化冲突甚剧之时，内外朝制度兼顾了双方的感受，并发挥了各自的长处，起到过非常明显的积极作用。这种制度存在的时间也很长，从拓跋珪立国一直到北魏孝文帝改革之前。孝文帝改革后，内外朝才融为一体，这种类似双轨制的行政体系才算完成了它的历史使命。当然，那些鸟官也就随之不复存在了。

4

北魏金人占卜

无论是海选，抑或钦点，最终能当上皇后的，一定要具备两个条件：有一定的姿色；有显赫的背景。二者兼而有之，或者必备其一，否则就没资格成为后宫主人。而在北魏，你光符合这两条还不行，还要多费一道手续，试试你的运气，看你命中是否当此大贵。

北魏宫廷有个特殊的习俗：“将立皇后，必令手铸金人。”就是说皇帝看上了，或是皇帝他妈看上了，你也只能是准皇后。作为皇后候选人，你必须亲手烧铸一个金人出来。成型就让你当，不成型就拜拜。能不能当上皇后，全看自己的造化。

单纯的铸金人，在历史上有过一个很著名的事例。就是当年秦始皇收天下兵锋聚之咸阳，铸造了 12 个巨型金人。这是怕人们造反，有意销毁民间所藏武器。看着这 12 个硕大的金人，秦始皇心里舒坦，这皇帝当着也放心。

这 12 个金人，其材质并非真的黄金，而是青铜。因为那时的兵器多是用青铜制造的，古时哪来那么多贵金属干这个啊。所以严格上讲，秦始皇铸的应该叫铜人才贴切。铸铜人也好，铸金人也罢，其目的就是把刀枪剑戟融化了不能用了就完事。只不过为了好看和仪式感，弄成了人的样子而已。

北魏的铸金人就是两码事了，纯粹是为了占卜。唯一相同的，就是它们都是铜疙瘩。所谓占卜，必然会包含手气和运气的成分。铸金人算是一个检验，你铸造得好，鼻子眼儿的和你本人很相像。这就是天意，当皇后也是应该的。如果铸造得不好，还是铜疙瘩一块，没个人模样。也就天意难违了，只能说你没这个富贵命。

这样的例子是很多的。比如，道武帝拓跋珪的皇后慕容氏。尽管拓跋珪很喜欢，但也是先让她过了铸金人这一关才通过的。而另外一个宠妃刘氏，里里外外都是一把好手，也深得拓跋珪宠爱。然而她却没有慕容氏那么幸运，因为铸金人不成，所以不能荣登后位。

这个刘氏，就是北魏第二任皇帝拓跋嗣的生母。她不但没有富贵的命，还招来了杀身之祸。拓跋嗣被立为太子后，按照北魏宫廷“立子杀母”的规矩，刘氏也被赐死。拓跋嗣嗣位后，才追尊她为宣穆皇后。

拓跋嗣也曾为立皇后的事苦恼过。北魏与后秦联姻，后秦国主姚兴将女儿西平长公主嫁给了拓跋嗣。拓跋嗣本来是要封她为皇后的，结果这位长公主因为铸金人不成，不能荣升尊位，只好封了个夫人。拓跋嗣虽然对她一直礼遇有加，吃穿用度什么的，一切也都按皇后的标准来，但终究不能给她皇后的名号。可见，当时北魏这种铸金人占卜的习俗，已经上升到了近乎法律的高度。

不光是立皇后，就连选皇帝的接班人，有时也用铸金人的办法。北魏后期，大将尔朱荣反叛，立了个傀儡皇帝元子攸，就是他铸金人占卜的结果。当时的后备人选有好几个，反正谁当都是傀儡，无所谓。但为了选出更符合天意的人选，尔朱荣就让他们几个铸铜像，结果就元子攸一个人的铸成了。

后来尔朱荣自己想篡位称帝，也偷偷铸自己的铜像。结果怎么铸都铸不成，以至于精神一度恍惚，心情郁闷到了极点。可见铸金人这事，绝不仅仅是走个过场这么简单，它在鲜卑人心中有着神圣而崇高的地位。当然，尔朱荣并非鲜卑人，但他在习俗上已经高度鲜卑化，和鲜卑人也没什么两样。

北魏当时何以流行这样一个习俗呢？原因大概有三。首先说，古代的科技并不发达，特别是铸造业。铸造是个技术活，需要特殊工匠才行，并非人人都能做到。不精通铸造术而硬去铸铜像金人，这里面就存在偶然性了。所以一旦铸得有模有样，那定然是上天相助，旁人也会觉得你有灵气，当皇后也就在情理之中了。

再者，这可能和魏晋时期玄学盛行有关。玄学中一个重要的内容就是易学，易学包涵广泛，也很深奥。但它的普及版，说通俗点，就是占卜术。占卜文化在当时非常盛行，为好多帝王所追捧。这大概也和乱世有关，人们叹息命运无常，更无法摆脱战争和疾病的困扰。所以只能求助于占卜问卦，以寻求心灵上的安慰和寄托。

易学本出自中原，到了十六国时期，少数民族大量涌入，文化风俗的交融便不可避免。少数民族学习中原文化，最感兴趣的恐怕就是占卜术。因为那时中原的易学已经形成了系统的理论，和游牧民族尚处于原始状态的占卜术相比，简直是太高深太神奇了，所以会大受追捧。

比如前燕开国皇帝慕容皝就崇尚经学，擅长天文历象。就北魏来讲，精通这门技术的人也很多。代国时期的左长史燕凤，就因研习易经和阴阳谶纬，受到拓跋什翼犍的礼遇。北魏的三朝元老、拓跋珪的谋臣崔浩，也精研易学和阴阳之术，并且已经达到炉火纯青的地步了。

不光是谋臣，就是皇帝也大多精擅此道。拓跋珪就曾多次用《易经》占卜，而且为了消灾避祸而屡改官号，足见他对这方面的重视。拓跋嗣也喜欢阴阳术数，对于吃不准的事情，就让精通此术的崔浩通过占卜做出权威性的解释。而崔浩占卜又大多非常准确。拓跋嗣曾在后宫发现了一只兔子，崔浩推算的结论是，当有邻国女成为嫔妃。第二年，两国联姻，姚兴嫁女，占卜应验。这就更让拓跋嗣对它产生了依赖。

再有就是精神寄托了。将不可预知的东西具体化，别说古代，即便是科技发达的今天，《易经》热也还是长久不衰。至于卜卦算命，就更司空见惯了。而且范围更加广泛，什么星座运势、血型命运、色彩分析，不一而足。所以古人笃信占卜术，也就不难理解了。

这种占卜术甚至还应用于战争。帝王每战之前，必令人夜观天象。先搞一番测算，看看是否合天时。苻坚南下伐晋之时，广泛征求大家意见。当时的太子左卫率石越就以“镇星守斗牛”的天象不好为由，持反对意见。星象占卜的结果，已作为能否出兵的一个重要理由被提了出来。

5

军中女将

鼓声雷动，气氛显得有些紧张。远处，几名矫健的骑士挥鞭策马，正在展开激烈的角逐。战马如飞，腾起一路烟尘，时而稍有间隔，时而挨得很近。他们都拼命想甩掉对方，或者优势超越。跑在最前面的那人尤为抢眼，单就其一身的铠甲披挂，谁也看不出她是一个女人。只是她的脸上多了几分英气和霸气，其精湛的骑术更是引来将士们的阵阵欢呼。

这不是在拍电影，也不是马戏团的马术表演，而是当年古战场上的真实场景。这个一身戎装的女子，也不是那个妇孺皆知、替父从军的传奇女英雄花木兰。花木兰是个文学人物，其事迹在正史中并无记载，她的原型是谁一直也存有争议。而眼前这位女子，《魏书》中确有实实在在的专门记述。她姓潘，和花木兰同时代，人称潘将军。

潘将军没有花木兰"万里赴戎机""安能辨我是雄雌"的诸多传奇色彩。上面这一幕，是她到军中省亲，看望丈夫杨大眼时发生的。也许是军中生活过于枯燥，也许是想让妻子露一手，杨大眼当时童心大起，让小潘穿上将士的铠甲，和骑兵一起赛马。回营休息时，杨大眼向将士们介绍，说这位是新来的潘将军。潘将军也配合老公一起搞怪，抱拳行礼，相互寒暄，跟杨大眼哥们儿似的。这事如果写成潘将军诗或潘将军辞，也一定很能下酒。

小潘的丈夫杨大眼是清水氐人，也是位响当当的人物。杨氏一族在十六国时期曾两建仇池国，打造了一处乱世中的“桃花源”，颇具传奇色彩。杨大眼的祖父便是后仇池国第五任君王——自称大秦王的杨难当。后仇池被刘宋灭国后，他举家逃往北魏。作为驰骋疆场的王族后代，杨大眼自幼习武，练就了一身好功夫。按《魏书》中的记载，那简直可称神奇。

当时北魏孝文帝拓跋宏在全国选拔人才，让尚书李冲当猎头。杨大眼去面试，李冲第一眼却没瞧上他。就在李冲准备叫下一个时，大眼撸胳膊挽袖子说露两手，将三丈长绳系在脑后撒丫子就跑。不一刻，身后的绳子就像射出去的箭一样飘了起来。

理论上说，速度达到一定极限，这是有可能办到的。有个电影就有类似桥段，《功夫皇帝方世玉》，老片子了。方世玉接力赛跑时脑后的辫子就直了，几乎与地面平行。杨大眼这个肯定不会平行，那不科学。况且杨大眼脑后飘的也不是辫子，是绳子，还三丈多长，比辫子重得多，能飘起来就不错了。关于当时的速度，书中说比马还快，应该也不比博尔特慢。

杨大眼用实力征服了评委，猎头李冲给出的评语是：千年一遇的人才。当即录用，还让他当了个小头目。除了奔跑如飞，杨大眼还有个突出特点——为人彪悍。他曾一人制服过老虎，谁家孩子不听话说杨大眼来了也好使。至于打仗，那就更不用说了，每次都冲杀在前，谁碰着谁倒霉。职务也因战功不断上升，历任辅国将军、游击将军、征虏将军、荆州刺史等。杨大眼转战于江淮之间，一时成为南朝的劲敌。

杨大眼也确实打过一些漂亮仗。南齐大将裴叔业围困涡阳时，拓跋宏接连派出几路人马去救，都给杀了回来，最后还是杨大眼解了涡阳之围；南梁江州刺史王茂先率军攻打北魏的荆州和河南城，杨大眼不但打败王茂先夺回城池，还俘虏了7000多人，斩杀了辅国将军王花、龙骧将军申天化；任东荆州刺史时，蛮族樊素安联合南梁作乱，杨大眼与镇南将军李崇平息叛乱，斩杀了樊素安。

不过杨大眼也不是没吃过败仗。比如梁、魏钟离之战时，就败给了南梁大将韦睿，还被一箭射伤了右臂。这也很正常，战场上没有谁是常胜将军。

小潘骑射精湛，功夫不知是不是杨大眼教的。小潘人长什么样，我们无从得知。不过一个女扮男装的人，要想在军中不被认出来，长相最起码偏中性。柳叶眉杏核眼，樱桃嘴尖下颏，再走个模特步翘个兰花指，你再看不出她是女人，眼神也忒差了。小潘在军营中谈笑风生，一点也没有小女人的扭捏，也足以说明其性格上的男性化。称呼她“潘将军”，还是很贴切的。

花木兰的故事是否取材于潘将军，或者有小潘的影子，我们无从考证。花木兰作为一个文学人物，应该是众多像小潘这样的女人的群像形象。因为在南北朝时期，女人舞刀弄枪并不是什么稀奇的事。北朝民歌中，还有一首与《木兰辞》相媲美的《李波小妹歌》：

李波小妹字雍容，褰裳逐马如卷蓬。

左射右射必叠双。

妇女尚如此，男子安可逢。

一个疾风劲马、左右开弓的女英雄跃然纸上。

十六国时期也有个了不起的女人，就是前秦皇帝苻登的皇后毛氏。她虽贵为一国之后，却是个精骑善射的女中豪杰，身手十分了得。苻登被后秦大军突袭，攻破了大营。毛氏跨马弯弓，带着几百名战士就冲了出去。一仗下来杀敌七百多，比起男人来不遑多让。

花木兰、小潘、毛氏以及李波小妹，既有正史记载的真实人物，也有文学刻画的典型形象。却都说明了一个问题，就是女人骑马射箭，在当时不算什么新鲜事儿。

下篇

终极胜者

——北魏突围与胜出

1

拓跋珪追尊远祖

北魏道武帝拓跋珪生命中的最后几年，寒食散的副作用已经明显浮现。没了往日的冷静和睿智，他开始变得暴躁和喜怒无常。在错乱神经的错误支配下，他冤杀了不少忠臣贤良，让人倍感遗憾。而他被亲生儿子杀死的悲惨结局，也着实令人痛惜。

尽管如此，这些仍不能掩盖拓跋珪曾经的辉煌。他卧薪尝胆，实现了拓跋氏的复兴，让代国的风光得以延续。他还励精图治，将复兴后的代国打造成了一个全新的帝国。这个帝国，带着拓跋珪赋予它的动感活力和顽强的生命力，横扫中原，雄霸北国。

拓跋珪称帝建立北魏之后，做了一件让人不可思议的事情，就是追尊先祖。这个按说也不稀奇，开国皇帝登基总要搞一些追尊。这既是对祖宗的一种怀念，也是强化皇族身份的一个手段。比如曹丕称帝后，就追尊曹操为魏武帝；司马炎称帝后，追尊其父司马昭为晋文帝，追尊爷爷司马懿为晋宣帝。但一般追尊也就限制在三辈之内，再往上就不追了。然而拓跋珪则不然，往上追尊了二十七辈，一直追到老远老远的祖宗拓跋毛。这就有些蹊跷了。

拓跋氏的历史，在远祖拓跋毛之前，还有六十七世。不过都属于没有史书记载的传说。换言之，拓跋氏有明确记载的、能叫得出名儿来的先祖，拓跋珪都进行了追尊。让拓跋氏所有先祖集体风光一把，这在中国历史上是空前绝后的。

拓跋珪一次追尊这么多先祖，应该是他的内心历程和艰难建国经历的一个外在反映，是拓跋珪实现家族复兴的情感爆发，也是扬眉吐气之后的彻底释放。拓跋氏从苦寒之地内迁，先是过上了半耕半牧的生活。而后与中原建交互市，并参战立功——协助刘琨打败匈奴铁弗部。这才有了晋怀帝册封拓跋猗卢为代王，有了代国这个让拓跋氏有归属感的实质意义上的国家。然而好景不长，代国很快遭遇了前秦风暴。代国的灭亡，无疑是拓跋氏最大的耻辱，也是凝聚在拓跋氏家族心中的一个结。

代国的灭亡，同样也在拓跋珪身上发生了化学反应。在很长的一段日子，从 7 岁到 16 岁，拓跋珪都是在颠沛流离、寄人篱下的环境中度过的。灭亡代国后，前秦大帝苻坚听从原代国左长史燕凤的建议，将代国一分为二，由铁弗部大人刘卫辰和独孤部大人刘库仁分而治之。而拓跋珪也在燕凤的保护下躲到了独孤部——也就是刘库仁部，没有跟随王族一起去长安。这在客观上给他提供了复国的机会。

在寄居独孤部期间，拓跋珪受到刘库仁之子刘显的嫉妒，险遭杀害。接着他被转移到母亲娘家所在的贺兰部，也一样受到了排挤。无处安放的灵魂和任人宰割的生活，让拓跋珪的愤懑和憋屈积蓄到了极点，在幼小的心灵中烙下印记。也许正是这种非常的遭遇，才让拓跋珪日后长出一口晦气，风风光光地大肆追尊先祖。

拓跋珪复代兴魏的过程，也是十分艰难曲折的，一点不逊于他少年时的磨难。北魏最初国力并不强盛。几乎与之同时建国的后燕政权则在慕容垂的精心打理之下，逐步恢复前燕故地，再次成为中原霸主。击败后燕的历程，也就勾勒出了一条北魏兴起的轨迹。

拓跋珪和后燕有着极深的渊源，他也一直没有摆脱过后燕的荫护。复国之初，拓跋珪的叔父拓跋窟咄想争王位，拓跋珪曾向后燕求救；攻打刘显时，也曾请求后燕支援。和后燕相比，北魏实在太不起眼了。慕容垂曾下诏，任命拓跋珪为西单于、封上谷王，那是把拓跋珪当臣子看待。虽然拓跋珪没有接受，但双方的实力差别是显而易见的。可以说，强大的后燕根本没把魏国看在眼里。

所以，拓跋珪最初不得不向后燕朝贡，把后燕当爷看待。这也成了拓跋珪的一块心病，要想恢复祖宗的荣耀，就必须摆脱后燕的束缚。随着北魏国力渐强，这种类似主仆的关系也就随之改变。拓跋珪兼并了独孤、贺兰二部，又打败了库莫奚和高车，攻灭了刘卫辰部，接下来便把目标锁定在后燕身上。

北袭高车，拓跋珪抢夺了不少的物资。而攻灭刘卫辰，又掳掠了三十多万匹马和四百多万头牛羊，再也不用为吃喝发愁。北魏的领土也随之进一步扩张。军事实力和经济指标的同时上涨，让北魏彻底成为一个强国。有了实力，便有了和后燕一较高低的决心。

良马事件成为双方交恶的导火索。北魏向后燕朝贡，慕容垂的手下讨要良马。拓跋珪断然拒绝，并随后与之断交，向后燕发出了挑衅的信号，自此也开始了和后燕的连年交战。北魏骤强，但和根基雄厚的后燕相比，仍不在一个层次上。不过北魏有着广袤的后方，进能攻退能守，倒也让后燕无计可施。双方一直处于胶着状态。

参合陂一役，成为魏燕之争的转折点。在这场战争中，拓跋珪利用地利优势，让慕容宝率领的十万燕军几乎全军覆没。第二年慕容垂御驾亲征，又死在了回军的途中。自此，后燕再也不能和北魏抗衡。拓跋珪去了一个劲敌，也就给自己赢得了更多的发展空间，让称霸北方的梦想成为可能。

凡是艰苦得来的东西，势必备加珍惜。拓跋珪复代兴魏，从无到有，又让帝国一点点壮大，其中饱含着无数的艰辛。战胜后燕，让帝国度过了最为艰难的日子，从此拨云见日。所以，在慕容垂死后两年，也就是 398 年拓跋珪正式称帝时，心情是非常舒缓的。他珍惜这个皇位，也珍惜家族的荣耀，所以他要将祖宗的风光进行到底。

如果就整个鲜卑民族来讲，拓跋珪疯狂追尊先祖之举，也不排除他心理上存在着一定程度的自卑感。这是一个原始部族遭遇先进文明冲击时所特有的心态。追尊先祖后，拓跋珪又采用崔宏的建议，将其先祖的出身改为黄帝之后，极力让自己向中原文化靠拢。这一方面是统治中原后的舆论导向需要，另一方面也足见他面对中原文明时的不自信。所以他需要给拓跋氏家族增添光环，以彰显先祖的崇高，以及他未来统治中原的合法性。

而与之相反的，是拓跋珪接连胜利后的民族自豪感。其实这也并不矛盾，自豪和自卑本就是相辅相成相互转化的。先前落后会自卑。但现在我们一样有了自己的领土，有了自己的子民，也一样贵为天子，而且非常强大。所以我们并不比你们差，我们的祖先也一样——甚至更尊贵。自卑之后的自豪，是一种炫耀式的、报复性的自豪感，会超越一般意义上的自豪。

创立无上荣耀的人，往往会在荣耀中迷失。盼望着和这些荣耀一起长存于世，继而转化成对生命无限的渴求。就像当年秦始皇追求仙丹妙药一样，拓跋珪也想长生不老。不只他们二位，古代好多帝王都有着同样的想法，只是在表现上存在着微小差异而已。拓跋珪的方法是服食一种药物寒食散。然而事与愿违，吃药不但于事无补，最后他还在药物的毒副作用下渐渐迷失了本性。

药物的毒性，让拓跋珪再一次经受了巨大磨难。然而，这一次却又不同于他少年时的经历。那时他什么都没有，只有超越常人的意志。现在他是皇帝，什么都有，也就有了怕失去生命的恐惧。拓跋珪变得焦躁和愁闷，从早到晚不停地自言自语。毒性表现十分猛烈，有时几天不吃饭，有时一宿睡不着。精神几近崩溃，每天都在痛苦中煎熬。

拓跋珪的行为也开始不受支配。他错乱的神经竟然翻检出许多朝臣的陈年旧事，开始逐一秋后算账，弄得朝中上下人心惶惶。你不知道他突然哪根筋就不对劲了，这时你的小命就完了。这样的环境下，正常工作肯定无从谈起。于是官员懒政，治安混乱，就连市井也没了往日的热闹。拓跋珪当年追尊先祖的风光和自信，至此早已了无踪迹。

2

北魏绝境逢生

就像你的一个在外漂泊多年、经历过诸多磨难的朋友，当他再次出现在你面前时，已然完全褪去了往日的稚气，变得坚定和成熟起来。当拓跋氏再次回到十六国的舞台上时，也给了人们这样的印象。十六国纷纷扰扰折腾了一百多年，其中有联合，有反目，有火拼，还有阴谋与阳谋。不过都是想消灭对手，成就那唯一的霸主地位。然而谁也没能如愿以偿。

最后倒是拓跋氏的强势再兴，结束了这百年的纷争，让北方重归一统。这个在前秦败亡后悄然兴起的小国，就像它的前身代国一样，最初也没能引起过多的关注。当人们发现它的强大时，一切似乎已成定局。

对于初期的北魏来讲，也许根本没有太多的奢望。能够四平八稳地争到一席之地，就已经很不错了。他们没有多少竞争的实力，跟半个世纪前的代国毫无二致。并且，最初他们周边的形势也不容乐观：东南面是强势兴起的后燕；南面是风头正建的后秦；西面是崭露头角的后凉；北面则是不断挑衅的柔然。可以说，北魏是在夹缝中立国，一开始便处在了一个极其尴尬的位置上。而和其他政权相比，北魏各方面还都稍显稚嫩，军事实力方面也差着好大一截。

北魏要想破局，于重重包围之中破茧成蝶，就必须将劣势转变为优势，并将优势发挥到极致。乱世称霸，必须拥有强大的国力。所谓国力，无非就是经济和军事两方面的实力。北魏立国，是趁着前秦衰败、北方再次混乱之际仓促而立的。之前的代国底子早就一分为二，和拓跋氏没了任何关系。拓跋珪最初过着寄人篱下的日子，后来在几个旧部的支持下才勉强复国。这个国家还具有明显的部落性质，也没有一个相对稳定的国防。经济和军事都无从谈起。

战乱时期，经济的概念说来也很朴素。人们有衣穿有饭吃，军需物资充裕，如此而已。不过你别看这么简单，在那个饿殍遍野、流民四窜的乱世也是很难做到的。那时还没有经济基础决定上层建筑的成熟理论，但不一定不懂得这个道理。人们有饭吃，国家才会稳定。军队有给养，战斗力才会强劲。这是起码的常识。

北魏提高经济实力的方法很简单，那就是抢——掠夺资源和牲畜。兼并独孤、贺兰二部，不过是拓跋珪小试牛刀。而攻灭刘卫辰部，才是他迈出的关键一步。这次拓跋珪掳掠了三十多万匹马、四百多万头牛羊，一下子富得流油，再也没了后顾之忧。

军事实力，简单讲就是所拥有将士的数量和质量。作为一个游牧民族，他们善于征战，骑马射箭本就是他们的生存之本。同时他们也有着相对机动灵活的作战方式。所以，北魏军队就质量上说肯定没啥大问题，关键是数量。这就需要有大量的人口。

从某种意义上说，人口是提高经济和军事实力的基础。没有人口就没有人从事生产，就没有人纳税，就没有人当兵，国家就不会强盛。而十六国时期，连年征战造成人口锐减，兵源补充乏力。所以，抢掠人口便成为当时国与国之间交恶的一个核心内容。

北魏之初，人口和军队的数量都很少。这个状况的改变，也是通过掠夺来完成的。随着一次次的掠夺，北魏的人口数量逐年增加，军队也不断壮大。所不同的是，拓跋珪并不是山大王似的抢完了事，他在这方面还颇用了心思。比如，他曾迁徙太行山以东六个州三十六万百姓、官吏以及高句丽人，充实到京师平城（今山西省大同市），其中包括十万多名懂得百工技艺的技术型人才。既补充了人口，又普及提高了技术，可谓一举两得。这也是北魏国力迅速壮大的一个很重要的原因。

不过，这些都还不是北魏能够强势兴起的决定性因素。打败柔然，才是它终极制胜的关键一步。虽处于多国包围之中，但单从地域上讲，北魏其实还是很有优势的。一望无际的开阔草原，成为他们退据的缓冲地带，也为他们提供了相对灵活的作战空间。这一独特的地利，是中原政权所没有的。然而遗憾的是，这个优势因为柔然的出现，很快演变成了劣势。而柔然，则获得了这个本该属于北魏的地利优势。

北魏崛起时，柔然也随之而兴，并裹挟高车一起兴风作浪。北魏自建国之始几乎从未摆脱过柔然的袭扰，不胜其烦而又无可奈何。作为性质单一的游牧部落，柔然瞅冷子来一下的游击战让北魏防不胜防。柔然不断进扰北魏，不停地在北魏身上发挥并检验着这个优势的特性。而它拥有北方广袤的草原、戈壁以及更加广阔的西伯利亚大后方的灵动空间，也让北魏无法实施精准打击。

柔然的存在，不但让北魏失去了一个稳固的后方，而且北魏还不得不抽出很大一部分人力、物力和财力去经营这个北部防线，以防止柔然随时可能的进袭——比如北魏明元帝拓跋嗣时，就在阴山以南修筑了赤城到五原的长城防线。柔然的存在牵扯了北魏很大一部分精力，多线作战也让它无法全身心地参与中原争霸——比如柔然趁北魏道武帝拓跋珪攻打后秦时实施偷袭。所以，北魏只有撕开北部缺口，彻底打败柔然，才能重新获得进可占中原、退可守高原的军事灵活性。

为了打败柔然，从道武帝拓跋珪开始，北魏历经了三世的努力。拓跋珪虽然对柔然用兵不少，但除了 391 年在漠北南床山大败了一次柔然之外，其余时候多是柔然骚扰之后迅速撤离，根本追之不及。拓跋珪始终也没能完全消除这个北部边患。拓跋嗣时曾派长孙嵩北伐，结果反被柔然围困，防线只能压缩到临近国都的阴山之南，而且还经常被突破防线。

到了北魏太武帝拓跋焘时，柔然的威胁越来越严重。424 年，也就是他刚刚即位一年之后，柔然六万骑兵气势汹汹，高调南下，一度攻下盛乐，威胁到了平城。拓跋焘气得大骂他们为蠕蠕——也就是无知的虫子。在 428 年的一次袭击中，柔然也一度攻破了边塞。这样的骚扰太多了，而且多是突然袭击，防不胜防，让北魏大伤脑筋。

不解决柔然骚扰的问题，北魏的北部边防就会永无宁日。在试图联合西域夹击柔然的想法破灭后——彼时西域也被柔然控制，拓跋焘果断采取强硬对策，于 429 年御驾亲征。大军舍弃辎重，轻骑突进，颇有当年霍去病深入漠北驱逐匈奴之势。这次进军很顺利，一直杀到柔然腹地。柔然部众四散而逃，兵败如山倒。尽管大获全胜，拓跋焘却并没有即刻退兵。而是在东西五千里、南北三千里的范围内展开地毯式搜索，继续追杀。柔然这次狼狈不堪，再无力抵抗之力，部众纷纷缴械投降。

此后，拓跋焘又进行了两次这样的御驾亲征。北魏持续性的军事打击行之有效，确实也重创了对手，迫使柔然可汗朝贡和亲，暂时解决了北部边患。之后，拓跋焘在阴山南北设置了沃野、怀朔、武川、抚冥、柔玄、怀荒等六个军镇，对长城防线形成了有力支撑。

北魏打败柔然，不仅获得了大量的牛羊牲畜等军需储备以及大量的人口和兵源，更重要的是解决了头疼多年的北部边防问题，获得了一个稳固而广阔的大后方。藉着这个大后方，北魏开始将主要精力转向中原，并最终成为北方新的霸主。

3

拓跋焘饮马长江

北魏的第三任皇帝——太武帝拓跋焘，有太多值得称道的地方。不管是接纳汉人的宽阔心胸，还是运筹帷幄的军事才能，抑或天资卓越的政治头脑，都能拿出来独立成章。他在中原大地上策马扬鞭，纵横驰骋，强势完成了北方的统一，结束了长达 136 年的乱世纷争。他还一度挥师南下，饮马长江，书写了拓跋氏家族的历史神话。

拓跋焘是北魏开国皇帝拓跋珪的孙子，明元帝拓跋嗣的长子。他一出生便受到爷爷的待见。当时拓跋珪看着这个长相不俗的娃，信心十足地说道："成吾业者，必此子也。"此后一直把他当成隔代接班人培养。而拓跋焘也确实不负所望，在其父皇拓跋嗣病重期间，将朝政管理得头头是道，初显政治锋芒。

拓跋焘是北魏前期一位举足轻重的帝王。北魏最初的统一之路，拓跋焘功不可没。统一的瓶颈来自两个方面：一是近邻慕容氏的威胁；再就是北部柔然的困扰。参合陂之战后，慕容氏一蹶不振，再也不能和北魏抗衡，灭亡只是时间问题。而来自柔然的北部边患，从北魏建立之初，便一直是难以消除的心头之患。

拓跋焘即位时年仅 16 岁，也正值柔然强盛之时。拓跋焘称呼柔然为蠕蠕，既有蔑视之意，也有气愤之情。正因如此，他才下决心彻底解决困扰北魏两代人的大难题。靠着三次御驾亲征，不留死角的地毯式进攻，以及不达目的不撤兵的精神和韧劲儿，拓跋焘终于大败柔然，彻底破局。

拓跋焘与柔然征战，让南方的刘宋看到了战机。宋文帝刘义隆认为这是统一北方的绝好机会，便于 430 年开始，发动了历史上赫赫有名的三次“元嘉北伐”。一开始，北魏忙于北方战事，无暇顾及南边。刘义隆又任用北府军名将檀道济为先锋，在军事上占据主动。接连打了几次胜仗，并攻占了北方大片土地。等北魏腾出手来，解决了柔然，统一了北方，檀道济也因刘义隆的猜忌而被冤杀，战事便出现了逆转。

这下轮到刘宋遭难了，拓跋焘再次御驾亲征。北魏大军气势汹汹、势不可当，所到之处宋军无不望尘奔溃，投降者不计其数。拓跋焘的威风自此也发挥到了极致，他车驾临幸长江，并在距离江边不远的瓜步山（今江苏省南京市六合区瓜埠山）建起了行宫。北魏大军则集聚长江北岸，隔江威胁建康，给刘宋造成泰山压顶之势。

在这种情况下，刘义隆不得不备了厚礼，派使者过去和谈。还提出要将自己的女儿嫁给拓跋焘的孙子，以示诚意。结果被拓跋焘婉言拒绝，说咱们讲和行，当亲家就算了。刘宋经此一役，元气大伤。后来南宋词人辛弃疾写过一首著名的词《永遇乐·京口北固亭怀古》，里面就提到了刘宋这段千古恨事。说刘义隆想学父亲刘裕“气吞万里如虎”，结果却“赢得仓皇北顾”。

十六国时期，帝王不乏昏庸荒淫之辈，但拓跋焘似乎是个例外。他和之前的前秦大帝苻坚一样，不但军事上武功卓著，而且政治上也很开明。

北方少数民族由于开化较晚，文明程度相对较低。建立政权后，往往注重武力征服，铁血统治。而执政能力却略显苍白，最终不会长久。拓跋焘在这方面做得很好，他不但重视教育，而且以人为本，大力任用汉人知识分子。他曾多次下诏，要求鲜卑官员礼贤下士，邀请汉族的读书人为北魏服务。北魏由此人才济济。

拓跋焘以人为本的执政思路，还体现在法律上。他一方面令司徒崔浩改定律令，并严格执行，做到有法可依，公平公正；一方面又要求法律有温度，对百姓认为不合理或不利于民的，进行删减补充，尽量做到人性化。在对待死刑问题上，拓跋焘尤其慎重。每个死刑案例他都要亲自过问，反复勘定无误后方可执行，以防发生冤假错案。

拓跋焘的文治武功，让北魏事业蒸蒸日上，盛况空前。也因如此，《魏书》称赞他是一颗“光迈百王”的耀眼新星，功绩盖过了拓跋氏以往任何一位帝王。评价是非常高的。

4

北魏脱颖而出

十六国乱世，多国林立，厮杀兼并。诸国走马灯般此亡彼兴，真可谓“乱哄哄你方唱罢我登场”。在生灵涂炭的同时，于焦土废墟之上，也成就了一大批政治家、冒险家、阴谋家和野心家的梦想。然而北方百年浩劫，最后却是远居塞外的拓跋氏异军突起，北魏以雷霆万钧之势横扫北国，成为中原逐鹿的终极胜者。

北魏崛起，恰逢十六国末期。此时，五族历经百年纷争，已是强弩之末。各个割据政权也都外强中干，纷纷进入瓶颈期。从这点上讲，北魏是幸运的。但就整个拓跋氏家族来说，却也并非一蹴而就。拓跋氏最初建立代国，就是跃跃欲试的小试牛刀，然而却赶上了中原纷争最激烈的时期，也是五族斗志最昂扬的时段。所以代国左冲右突，却始终无法突围，最后毫无悬念地被前秦吞并。

从某种角度上讲，拓跋氏或许会感谢这次灭国。如此，拓跋氏才有了喘息和休息的机会，也才得以旁观者和思考者的身份，凝神蓄力。当它再次以北魏的名号重入江湖时，犹如参透武功秘籍的少年侠客，有着驾轻就熟的笃定。而各路掌门却似早已筋疲力尽，再怎么张牙舞爪，也没了当初的杀伤力。

十六国时期，五族轮番当政，全都风光了一把。但五族的人口基数其实并不太多，上阵全靠父子兵。被征服的各族被驱赶着前去打仗，是绝不会卖力气的——前秦于淝水战败就是一个很典型的例子。而大多数执政者又不放心兵权旁落，所以在战争中本族的兵丁便减员很多。加上冉闵大诛胡羯，让最初进入中原的那些少数民族人口锐减。而拓跋氏久居塞外，内迁后也一直居于北部边疆，鲜少参与中原纷争，人丁反而呈兴盛之势。此消彼长，拓跋氏便脱颖而出了。

游牧民族初入中原，无不表现得凶悍强劲。但随着入据中原日久，便都不同程度地受到中原风尚的影响。纷纷采取汉化措施，彪悍之风也随之淡化。风尚决定武功，这种潜移默化的力量是非常大的。由此，其战斗力也大大减弱。比如慕容氏，其后期兵力较初入中原时，便逊色了很多。而拓跋氏久居边塞苦寒之地，与内地没有多少实质性的接触，因此彪悍之风尚存。北魏最初实行内外朝双轨制的行政体系，既能笼络汉人，也能在一定程度上保持本族的尚武之风。这无疑是一种政治智慧。

最先入中原的几个少数民族，逢乱世仓促动，并没有执政能力上的精心准备。他们或者以暴政役民，导致民族矛盾更加突出，民族关系更加紧张，最后落得个众叛亲离、分崩离析；或者衅起萧墙，内部出现权力纷争，比如匈奴、羯胡用弑篡废杀祭奠权力，而前秦、后燕、后秦的继任者则在猜疑排挤、明抢暗夺中完成更替。

北魏似乎在这方面早有准备，北魏的前几任帝王都非常重视和尊重中原文化，采取了主动同化于汉族、慢慢隐去鲜卑族性的软政策，形成与汉族和谐共处的融洽局面。中原民风向来隐忍内敛，拓跋氏积极自我汉化，以及重用汉人、安置流民的种种义举，自然也就得到汉人的呼应。这些都让其统治变得更加稳固。

拓跋氏的幸运，还在于其军事上的渔翁得利。东晋刘裕掌控军政大权后，于 409 年出兵北伐，先是灭掉南燕，而后又攻占长安，灭掉了雄霸北方多年的后秦。这便在客观上帮助了拓跋氏，不仅为其统一北方扫除了两个重要障碍，也为其渐次南进铺平了道路。而西部的凉州一地，西凉、南凉、北凉、西秦等诸国在纷争中互相削弱，坚持到最后的北凉也已是破败不堪，最后自然就是拓跋氏的天下了。

尾声：血脉相通

汉族的名称源于汉朝，之前称作华夏。《说文解字》中说：“夏，中国之人也。”中国，古代指的是中原地区。居住在中原地区的人，就叫中国人。与现在的中国人的意义和内涵都已不同。中原的人，主要是汉族。当然，那时的汉族和现在的汉族也大不相同。因为中原周边，还聚居着多个少数民族。在不断融合之中，汉族的本质也在发生着变化。

古代中国地域是相对封闭的。在当今改革开放的年代，临海是优势，在过去则是劣势，属于生产力不发达的偏远蛮荒之地。中国大陆的东面和南面都是大海，出不去。西南是高原和连绵不绝的山脉，世界屋脊也在那儿，单纯的人力无法穿越。西边也是崇山峻岭，幸好有条河西走廊，后来开了条丝绸之路，以此联结东西方交通。既然叫走廊，一定是很狭窄，不过总算是条与外界相联系的通道。这个区域也就是十六国时期诸凉争抢的凉州。南方当时还不像现在这样发达，是片未开发的处女地。长城以北则是大漠、草原和戈壁，适宜放牧，是游牧民族聚居的地方，总体上相对好一些，但气候又太恶劣，刮个沙尘暴、白毛风是常有的事。

所以古代水土风物最好的地方，也就是现在的关中平原和华北平原，这就是通常意义上的中原地区。中原气候好，土地也肥沃，利于农耕文明的长足发展。所以北边的那些游牧民族，也总想找机会南下，掠夺物资或者获取更好的栖息地。这就与中原不可避免地发生了冲突。从传说中的黄帝战蚩尤，到后来的匈奴、东胡，这种民族间的冲突几乎一刻也没有停止过。各个民族就在这种冲突中不断融合，也在不断冲突中发展前进。当然，这种融合，不仅限于血脉上的融合，更重要的是文化上的相互融合。

民族间第一次大规模的融合，便是出现在五胡十六国时期。这一时期，北部和西部的五个少数民族——匈奴、鲜卑、羯、氐、羌相继进入中原。代表汉人的晋室被迫衣冠南渡，依然滞留在北方的那些汉人便开始与这些少数民族杂居相处，不断融合。这其中，少数民族羡慕汉人的先进文化，开始向汉人学习；而汉人也接受了一些少数民族的习俗。

十六国政权的建立者大多是少数民族，这些帝王——或者他们的子孙，年轻时几乎都有去长安或者洛阳求学的经历，都不同程度地接受过中原文化的洗礼。他们后来的治国方略、军事思想以及百官制度，大多也是沿袭中原。比如最先入据中原的匈奴人刘渊，建立后赵国的羯胡人石勒，以及前秦大帝苻坚，等等，他们的汉化程度都很高。最典型的，则是后来的拓跋氏。北魏孝文帝拓跋宏大力实行汉化改革，让鲜卑人说汉话、写汉字，又鼓励通婚，基本上与汉人的习俗没什么区别了。

民族，按照一般的理解，是人们在一定的地域范围内长期生存，有了自己独特的语言、习俗和文化，慢慢就形成了与其他人群相区别的民族。它与以血缘相区分的种族不同。在中国，种族的观念其实并不强烈，主要看的还是生活和习俗的差异。少数民族接受了汉人文化，慢慢便与汉人无异了。相反，汉人接受了少数民族习俗，也不再是完全意义上的汉人了。比如肇建北燕政权的冯跋就是汉人，但他长期在鲜卑军中效力，鲜卑化程度很高，所以他取代慕容氏时，鲜卑人也能接受。不光汉族与少数民族融合，就是少数民族之间，也是相互通婚相互融合的。比如匈奴父与鲜卑母结合，其后世便形成了一个新的部落——铁弗部。

十六国已经成为历史。在那个特殊舞台上尽情演绎的五个少数民族，除了羌族以外，其余全都不复存在了。而如今现存的这个羌族，和十六国时期建立后秦的那个羌族，也有着很大的区别，也是经历与各族的不断融合才繁衍至今的。

但是，民族可以消失，人种却不可能消失。就像现在的混血儿，有着几分之几的哪国血统一样。分子很小，永远是1，但即便分母的数字无限大，其结果也不可能是零。从这个意义上讲，匈奴、鲜卑、羯、氐这些少数民族，只是作为一个独立的民族不复存在了，但其血脉并没有完全消亡。

当今的汉族其实也不再是古代的那个汉族了，而是一个多民族的融合体。作为汉族标识的，只是文化和习俗的一脉传承，是一个符号罢了。汉族有过几次大规模的南迁，衣冠南渡的晋室便是其中之一。有人便说现在的南方人是纯粹的汉人，其实也不然。且莫说这些南迁之人，在血统上不一定就很纯正。即便是单纯的汉族血统，在他们定居南方后，随着时间的推移，也不可能再保留其单一性。因为彼时的中国，南方也是少数民族聚居的地方，这些乔迁的汉人一样也和当地人通婚、融合。

其实，民族没有优劣，只是发展程度的不同。汉人在接受少数民族、同化少数民族的同时，也在不断吸收少数民族中较为先进的文化和习俗。比如汉人过去都是席地而坐，脚后跟垫在自己屁股下。日本和韩国当年向中国取经，现在还保留着这一习惯。你看那些穿着和服的日本女人，走路全都内八字，那都是跪坐出来的。估计日本人的体形长短和这也有关系，下半身血液不循环，影响发育。现在站起来了，血液通了，个子长得也高了。汉人那时候也是跪坐着，或者盘着腿儿。皇上开会时间长了，你想站起来，没个长时间的缓冲根本办不到。

再比如兵器，弓箭骑射等武艺。赵武灵王不就提倡过胡服骑射吗？那就是向人家学习。游牧民族整天鼓捣这一套，肯定精熟。还有畜牧技术，你不能光吃粮食啊，也得时不时地吃点肉，不然身上没劲儿。你种地是长项，但要养牛养羊却不一定在行。

能够同化少数民族，汉族的人数众多是一个原因，更重要的在于长期积淀而形成了先进的文化。拓跋氏进入到中国北疆，是在曹魏时期。这边早玩上三国杀的益智游戏了，那边还在结绳刻木。没在一个层次上，所以他们要学习。落后的学习先进的并不丢人，墨守成规才是落后和愚昧的表现。

附录：十六国大事索引

274 年　西晋武元皇后杨艳病死。

290 年　晋武帝司马炎死，白痴儿子司马衷继位。贾南风被立为皇后。刘渊被任命为匈奴五部大都督。

291 年　八王之乱开始。

294 年　匈奴人郝散起兵反晋。慕容廆率部迁居大棘城。

296 年　郝散的弟弟郝度元起兵，推举齐万年为帝。氐人杨茂搜建立仇池政权，史称前仇池。

298 年　关中饥荒，巴氐人李特率流民入蜀。

299 年　齐万年兵败被杀。江统作《徙戎论》。贾南风将太子囚于金墉城。

300 年　贾南风杀太子，后被废杀。羊献容被立为皇后。

301 年　张轨被任命为凉州刺史。

303 年　李特兵败被杀，其子李雄攻占成都。

304 年　李雄称成都王。刘渊称汉王，建国号汉，十六国时期开始。

306 年　八王之乱结束。并州饥荒，战场上出现“乞活军”。李雄称帝，国号大成。

307 年　司马睿出镇建业。羯人石勒投靠刘渊，被封为辅汉将军、平晋王。慕容廆自称鲜卑大单于。

310 年　刘渊死，太子刘和继位，四子刘聪杀刘和自立为帝。

311 年　汉国始安王刘曜等攻下洛阳，俘获晋怀帝。刘曜纳晋惠帝皇后羊献容为妃。

313 年　刘聪杀晋怀帝。晋愍帝于长安继位。姚弋仲自称护西羌校尉、雍州刺史、扶风公，组建羌军。祖逖击楫中流。慕容吐谷浑到达枹罕。

315 年　西晋封拓跋猗卢为代王。

316 年　刘曜出兵关中，俘获晋愍帝。西晋灭亡。

317 年　司马睿在建康即晋王位，史称东晋。祖逖北伐。

318 年　刘聪杀晋愍帝。司马睿正式称帝，东晋纪元正式开始。张寔建立前凉政权。匈奴汉国靳准叛乱、杀刘粲。相国刘曜平定靳准之乱，称帝。

319 年　刘曜迁都长安，改国号为赵，史称前赵。立羊献容为后。石勒在襄国称赵王，史称后赵。

320 年　前凉张茂继位。

321 年　祖逖忧愤而死。

323 年　前赵刘曜攻前凉，前凉成公张茂向前赵称臣。

328 年　前赵被后赵打败，刘曜被石勒俘杀。

329 年　后赵灭前赵。

330 年　后赵石勒称帝。

333 年　辽东公慕容廆死，世子慕容皝袭位。苻洪降后赵。石勒病死，其子石弘继位。

334 年　石勒的侄子石虎杀石弘，自立为王。李雄病死，四子李期杀太子李班后称帝。

335 年　石虎迁都邺城。

337 年　慕容皝称燕王，建立燕国，史称前燕。

338 年　拓跋什翼犍继代王位，建立代政权。成汉幽公李期被废，自缢而死。

343 年　成汉昭文帝李寿死，长子李势继位。

344 年　褚蒜子第一次垂帘听政。

347 年　桓温灭成汉。纳李势的妹妹为妾。

348 年　后赵太子石宣杀秦公石韬，被石虎酷刑处死。前燕慕容皝死，慕容儁继位。

349 年　石虎称帝，同年病死，太子石世继位。彭城王石遵废石世自立。石遵解除蒲洪都督职务，蒲洪降晋。冉闵杀石遵立石鉴。殷浩等阻桓温北伐。

350 年　冉闵杀石鉴，屠邺城，建立冉魏政权。新兴王石祗在襄国称帝。蒲洪改名苻洪，称大将军、大单于、三秦王。

351 年　苻健在长安称天王、大单于，国号大秦，史称前秦。石祗战败被杀，后赵灭亡。

352 年　慕容儁灭冉魏，在蓟城称帝。

354 年　桓温第一次北伐。王猛扪虱而谈。

356 年　桓温第二次北伐，攻陷洛阳。

357 年　前秦苻坚杀苻生后继位，任用王猛为相。

360 年　前燕慕容儁死，子慕容暐继位，慕容恪辅政。

364 年　褚蒜子第二次垂帘听政。

365 年　慕容恪、慕容垂攻陷洛阳。

369 年　桓温第三次北伐，在枋头被慕容垂打败。慕容垂受排挤投奔前秦。

370 年　前秦灭前燕。

371 年　前秦灭前仇池。

372 年　前秦任命王猛为丞相。晋简文帝忧愤而崩。

373 年　桓温病死。褚蒜子第三次垂帘听政。

375 年　王猛病死。

376 年　前秦灭前凉、代国，统一北方。

383 年　淝水之战，前秦惨败。

384 年　慕容垂称燕王，建立政权，史称后燕。慕容泓称济北王，建立政权，史称西燕。羌族姚苌称万年秦王，建立政权，史称后秦。褚蒜子病逝。

385 年　西燕慕容冲称帝，攻破长安。后秦姚苌俘杀苻坚。乞伏国仁称大单于，定都勇士城，史称西秦。氐人杨定重建仇池政权，史称后仇池。

386 年　拓跋珪称代王，复兴代国，后改国号为魏，是为北魏。姚苌入长安称帝，史称后秦。前秦苻登继位。慕容垂称帝，定都中山。吕光称凉州牧、酒泉公，定都姑臧，史称后凉。

388 年　西秦乞伏国仁死，其弟乞伏乾归继位。

393 年　后秦姚苌死，子姚兴继位。

394 年　后燕灭西燕。后秦、西秦灭前秦。

395 年　北魏与后燕参合陂之战，后燕惨败。

397 年　秃发乌孤称西平王，建都廉川堡，史称南凉。沮渠男成拥立段业为凉州牧，史称北凉。

398 年　慕容德自立为燕王，史称南燕。拓跋珪迁都平城并称帝。

399 年　秃发乌孤醉酒坠马而死。

400 年　西秦第一次灭国。

401 年　沮渠蒙逊杀段业，自称凉州牧。

403 年　后凉投降后秦，后凉亡。桓玄代晋称帝，次年兵败被杀。

407 年　赫连勃勃称大夏王。后燕昭文帝慕容熙被废杀。

409 年　后燕亡，冯跋称天王，史称北燕。西秦第二次建国。

410 年　刘裕攻破广固，南燕灭亡。

414 年　西秦攻下乐都，南凉灭亡。

417 年　刘裕北伐攻入长安，后秦灭亡。

420 年　刘裕建宋代晋，东晋灭亡。

421 年　北凉灭西凉。

423 年　北魏拓跋焘继位。

425 年　赫连勃勃死，子赫连昌继位。

428 年　西秦王乞伏炽磐死，其子乞伏暮末继位。

429 年　拓跋焘打败柔然。

430 年　刘宋刘义隆发动“元嘉北伐”。

431 年　大夏灭西秦。

434 年　吐谷浑灭大夏。

439 年　北魏攻破姑臧，北凉亡。北魏统一北方，十六国结束。